ROMOLO GARBATI

MON AVENTURE DANS L'AFRIQUE CIVILISÉE

LITTÉRATURE ALEXANDRINE 3

ROMOLO GARBATI

MON AVENTURE DANS L'AFRIQUE CIVILISÉE

Préface
Daniel Lançon

Édition, notes et dossier
Paul-André Claudel

Centre d'Études Alexandrines

Cet ouvrage a été publié avec le soutien conjoint du laboratoire L'AMo (EA 4276) de l'Université de Nantes et de l'Institut universitaire de France

Directeur de la collection : Marie-Dominique Nenna

ISSN : 2537-0197
ISBN : 978-2-490128-04-4

Maquette : Fatiha Bouzidi
Mise en page : Mahitab Fathy

Imprimé en Belgique par Peeters
Diffusion et distribution : De Boccard

Pour les ventes en Égypte : Centre d'Études Alexandrines, 50 rue Soliman Yousri, 21131 Alexandrie, Égypte
Pour les autres pays : De Boccard Édition-Diffusion, 4 rue de Lanneau, 75005 Paris, France. www.deboccard.com

Préface

Daniel Lançon

Nous savons aujourd'hui que les mémoires et autobiographies composent une vaste bibliothèque mondiale, les livres d'écrivains reconnus n'en étant qu'une bien petite partie. Celui de Romolo Garbati, qui se décrit comme appartenant « à la multitude des pauvres qui n'ont pas d'histoire », nous intéresse en réalité à plus d'un titre.

Si nous nous arrêtons au seuil de l'ouvrage, sur les italiques de l'émotion, placées avant le récit de vie à proprement parler, nous découvrons l'auteur de l'« avant-propos » en observateur d'une vie qui s'achève – il décède sept ou dix ans plus tard –, et qui demande à son lecteur de le suivre, de le comprendre, multipliant, plus avant dans son livre, les signes d'une modestie, non feinte sans aucun doute*.

* Ce liminaire est le seul endroit du livre où l'auteur évoque son bref séjour italien de 1913, occasion nostalgique poignante d'un ici perdu devenu un là-bas où il ne revint jamais.

Le titre retenu par l'auteur, *Mon aventure dans l'Afrique civilisée*, peut au moins étonner aujourd'hui, mais nous sommes en 1933, à l'acmé d'une époque impérialiste qui méconnaît les civilisations africaines, et Romolo Garbati n'échappe pas à son temps, valorisant *a contrario* des pays arabes certes encore sous emprise coloniale.

Le fragment d'histoire de vie qu'il publie est celui d'un migrant politique sans permis de séjour et, de fait, son livre peut être relu dans le contexte de l'histoire culturelle d'un pays refuge, l'Égypte de la première moitié du XXe siècle. La mémoire sert à l'auteur pour associer des passés, qu'il revit par la grâce de l'écriture, à un présent, au moment où il a quitté son métier de journaliste pour prendre sa retraite*.

Cette remémoration dit certes une perte, mais aussi l'intérêt pour lui de revivre des moments forts de sa jeunesse et de les faire partager à son lecteur par un récit très entraînant. Le contrat de lecture référentielle est évident, même si nous savons qu'il existe toujours une part de fictionnalisation dans la démarche de mémorialiste. Pour autant, alors qu'il y a parfois un évitement ou une esthétisation peu plaisante des quartiers pauvres du Caire ou d'Alexandrie chez les écrivains-voyageurs – Francis Carco l'illustre dans ces mêmes années trente† –, rien de tel chez Romolo Garbati.

* Il semble avoir rédigé son manuscrit en 1933 : il signale le décès du poète national Ahmed Chawky (1868-1932), « mort l'année dernière ».

† *Palace-Égypte*, Paris, Albin Michel, 1933. La littérature française de la fin du XIXe siècle avait vu se multiplier les « voyageurs décadents », friands des portraits-charge de certains lieux malfamés du Caire.

Il cherche à récapituler les péripéties des premières années très difficiles de son installation en Égypte, sans doute afin de les mettre à distance définitivement, tout en les revivant sur le mode de l'observation rétrospective, parfois amusée, et de les transformer en leçon de vie peut-être même. *Mémoires* en effet au sens où son récit porte essentiellement sur sa vie professionnelle, son action, les portraits de personnes rencontrées et non sur sa vie intime – à peine apprend-on qu'il vit dans la misère avec sa femme et un enfant au Caire.

Nous n'avons pas affaire ici à une autobiographie : rien ne nous est dit de l'enfance, de la formation, des combats d'une jeunesse d'engagé anarchiste en Italie*. Nous ne saurons rien des « longues années, pendant lesquelles se produisirent des événements qui ne rentrent pas dans le cadre de ces souvenirs » comme il l'écrit curieusement, rien en particulier de sa vie familiale, rien sur les raisons du « procès de presse » qui le force à s'enfuir d'Italie, ni sur la nature de la « propagande subversive » qui pousse les autorités tunisiennes (et coloniales du protectorat) à vouloir l'expulser lors de sa première escale, et les autorités françaises en Algérie au même motif de « propagande internationaliste ». L'auteur se concentre sur les premières années de son exil au sud de la Méditerranée, pour un florilège d'anecdotes présentées comme emblématiques de son parcours de vie. Il se calque pour cela sur le modèle classique des biographies, adoptant le fil chronologique presque sans digression. Il considéra sans doute la tranche de vie choisie comme suffisamment significative pour y faire redécouvrir le sens de son existence.

* Voir la « Notice biographique » établie par Paul-André Claudel en fin de volume.

Ses convictions prolétariennes se manifestent dans des déclarations comme celles concernant sa rencontre, au Caire, avec des hommes qu'il qualifie d'« extraordinaires » : « c'est-à-dire de modestes travailleurs à l'esprit cultivé et éclairé ». Il prend plaisir à rapporter qu'il fut soutenu par un avocat qui « croyait encore, fermement, après la guerre, à l'avènement d'une époque de justice sociale », qu'il fréquenta un « jeune libertaire qui, condamné, prit le chemin de l'exil », qu'il participa aux réunions des contestataires de la « Maison rouge » à Alexandrie. Il sait qu'il passait alors pour quelqu'un d'« extrêmement dangereux par [s]on étrange façon de parler », pour un « mauvais élément ».

Il ne semble pas qu'il ait rompu avec ses opinions anarchistes au moment où il rédige les pages de son livre, mais il n'adopte plus le ton militant de sa jeunesse – la censure existe de plusieurs manières en Égypte en 1935 : celle des occupants britanniques et celle des autorités consulaires italiennes qui ont toujours un dossier sur l'ex-turbulent compatriote –, et il est de fait qu'il ne raconte pas non plus son activité au sein d'organes de presse anarchistes au Caire alors qu'il en eut*. Il parle bien de Pietro Vasai dont il devient l'ami, mais ne dit rien de sa sympathie pour les activités de presse de ce dernier et des divergences entre leurs deux conceptions de l'anarchisme.

* Alessandra Marchi rappelle l'importance de la presse anarchiste en Égypte au tournant du siècle et la place qu'eut Romolo Garbati en 1903 dans l'organe individualiste *Il Domani. Periodico libertario* (« La presse d'expression italienne en Égypte. De 1845 à 1950 », *RiMe* 5, 2010, p. 91-125).

Garbati donne en revanche à voir par le détail une succession de vécus, les siens, mais aussi ceux de personnes croisées ou fréquentées, en une sorte de défilé de destins presque toujours ratés. L'auteur se décrit comme impliqué, demeure le protagoniste du récit même s'il se pose en témoin cherchant à objectiver le passé. Les jugements qu'il porte sur lui-même montrent la part d'intimité qu'il veut bien révéler au lecteur et cela place sa subjectivité au premier plan.

Il ne faut cependant pas considérer cette histoire de soi comme le simple document d'une vie privée. Il est également source d'informations fort intéressantes sur le monde de la presse en Égypte et le milieu des colonies européennes résidentes au début du XXe siècle. Pour autant, ce dont il parle concerne bien une expérience vécue et des faits empiriques attestés dans un espace géo-culturel, et fait partie d'une expérience subjective racontée sous une forme littéraire : récit dialogué, anecdotes, nombreuses références littéraires et politiques dont Paul-André Claudel donne une explicitation très détaillée dans son annotation, fruit d'une remarquable recherche sur les contextes et les références de cet ouvrage.

Romolo Garbati se trouve au Caire alors qu'émergent des vocations littéraires : il compose typographiquement des ouvrages pour des poètes locaux, participe à une revue d'art, croise le peintre et écrivain Émile Bernard (qui vécut dix ans au Caire) ou le grand poète Ahmed Chawky. Il se décrit comme aimant lire des ouvrages de littérature, dès qu'il le peut, même lors de ses errances. Il devient lyrique au souvenir de l'accueil qu'il reçut chez un professeur d'Alexandrie où il se retrouva à parler musique, poésie, livres.

Et lorsqu'il évoque la « *Bohème* » (les italiques sont de lui), on dirait aujourd'hui familièrement « la galère », c'est en écho à un ouvrage encore célèbre à son époque, *Scènes de la vie de bohème* (1851) d'Henri Murger. Se reconstruisant par et dans l'écriture, forgeant une identité narrative au fur et à mesure de son récit, il prend manifestement plaisir à utiliser, pour nourrir son récit autoréflexif, des références littéraires d'autorité : Stendhal, Chateaubriand, Maupassant, Hugo, Gobineau, Dumas, entre autres.

Romolo Garbati présente un récit dont bien des pages s'apparentent à la poétique picaresque : un jeune homme entreprenant un voyage aventureux – la moitié du livre raconte quelques semaines décisives, entre la Tunisie et l'Algérie –, jalonné de rencontres que le protagoniste voudrait salvatrices, mais qui ne le sont presque jamais, jusqu'à ce que de bonnes âmes le tirent enfin de la profonde misère dans laquelle il est tombé au Caire; un jeune ouvrier se débattant dans la pauvreté, peinant à se fixer dans un métier*, vivant dans les marges de la société, en l'occurrence en marge de celle de la plupart des Européens résidents et de la bourgeoisie « indigène ». L'auteur reconstitue ainsi l'histoire de ses mobilités en des temps qui furent pour lui de grande insécurité, avec un emprisonnement en Égypte même, en novembre-décembre 1909, alors qu'il pensait avoir échappé à toute poursuite.

* Il faut se souvenir qu'un certain Arthur Rimbaud, à la génération précédente, chercha en vain du travail à Alexandrie. C'était en 1877.

Son récit s'apparente également au picaresque par une narration à multiples rebondissements : hébergements clandestins, errances dans les villes (Tunis, Bône, Le Caire), périodes de faim, mésaventures répétitives. L'évocation de ses logements successifs au Caire révèle son extrême dénuement, et encore déclare-t-il, dans la seule note de son ouvrage – mais magnifique d'implicite ! –, qu'il a volontairement laissé dans l'ombre de potentiels micro-récits qui auraient été dignes des romans des bas-fonds de la fin du XIXe siècle français ou de ceux de Jack London.

Comme un *picaro*, l'auteur met en question les vérités sociales qu'on cherche à lui imposer, et il ne cesse d'apprendre – souvent à ses dépens –, chaque mésaventure étant source de savoir pour tenter un nouveau départ, et l'entraînant à l'humour voire à l'ironie qui permettent de mettre à distance la violence subie, au sein de milieux hostiles. L'opposition entre le monde extérieur (ingrat, contraignant, parfois absurde) et le moi intime luttant pour sa liberté et sa dignité structure ces *Mémoires*. Romolo Garbati présente en tout cas son parcours comme cohérent, dans sa marginalité de « passager de troisième classe » comme il le dit à la fin de son livre. Le livre prend parfois le ton du plaidoyer pour la dignité de l'homme aliéné par l'Histoire, la politique, le heurt entre les faibles et les puissants au sein d'une société coloniale dont l'auteur se sait malgré tout faire partie.

Sa présentation du milieu des « publicistes » (journalistes) au début du siècle est haute en couleurs, entre ignorants, maîtres-chanteurs, escrocs, face aux vrais professionnels « honnêtes », au nombre desquels il se compte*. Il relate à de nombreuses reprises les mésaventures de compatriotes ou d'étrangers forcés de s'enfuir comme lui de leur pays. Il ne cache pas que plusieurs d'entre eux, expulsés du territoire égyptien, l'ont été suite à des malversations financières ou autres opérations frauduleuses, tout en se présentant quant à lui comme un parangon de vertu, ce que le lecteur est tout prêt à croire, à raison me semble-t-il.

Ce qui le différencie de bien des *picaros* de la littérature, c'est qu'il est fort cultivé, et que sa culture littéraire n'a d'égal que sa culture politique libertaire, qui fut source de ses exils à répétition et d'ennuis encore sur le tard.

À l'instar de tout autobiographe ou mémorialiste se prenant pour objet de connaissance, il apporte à son lecteur une réponse au « Qui suis-je ? », en des confidences sur son identité profonde. Il ne s'auto-glorifie guère, déclarant ainsi qu'il croit bien que sa renommée de journaliste n'a pas « franchi de beaucoup » les limites de son quartier à Alexandrie tout en rappelant que des personnes le félicitaient régulièrement pour la qualité de son travail. Il insiste sur son indéfectible probité dans des milieux assez corrompus, voulant que celle-ci soit reconnue. Et certes, en conséquence, il en profite pour régler quelques comptes par portraits ou anecdotes interposés. Ses interlocuteurs (réels ou imaginaires) sont bien ses

* En réalité il grossit parfois le trait, en généralisant ses premières expériences journalistiques. Il n'est que de consulter *La Réforme* ou *La Bourse égyptienne* de la « Belle Époque » pour y découvrir des articles et des éditoriaux de très bonne tenue et originaux.

contemporains en Égypte qu'il veut faire témoins voire juges de ce retour symbolique sur le début de son séjour.

Pourquoi ce livre en définitive ? Sans doute la hantise du temps qui passe – il a soixante ans déjà – l'a-t-elle incité à prendre la plume ; sans doute aussi le besoin d'écrire un récit qui le libérerait des souvenirs d'années douloureuses, et qui serait le passeport qu'il n'eut jamais, ou encore le désir de mieux se faire comprendre des autres, lui qui fut si souvent devant les machines à composer des imprimeries, dans les urgences de l'écriture de presse, travaillant vingt-deux ans comme rédacteur au *Messaggero Egiziano* : l'exilé italien est devenu résident.

Quel lectorat visait-il en Égypte francophone ? Il est à douter que de nombreux lecteurs d'alors voulurent se reconnaître dans la personne et le parcours du mémorialiste. Gageons que ce livre de moraliste soucieux d'énoncer en quelques mots une vérité d'ordre général – ainsi quand il déclare ne pas avoir de grandes illusions sur les « lointaines perfectibilités humaines » –, ce livre non plus de militant – encore que certains accents soient presque explicites* – n'ait pas interpellé ni mobilisé grand monde dans les milieux européanisés d'Égypte, dans les années trente, en dépit du fait qu'il ait écrit ces *Mémoires* dans une langue véhiculaire, ce français qu'il manie parfois de façon quelque peu inventive pour ce qui est de son lexique.

* En contradiction d'ailleurs avec ce qu'il écrit lui-même dans sa « préface » autographe, au seuil de son livre.

Il est un écrivain cependant, célèbre au moment où il publie son livre, qui aurait pu s'y retrouver : il s'agit de Panaït Istrati, qui passa par la même misère lors de ses séjours égyptiens du début du siècle et qui a pu croiser notre auteur dans les rues du Caire ou d'Alexandrie[*].

Il est fort douteux en revanche que les Européens marxistes résidents en Égypte – il y en eut – aient trouvé de l'intérêt à ce livre de Romolo Garbati[†]. Ils auraient d'emblée souligné la quasi absence des Égyptiens sous la plume de celui qui se décrit d'ailleurs comme un « pauvre vieux journaliste colonial », contestant les inégalités du monde, mais finalement semblant bien s'y résigner à la fin de son récit, la vieillesse advenue.

Bientôt un siècle plus tard, les lectures seront autres. L'odyssée sans retour que nous découvrons fait partie des destinées de celles et de ceux qui sont appelés *subalternes*. La recherche s'en préoccupe depuis une vingtaine d'années maintenant, comme d'acteurs

* Incontestablement, le récit des premières années de la vie égyptienne de Romolo Garbati présente des ressemblances avec la fictionnalisation des séjours en Égypte de Panaït Istrati, de décembre 1906 à l'automne 1911, à laquelle il se livre dans ses romans autobiographiques : *Le Pêcheur d'éponges* (1930), *Méditerranée. Lever du soleil* (1934) et *Méditerranée. Coucher du soleil* (1935). On y découvre la vie d'un vagabond migrant plusieurs mois par an de sa Roumanie natale vers l'Égypte, peintre en bâtiment à Alexandrie, manœuvre sur les chantiers de la nouvelle ville d'Héliopolis, homme-sandwich et portier de nuit au Caire.

† « Littérature et colonialisme. L'Égypte dans la littérature française », *Les Cahiers de Contre-Enseignement prolétarien* 20, mars 1936. Les auteurs, sous couvert d'anonymat, livrent une lecture marxiste des écrits de voyage où sont décodées les idéologies impérialistes au sein de prétentions réalistes qui gomment l'exploitation du sujet égyptien contemporain. Ils se proposent d'aider les Égyptiens dans leur lutte pour la « libération nationale », p. 5.

d'une histoire « d'en bas », littéraire, culturelle et sociale, au même titre que les auteurs de premier plan. Pour cela, elle s'intéresse aux configurations locales d'excentrement social, aux périphéries des métropoles, aux parcours autodidactes, aux déclassements d'intellectuels pauvres devenus prolétaires.

Au moment où Romolo Garbati publie son livre à Alexandrie, sur les presses de l'Imprimerie du Commerce, son compatriote Antonio Gramsci a fini de rédiger ses *Quaderni del carcere* (*Cahiers de prison*), dans lesquels il théorise la notion de « subalterne », désignant le prolétaire urbain comme rural en Italie*. Par cela, il fut à l'origine des reconversions opérées par l'histoire sociale vers l'étude du sujet, de son quotidien, des événements forts de ses parcours de vie et de ses mobilités sociales. Le livre de Romolo Garbati relève bien de ce type d'étude de la nouvelle micro-histoire, celle de l'anarchisme dit « individualiste » bien entendu mais aussi et surtout celle d'un homme cultivé, sincère, au parcours de vie qui peut inspirer, toujours aujourd'hui, intérêt, compassion et respect.

* Écrits en 1929, ils restent inédits jusqu'en 1948 et connaîtront une fortune critique internationale.

Avertissement au lecteur

Le texte de *Mon aventure dans l'Afrique civilisée*, tel qu'il a été imprimé en 1933 par les Éditions d'Orient, présente quelques irrégularités en matière d'orthographe, de syntaxe ou de ponctuation. Pour cette édition, nous avons adapté le récit aux normes éditoriales (en passant systématiquement les titres d'ouvrages ou de revue en italiques, notamment) et choisi de signaler au lecteur les italianismes les plus manifestes par une note de bas de page. Nous avons également pris la liberté d'intervenir ponctuellement sur le texte d'origine, en rétablissant les formes erronées (accents omis par exemple) et, dans de rares cas, en normalisant la ponctuation. On trouvera au terme de l'ouvrage la liste complète des modifications effectuées.

Ajoutons qu'au fil des pages, le nom de certaines personnalités citées par Romolo Garbati est précédé de titres honorifiques typiquement italiens : chev. (pour « chevalier », *cavaliere*), comm. (pour « commandeur », *commendatore*), hon. (pour « honorable », *onorevole*). Les abréviations que l'on rencontre dans le texte français (« le chev. Fabbri », « le comm. Giuseppe Messeri », « l'hon. Giolitti ») peuvent surprendre : elles sont la traduction par l'auteur des abréviations couramment utilisées en Italie (cav., comm., on.).

Romolo Garbati

Mon aventure dans l'Afrique civilisée

Éditions d'Orient

1933

Avant-propos

Un jour, je quittai mon pays, certain que j'étais, que j'y serais retourné au bout de quelques mois[1]. *Trente ans se sont écoulés depuis lors. Une seule fois, en 1913, il me fut donné de revoir une terre enchanteresse, la Valorcana*[2]. *De ses hauteurs je ne cessais d'admirer la campagne, toute verte, les longues rangées d'arbres, dont les troncs étaient réunis l'un l'autre par des festons de vigne, et, au milieu de ce sourire de la Nature, à Possagno, le candide Temple de Canova*[3]. *Autour de moi le bois résonnait de voix ailées et de murmures de sources, qu'on aurait dit des chants de grâces élevés à ces dons de lumière.*

Je regardais avec avidité, comme si j'eusse voulu remplir mes yeux et mon âme de tant de beauté. Puis je m'acheminais vers Bassano, où d'anciens et de nouveaux amis, avec lesquels nous avions l'habitude de nous entretenir d'art et de littérature, m'attendaient. Je passais des moments inoubliables à Romano d'Ezzelino, à la villa Chilesotti[4], *en écoutant Donna Loredana parler de musique et des plus récentes découvertes d'autographes de musiciens des* XVIe *et* XVIIe *siècles, faites par son mari en Allemagne.*

Quel homme sympathique, docte et affable, que ce traducteur de Schopenhauer[5] ! On le voyait tous les jours, en tenue négligée, coiffé d'un large chapeau mou et défraîchi, quitter son domicile et se diriger vers les endroits les plus solitaires. Il aimait les fleurs, les tableaux et, naturellement, les livres. D'habitude il n'était pas loquace, mais parfois sa parole affluait abondante : c'était lorsqu'il s'apercevait que ses idées, presque toujours paradoxales, étaient comprises ou lorsqu'il exposait les pensées du grand Pessimiste, dont l'œuvre, disait-il, nous réconcilie avec l'existence.

Chose étrange ! J'étais un admirateur de Schopenhauer, mais j'avoue que je ne pouvais ne pas évoquer en présence de son commentateur, l'optimiste docteur Pangloss, auquel dans l'heureuse Propontide, et dans une situation qui avait une grande ressemblance avec la mienne, le malheureux Candide disait : « Tout cela est parfait. Je sais aussi qu'il faut cultiver notre jardin. » Car, précisément, ces jours-là, je me demandais s'il n'aurait pas mieux valu qu'au lieu de repartir pour l'Égypte, où j'aurais continué à noircir des feuillets pour les gazettes, je reste à Valorcana, pour y planter des choux. Ne possédant pas de verger, même pas en société comme Candide, je me serais contenté de travailler pour un patron raisonnable, pas trop inhumain, capable, en un mot, de ne pas se mettre en colère s'il m'avait surpris à lire ou à piquer un somme à l'ombre d'un figuier. Mais comment exprimer ce désir à mes amis, hommes de lettres, sans les scandaliser ?

Je repartis donc pour l'Égypte.

*
* *

Je crois avoir fait comprendre qu'aucune ambition exagérée ne hantait à ce moment-là mon esprit. J'étais même convaincu de mon incapacité de m'assurer par le journalisme, je ne dirai pas la notoriété et l'aisance qui souriaient à tant d'autres dans mon pays aussi bien qu'en Égypte, mais même la plus modeste place dans « l'office » de la renommée.

Dans ma jeunesse, j'avais écrit pour des journaux[6]*. Mais il s'agissait de ces bêtises d'autrefois, par lesquelles, comme tant de jeunes gens de mon âge et tant de vieilles barbes nous rêvions d'affirmer de libres convictions et de répandre l'amas d'idées dont le stupide* XIXe *siècle nous avait gratifiés si généreusement après avoir été à son tour contaminé par le* XVIIIe *siècle qui, lui, fut plus stupide encore. Nantis d'un pareil bagage intellectuel, il n'y avait pas de quoi faire fortune. Surtout moi qui manquait de la promptitude d'esprit qui laisse immédiatement entrevoir l'affaire profitable, de l'agilité dialectique, de la désinvolture nécessaire à l'homme du monde, de l'éloquence de ceux qui n'ont aucun préjugé ; moi qui manquais de l'art de ne rien dire quand il y a quelque chose à exprimer, ne pouvais rien espérer. Au milieu d'une société élégante, spirituelle, raffinée, je dois avoir laissé l'impression d'un rustre qui pénètre à la Cour au milieu d'une réception royale. Quelle belle figure j'ai dû faire*[*] *!*

De ce contraste entre mon ignorance et la subtile expérience d'autrui, est issue en grande partie, la burlesque aventure que je vais conter. Je ne saurais trop m'en plaindre. La vie qui s'est montrée avare de certains dons à mon égard, m'a généreusement compensé

* Italianisme (*che bella figura*) : « J'ai dû faire bonne impression ! ».

en m'offrant d'autres facultés : par exemple celles de la mémoire et de l'imagination.

Ainsi, si je n'oublie pas la réalité, je puis encore me créer des illusions. Cependant je ne réussis pas dans un effort : celui de considérer, ainsi que le conseillait Stendhal, l'homme en insecte[7]*. Cela ne peut être possible qu'à Dieu. Je reconnais malheureusement la brute humaine dans l'homme d'affaires mondain, dans l'espion mondain, dans l'assassin mondain, tous plus ignobles que le délinquant authentique qui a, au moins, le courage physique et l'élan sauvage, et est armé d'un couteau et non de sourires baveux.*

En attendant, la satisfaction ineffable de me reconstituer au moyen de peu de chose l'existence rêvée et celle que j'ai vécue en d'autres temps, m'est accordée. Un livre ou même une carte postale me suffit. Pour susciter la vision des paysages perdus, il me faut tout au plus une petite plante placée sur le rebord de la fenêtre et sur les feuilles de laquelle passe le frémissement du ciel.

*
* *

J'aurais pu écrire un roman mais il m'a paru plus opportun de relater certains épisodes dans leur simple vérité. Je devrai parler de moi-même. Le lecteur ne m'en tiendra pas rigueur car je parlerai surtout d'autres personnes, bien plus intéressantes que moi, et parmi celles-ci de plusieurs créatures vraiment excellentes.

Je fus un personnage secondaire de la comédie qui se déroula et je ne sus pas tenir, ainsi qu'il le fallait, le rôle qu'on voulut me confier.

À ce qu'il paraît, à chaque scène j'aurais dû éclater d'admiration devant certains autres graves personnages : au lieu de cela j'éclatais de rire. À présent je comble une lacune et j'essaye de rendre aux auteurs et aux acteurs qui en vain voulurent m'initier aux secrets de l'art, l'hommage qui leur est dû.

Première partie
Mon séjour à la Galite

Le *Gemma L.* glissait sur la mer phosphorescente. Son commandant que j'avais laissé dans sa cabine continuait certainement à consulter la vieille carte et une boussole plus vieille encore, car pour lui, qui était habitué à la navigation côtière, un voyage en « haute mer » constituait une entreprise difficile. Je m'étais étendu sur le pont, l'esprit rêveur. Les étoiles scintillaient à travers le voile de nuages qui devenait de plus en plus dense et qui les aurait bientôt cachées. À une petite distance le timonier prêtait attention à la voix de patron Michel : et lorsque le commandement de celui-ci lui parvenait, la roue faisait entendre un léger grincement, les voiles s'agitaient quelque peu, l'embarcation se balançait un instant, puis reprenait sa route.

Nous avions quitté San Pietro[8] à une heure avancée de la nuit. Je pensais aux salutations et aux souhaits d'un groupe de braves insulaires au moment de notre départ. Ils avaient trouvé à mon intention une maisonnette de campagne où j'avais passé une dizaine de jours.

Certains procès de presse – sur lesquels je ne m'étendrai pas parce qu'ils constituent une chose trop commune – m'avaient obligé à changer d'air[9]. Un mien ami, le député socialiste Dr. Giuseppe Cavallera[10], de Turin, m'avait indiqué cette île comme étant un endroit tranquille; en effet, outre la tranquillité je trouvai dans la maisonnette que je viens de mentionner, des provisions qui m'auraient suffi pour plusieurs années. En outre, je recevais de jour et de nuit des dizaines de personnes, chacune desquelles m'offrait des fruits, du gibier, des poissons... Je les remerciais, et leur assurais qu'aucun lien de parenté, même éloigné, ne me rattachait à Pantagruel; je souriais des précautions qu'elles avaient prises pour que mon refuge fût ignoré.

Ces gens m'aimaient : j'aimais à mon tour ces hommes de mer qu'un espoir rendait mes frères. Ils étaient tous des socialistes. Un épisode simple et émouvant augmentait ma sympathie à leur égard. Une fille du pays avait été blessée par un triste sire, dont elle avait repoussé les avances amoureuses. Un procès s'ensuivit. L'avocat défenseur du prétendant sauvage, fit ce que font généralement en pareil cas tous les avocats : il rejeta toute la faute sur la jeune fille qu'il dépeignit comme légère, infidèle, sans cœur; ainsi l'homme, fasciné par la nouvelle Circé villageoise, avait fini par perdre la tête et par frapper. Simplement.

Plus d'un demi-siècle auparavant, Alphonse Karr avait dénoncé ces trucs d'éloquence du barreau et s'était demandé si les poursuivants avaient le droit de diffamer, outre les prévenus qui étaient souvent innocents, les témoins et les victimes, et si, au contraire, ils n'avaient pas le droit de rechercher la vérité afin que soit appliquée la loi écrite[11]. Dans le cas auquel je m'intéressais, c'était la victime qui était mise au pilori. J'écrivis un article passionné. Un des premiers à me féliciter, fut l'avocat, excellent professionnel, du reste, et mon très cher ami, contre lequel je n'avais pas ménagé mes attaques.

Des journées s'écoulèrent. Un matin nous conversions dans la salle de rédaction. Stefano Canzio[12] se trouvait avec nous. Quelqu'un entra pour m'annoncer qu'un groupe de personnes demandait à me parler. Mais tandis que j'étais sur le point de me rendre dans une chambre contiguë, les visiteurs se présentèrent timidement : une femme aux côtés de laquelle se tenaient deux garçons, ainsi que deux hommes et enfin, au milieu d'un jeune homme et d'une jeune fille, un vieillard au visage couleur de brique, tout ridé... C'était la famille de Louise, l'héroïne du drame que j'avais cherché à éclairer. Je regardai cette jeune fille, je regardai ses grands yeux noirs et sa bouche qui essayait de sourire.

Invité à s'asseoir, le vieillard alla vers le général, en s'exclamant :

– Merci ! Merci pour ces choses que tu as écrites pour ma nièce ! Tu connais des mots si beaux, si beaux...

Stefano Canzio, debout, lui fit signe de s'adresser à moi :

– C'est lui qui a écrit et c'est lui que vous devez remercier.

Alors le vieillard fixa son regard sur moi :

– Toi ! Mais tu es si jeune ! Et comment peux-tu savoir... Regarde ! Je suis venu exprès parce que je voulais te connaître... Et elle aussi, Louise, est venue... Que Dieu te bénisse et te récompense !

Je ne pourrais répéter aujourd'hui que « je ne donnerais pas cela pour la gloire de César et de Napoléon »[13], mais je puis affirmer que j'ai parfois pensé au geste de ces humbles, et j'y ai trouvé une consolation; d'autant plus que je n'avais pas, comme Lord Byron, d'autres gloires à ma disposition. Ce souvenir m'est surtout cher aujourd'hui, parce qu'il me permet de mentionner le nom de Stefano Canzio.

Ce dernier est un autre que l'on a oublié, pis encore, que l'on a voulu oublier. Il voulut me connaître et je lui fus présenté par l'entremise d'un ami commun. Je rédigeais à cette époque, dans une ville maritime qu'il est inutile de nommer, un journal dont il ne vaut pas la peine de rappeler le titre[14]. Ce sont là des choses qui n'ont aucune importance. Ce qu'il pourrait être utile de savoir, pour connaître une époque plus qu'un milieu, c'est que malgré la ferveur avec laquelle chacun de nous manifestait et soutenait ses propres opinions, nous avions tous le sentiment que nous vivions, de l'autre côté de la barricade, dans une communauté d'idées. C'est au moyen des idées générales, dit Pascal, que les hommes ne se considèrent pas comme des « propositions »[15].

On discutait. Stefano Canzio nous écoutait, l'esprit attentif. Il appartenait à une génération plus vieille que la nôtre, celle qui avait pris part à la guerre pour l'indépendance nationale. Ce n'était pas un doctrinaire, ce n'était pas un savant, mais un homme à l'intelligence ouverte et de grand cœur. Cela vaut bien plus. Un grand nombre de personnes croient posséder une culture et exprimer des idées à elles, lorsqu'elles répètent ce qu'elles ont mal lu. Le gramophone n'était pas encore à la mode, mais la présomption le remplaçait. La bourgeoisie italienne apprenait l'essence du socialisme – pénétré dans notre pays en retard d'un siècle – par les dessins de la *Rana* et du *Pappagallo*[16] ; l'Ogre plébéien guettait les poules à servir au capitalisme dans des intentions peu rassurantes ; heureusement le carabinier déguisé en cuisinier veillait.

Mais si nous, les jeunes, avides de savoir, nous rendions compte de tant d'ignorance, nous ne pouvions tout de même pas nous expliquer la continuation de certains systèmes contre lesquels, croyions-nous, s'étaient insurgés ceux-là même qui, précisément, avaient combattu. Ou bien à l'oppression de l'étranger avait-on voulu substituer une oppression portant un cachet national ? Et Canzio, interrogé à ce sujet, nous répondait paisiblement :

« Les nouvelles dispositions contenues dans la Charte[17] ne peuvent pas supprimer l'héritage que nous ont légué les gouvernements antérieurs. Les policiers qui servirent les Bourbons, les Habsbourgs, les tyrans et petits tyrans indigènes, servent la nouvelle Italie. Le métier de délateur qui a déjà assuré l'existence à trop de gens, continue à être profitable à beaucoup d'autres personnes. Comment prétendre qu'un régime change, lorsqu'avec les traditions les hommes qui l'ont soutenu vivent encore ? Vous ne devez pas vous étonner de cette continuité, si vous pensez qu'il y a des magistrats qui voudraient réinstaurer aujourd'hui les chambres de torture ! »

Les conversations auxquelles nous prenions part avec une aussi grande ferveur furent interrompues, quand je dus partir. Stefano Canzio, qui ne militait plus dans aucun parti, qui n'était qu'un ami pour nous, lui, qui était un des derniers garibaldiens romantiques, écrivit une lettre vibrante d'indignation contre la suppression tramée d'une voix libre, et pleine d'affection pour moi. Je devais la lire plus tard, cette lettre, qui fut publiée lorsque j'étais déjà loin[18]…

Je repensai à Canzio sous le ciel qui s'obscurcissait. Un moment je me rappelai le vieillard qui m'avait recommandé à Dieu : il devait être certain, après ces « belles choses » que j'avais écrites, que la divine providence veillait sur moi…

À l'aube j'aperçus une masse grisâtre dont se détachait un cône plus foncé. Le timonier me dit :

– La Galite.

Le vent, devenu plus violent, poussait le *Gemma L.* vers l'ouest, mais à la suite de larges bordées le navire retournait sur sa route et s'approchait de la petite île. Puis le vent tomba et nous procédâmes avec une extrême lenteur… Vers neuf heures, la Galite apparut très claire, avec ses rochers, avec sa plage sablonneuse par endroits, avec son col sauvage au sommet entrecoupé. À dix heures, quelque peu surpris, j'allai trouver patron Michel dans sa cabine.

– L'on dirait que nous sommes près de nous échouer sur ce rocher.

– Eh oui, je suis obligé de vous débarquer à la Galite… Vous comprendrez, je ne puis entrer dans un port de la Tunisie parce que je n'ai pas les papiers… Les démarches seraient trop longues. Mais vous resterez ici quelques jours tout au plus, puis avec une barque vous irez à Bizerte ou à Tunis…

– Pardon, je suis venu à bord avec la promesse…

– Vous avez raison. Cela me semblait possible, mais j'y ai mieux réfléchi et je ne veux pas courir de risques ni vous créer des ennuis. Mon départ a été noté et à San Pietro tout le monde sait que vous êtes parti avec moi… Soyez tranquille, à la Galite il y a un vieil ami à moi, qui vous accueillera comme un fils et trouvera lui-même le moyen de vous faire débarquer où vous voudrez.

La perspective ne me semblait pas trop heureuse. Non qu'il ne m'aurait pas plu de vivre dans un îlot, fût-ce tout seul, mais je songeai que certaines nouvelles, que j'avais hâte de connaître le plus tôt possible, ne me seraient jamais parvenues.

Nous abordâmes. Je pris ma valise, je descendis dans le canot et je débarquai avec le commandant. Un homme âgé d'une cinquantaine d'années, l'ami de patron Michel, vint à notre rencontre.

– Bonjour, François.

– Bonne arrivée* !

François me toisa pendant un instant, observa plus longuement ma valise et comprenant que les deux amis avaient quelque chose à se dire en secret, j'entamais une conversation avec le matelot qui nous avait accompagnés. J'entendis François qui disait : « C'est bien ! Cela va bien ! ».

Arrivés à mi-chemin du col par des sentiers tortueux, nous montâmes et nous nous arrêtâmes devant une grotte. Patron Michel m'assura de nouveau que je n'aurais fait qu'un court séjour à la Galite, puis il me serra la main et redescendit, en compagnie de son ami. Tout cela leur semblait la chose la plus naturelle du monde.

Mon hôte réapparut au bout d'une heure. Son visage basané n'était pas antipathique, mais ses yeux très vifs me scrutaient, toujours soupçonneux. Il devait être d'un caractère très peu communicatif. Il entra dans la grotte, puis en sortit en compagnie d'une

* Italianisme (*ben arrivato*) : « Bienvenue ! ».

femme paraissant plus âgée que lui. Cette dernière était pourtant restée cachée pendant la visite de Michel et, pendant plus d'une heure, durant mon attente.

– Ma femme, barbota* François, en descendant vers la mer.

Il fallait s'adapter à la nouvelle existence. Par la suite, lors des occasions que j'eus de revoir cette femme – deux fois par jour, au moment du déjeuner et à celui du dîner – je ne parvins pas à échanger un seul mot avec elle. Il se pouvait aussi, tout est possible, qu'elle crût que cette réserve était nécessaire afin de ne pas allumer dans mon cœur des désirs pervers. La laideur unie à l'honnêteté la plus féroce peut produire des complications sentimentales de cette nature. Mais, comme si elle eût voulu me compenser de ses grimaces, dame Athanasie me faisait trouver à table, le matin et le soir, les soupes de poisson les plus appétissantes. Elle ne mangeait pas avec nous, avec François et avec moi. Elle posait les assiettes sur une espèce d'escabeau et rentrait dans la grotte. Couché sur une natte, je dévorais de grosses tranches de muges, de grasses anguilles, de la blanche pulpe de langouste, laissant de côté la galette, dure comme le fer. François, s'étant débarrassé du repas en deux minutes, se mettait à faire les comptes sur un cahier. Le premier jour, aussitôt après le déjeuner terminé, je retirai de ma valise qui était plus fournie de livres que d'effets d'habillement, une œuvre de De Vigny et je descendis sur le rivage où je m'attardai jusqu'au coucher du soleil, à l'ombre d'un rocher. Des voix me surprirent.

* Italianisme (*borbottò*) : « Ma femme, grommela François ».

Une flottille composée d'une trentaine de barques minces, aux coques de différentes couleurs, entrait dans le carré d'eau et les voiles aussitôt amenées, les hommes descendus à la mer par groupes de cinq, les poussèrent sur le sable fin et blanc.

Il y avait dans l'île cent quatre-vingts pêcheurs venus de Salerne pour y passer « la saison » qui durait quatre mois. Sur chaque embarcation prenaient place cinq hommes qui, partis avant l'aube, attendaient jusqu'au coucher du soleil pour jeter les filets au large et les amarres. La pêche était vendue à des commerçants espagnols et français qui affrétaient des navires à vapeur spéciaux avec des cales construites pour le transport des langoustes. Une partie de la pêche servait à nourrir la colonie. Les paiements se faisaient par des déclarations écrites; l'argent devait être encaissé dans les banques, au retour en Italie. François tenait toute la comptabilité dans ce repoussant cahier que je lui avais vu entre les mains et il gardait aussi l'argent au comptant que lui versaient les acheteurs des marchés de Tunisie et de l'Algérie. La répartition des bénéfices avait lieu au retour au pays.

– Je croyais que l'île n'était habitée que par vous seulement, dis-je à François.

– Par nous seulement? Et que ferais-je ici avec Athanasie? Bonne nuit.

Il emporta la lampe à huile dans la grotte, et, étendu sur la natte et enroulé dans une couverture, j'essayai de m'endormir. J'étais à la belle étoile.

Les jours suivants je dirigeai mes promenades vers la plage où la flottille avait jeté les amarres. Je connus plusieurs parmi les pêcheurs qui restaient à terre à tour de rôle pour s'y livrer à des occupations « ménagères ». C'étaient tous des jeunes gens entre les vingt et les trente-cinq ans. Ils ne semblaient pas étonnés de ma présence dans l'îlot ou du moins ils n'en demandèrent pas les raisons, mais ils répondirent à mes demandes et me firent visiter leurs habitations. Celles-ci consistaient en deux amples grottes. Aucun mobilier, même pas un lit, mais des nattes et quelques rustiques chaises en paille ; sur les parois se trouvaient quelques petits crucifix et des images de Saints.

Le matin, chacun prenait place dans son embarcation, avec ses vivres pour la journée, un peu de galette, des oignons et du fromage salé ; au retour ils trouvaient l'immanquable soupe de poisson, puis ils s'endormaient. Une telle existence me rendait quelque peu curieux. Il s'agissait d'une expérience sociale. Il est vrai que les femmes manquaient et, partant, les principales raisons de différends, de vanité, de jalousie, d'égoïsme qui se vérifient dans tous les groupements humains ; de toutes façons, environ deux cents jeunes hommes vivaient ensemble, travaillant en parfaite harmonie, sans codes et sans sbires, respectueux d'une morale supérieure[19].

Ils avaient pour chef François, qui continuait à tenir la comptabilité. Les plus âgés commandaient les embarcations. Jamais, m'assura-t-on, un différend n'avait surgi, jamais l'on n'avait entendu des paroles de ressentiment ou des menaces. On m'indiqua dans la partie occidentale de l'île une maisonnette, habitée par un marin français, un invalide que son gouvernement y avait envoyé comme gardien. C'était la seule représentation officielle et étant donné qu'il n'avait aucune occasion d'exercer d'autre façon ses indéfinissables fonctions, ce représentant de la République ne se montrait que le dimanche, et ouvrait sa maison à quelques pêcheurs qui y trouvaient du vin mélangé d'eau et des liqueurs inoffensives. Ils y trouvaient aussi la femme et la belle-sœur de l'invalide ; mais l'une et l'autre étaient de celles que Balzac excluait de la classification « femme ». Elles étaient comparables en tout, hormis son mutisme, à mon ineffable Athanasie.

Mais peu à peu je découvris des représentants de l'autre sexe. Un matin, au cours d'une excursion sur une hauteur, à la recherche de la source d'une petite rivière, dont les eaux nous désaltéraient, parmi un amas d'arbustes j'en vis deux autres, qui demeuraient dans une grotte. L'une, jeune, d'une beauté sauvage, qui aurait pu servir de modèle à Michetti[20] ; l'autre était belle aussi mais elle avait un aspect maladif. Je compris par les regards qui me furent dirigés que je n'aurais pas dû m'aventurer jusque-là.

Je ne dis rien de ma découverte à François, mais j'en parlai à un des pêcheurs. Les deux femmes vivaient solitaires, là-haut, depuis environ deux années. Rarement elles descendaient chez François pour faire leurs provisions ; lorsque la colonie rapatriait, elles étaient recommandées au gardien français. Précisément deux ans auparavant plusieurs pêcheurs étaient venus à la Galite en compagnie de leurs épouses. Un soir pendant un bal la jalousie avait lancé un des hommes contre l'autre et la lutte, féroce, s'était terminée par la mort d'un des adversaires, qui avait été trouvé, la tête fracassée, dans une crevasse. Des juges et des gendarmes étaient accourus de Bône. Le meurtrier fut jugé et condamné au bagne ; depuis lors sa femme était restée avec sa belle-sœur, la belle sauvage, dans l'îlot.

Après m'avoir fait le récit de ce drame, le pêcheur, un adolescent, me demanda :

– Et vous, pourquoi êtes-vous ici ?

– Comment ? François ne vous l'a pas dit ? J'attends une barque pour m'en aller à Tunis.

– Je sais cela. Mais... les autres croient que vous vous cachez... Je désirerais que vous leur expliquiez.

Le lendemain, dimanche, je me rendis à la grotte. Je dis quelques paroles aux pêcheurs cherchant à leur faire comprendre comment un honnête homme peut être contraint de quitter sa propre maison. Non, je n'avais pas volé ; je n'avais blessé personne ; et je conclus :

– Croyez-vous que François m'aurait accueilli si j'étais un forban ?

Cela sembla les persuader plus que le reste de ma harangue : mais désormais je désirais partir le plus vite possible. Un voilier arriva pour charger du sable et François obtint du patron qu'il m'aurait pris avec lui lors de son prochain voyage.

L'attente du retour du voilier fut longue ; heureusement j'avais avec moi, ainsi que je l'ai déjà dit, quelques livres. Je fis le tour de l'îlot, je pris plus souvent des bains, je détachai des coquillages des rochers, je recueillis des patelles. Finalement un jour François m'annonça que le voilier, qui était arrivé dans la matinée (je ne l'avais pas vu) serait reparti au coucher du soleil pour Bizerte. Ce jour-là le vent était plutôt violent et défavorable ; il soufflait de l'est, mais je préparai quand même ma valise.

Un des pêcheurs restés à terre s'approcha de moi et d'un air mystérieux me prévint que je ne serais pas allé bien loin : le voilier avec son chargement de sable aurait coulé à un mille de la Galite.

– Écoutez-moi. Attendez jusqu'à demain et je vous conduirai à Bône. Je ne vous demande que deux cents lires…

– Je vous remercie. Je ne possède pas cette somme et le voyage m'est offert gratuitement.

– Mais si vous coulez?

– Tant pis, ou… tant mieux!

Quand je remontai à la grotte, François me demanda si je ne craignais pas la mer.

– Le patron auquel je vous ai recommandé est un marin comme il y en a peu, mais entre nous soit dit, il est trop aventureux et un peu fou. Voulez-vous attendre que le temps se remette? Un autre voilier passera…

– Non. Je suis depuis quinze jours chez vous et je ne veux pas vous causer d'autres dérangements. À présent dites-moi combien je vous dois.

– Mais que me devez-vous? Pour quatre galettes…

Il ajouta que patron Michel était son meilleur ami et qu'il l'aurait offensé en recevant de l'argent d'un honnête homme qu'il avait conduit dans l'île. Comme j'insistais, il appela sa femme.

– Écoute, Athanasie, écoute ce monsieur qui veut nous payer pour la natte que nous lui avons donnée.

Athanasie fit entendre une sorte de grognement. J'étais curieux de savoir comment elle aurait résolu la question. Et cette femme, d'un caractère désespérément renfermé, trouva des paroles que l'on n'aurait pu lui supposer.

– Mon pauvre monsieur, notre compagnie ne doit pas vous avoir beaucoup amusé. Mais nous ne savons parler que de pêche et nous craignions de vous ennuyer ; puis nous étions honteux de ne rien pouvoir vous offrir de mieux, même pas une petite place dans la grotte !

Je la rassurai. Cette vie au soleil et à la belle étoile m'avait fait du bien et les soupes étaient vraiment merveilleuses. Je reparlai intentionnellement des soupes de poisson. François à la fin s'exclama :

– Donnez-moi cinq lires et n'en parlons plus.

Cinq lires ! Je lui donnai un plus gros billet qui, après des protestations et des refus, disparut dans la poche de la femme. Mon amphitryon voulut transporter la valise jusqu'à bord.

Le patron du voilier, Auguste, était peut-être le meilleur marin du monde : il est certain qu'il avait l'aspect d'un miséreux. Ses trois hommes que j'avais déjà vus nus pendant leur travail, étaient, eux aussi, recouverts de haillons.

Nous quittâmes le rivage en employant la petite voile. Lorsque la grande voile fut hissée, la barque fit un bond et fila comme une flèche. Pendant peu de temps tout alla bien, mais au large le tangage devint si insupportable et les vagues roulaient avec une furie telle que je repensai aux paroles du pêcheur : « à un mille au large, vous coulerez » ; mais elles suivaient une direction opposée à celle qui aurait dû être la nôtre et il ne nous était pas possible de tenter de naviguer vers la côte. Je m'étais réfugié dans la cale et je craignais que la mer ne balayât Auguste et ses marins. Je ne décrirai pas comment je passai la nuit. Auguste vint me trouver.

– Nous allons finir je ne sais où, peut-être en Espagne, si le vent ne se calme pas. Mais j'espère qu'à l'aube la violence du vent se sera apaisée.

En effet, si ce ne fut pas précisément à l'aube, au cours de la matinée un calme relatif succéda à la tempête et peu à peu un vent favorable commença à souffler. Nous reprîmes sans tarder notre route en nous approchant des côtes de la Tunisie, piquant finalement droit sur Bizerte. Je dois noter qu'outre l'énorme inquiétude soufferte pendant cette terrible nuit, j'avais une faim de loup. Il n'avait, naturellement, pas été question de dîner, mais le déjeuner attendu, une salade consistant en quelques oignons et des morceaux de galette, plus dure encore que celle qui m'avait été offerte dans l'île, ne m'avait pas rassasié; je crois qu'elle n'a pas dû satisfaire non plus les estomacs de mes courageux camarades y compris celui d'Auguste. Observant mieux les matelots et le capitaine je soupçonnai que leurs corps jeunes et solides n'avaient pas dû devenir si maigres à la suite de rudes fatigues seulement. Avec ce régime à la Succi[21] ils finiraient par devenir transparents. Le repas de l'après-midi ne fut ni plus copieux ni plus substantiel, quoique des tomates eussent été ajoutées aux oignons.

Je ne voyais pas l'heure d'arriver*. Bizerte était toute blanche; ses minarets élancés s'élevaient dans le bleu pâle du ciel; autour

* Italianisme (*non vedevo l'ora*) : « J'avais hâte d'arriver ».

de nous mille voiliers traversaient la mer au milieu des cris rauques des mouettes. Avant d'entrer dans le petit môle, Auguste me dit :

– À présent il s'agit de descendre à terre. Les douaniers nous connaissent, nous quatre, et assurément ils seront surpris de voir un monsieur à bord. Faites comme ceci : coiffez-vous d'un béret, revêtez une blouse et venez avec moi. Si le premier garde que nous rencontrons fait des difficultés, nous lui donnerons cinquante centimes et ce sera fini.

L'idée était bonne. Avec un béret et une blouse déchirée, mais avec des pantalons en drap fin et des souliers jaunes, je devais ressembler à un marin, autant qu'un baryton en caleçons de soie bleu ciel et en maillot de velours peut être pris au théâtre pour un Masaniello[22]. Mais moi aussi, j'eus une idée.

– Vous et moi, dis-je à Auguste, descendons ; seulement je vous demande que vos trois hommes viennent nous rejoindre dans une buvette que vous indiquerez et où, avec votre permission, je vous offrirai un plat de macaronis.

Comme pour rendre la mascarade plus vraisemblable, pendant que l'on jetait l'ancre en présence du garde qui à peu de distance s'était arrêté sur le quai, je me mis à traîner de la poupe à la proue une amarre qui devait rester là où elle était.

À terre, l'agent salua Auguste en clignant de l'œil d'une manière trop évidente pour que je ne comprisse pas ce qu'il voulait signifier et que je n'en fusse pas humilié et satisfait en même temps. J'aperçus plusieurs souks, aujourd'hui détruits, des hommes habillés en longs kaftans et qui portaient de petits bouquets de jasmin à l'oreille, des vendeurs qui semblaient écouter leurs cantilènes…

C'étaient les premières impressions du monde arabisé dans lequel je faisais mon entrée.

Nos trois amis nous rejoignirent et nous allâmes ensemble à la buvette. Je prévoyais qu'ils auraient dévoré, mais l'habitude des salades spartiates devait être trop longue : ils se bornèrent à manger tranquillement... Je dormis dans cette buvette et le matin suivant je pris le train pour Tunis.

En somme, les quinze jours que j'avais passés à la Galite n'avaient pas été perdus. Mais à présent il fallait trouver du travail et du pain pour moi et pour les miens. Je tâtais sur ma poitrine mon portefeuille qui renfermait des lettres de présentation et de recommandation et il me sembla que je possédais un peu d'avenir.

Deuxième partie
La vie coloniale à Tunis

J'étais descendu dans un hôtel dont le propriétaire était sans doute le forban le plus redoutable, car aussitôt que j'eus donné son nom aux premières personnes auxquelles je me présentai, celles-ci me conseillèrent de déménager le plus tôt possible. Où diable étais-je tombé ? Une pension, auprès d'une brave famille, aurait mieux fait mon affaire : mais je dus avouer que, pour le moment, je ne disposais pas de grandes sommes et que, dans tous les cas, la pension à chercher devait être plus que modeste.

Un jeune homme italien, dont je parlerai plus loin, trouva la solution du difficile problème; il me proposa de prendre en location un appartement vide et de le meubler selon mes moyens. Pour ce qui concernait la nourriture j'aurais pu me la procurer avec quelques sous, soit en mangeant dans une buvette populaire soit en achetant le nécessaire et en faisant la cuisine moi-même.

En ce temps-là, la vie à Tunis était extraordinairement bon marché en proportion, bien entendu, avec les payes et les salaires que l'on percevait. Un employé à quatre-vingt-cinq francs par mois était considéré comme un gros bourgeois ; un ouvrier à deux francs par jour pouvait s'appeler un homme fortuné. On me trouva un appartement ayant quatre grandes chambres et une cuisine, à douze francs par mois. Le mobilier consistait en un matelas que j'étendis à terre, en une petite table, quelques chaises et le nécessaire pour prendre au mieux un bain, c'est-à-dire une bassine en fer blanc.

La maison, construite à l'orientale, n'avait qu'un seul étage ; un vaste patio garni, au milieu, d'une fontaine qui désormais ne coulait plus, précédait un couloir dans lequel aux heures les plus chaudes de la journée s'établissait un frais courant d'air. Deux fenêtres donnaient sur la cour carrée d'une autre habitation et deux autres s'ouvraient sur une étroite ruelle. J'y voyais souvent, au balcon d'une maisonnette trop élégante pour cette misérable ruelle, une plantureuse jeune fille israélite qui, à sa beauté naturelle, ajoutait la couleur voyante et l'originalité pittoresque de son costume : un court boléro en brocart d'or et d'argent, le pantalon en satin d'éclatantes couleurs : rouge, vert, émeraude ou bleu ciel. Un joyau des « Mille et une nuits » oublié ou égaré à travers les siècles, mais qui scintillait d'une lumière inaltérable. Au contraire, du côté de la cour rien ne rappelait l'Orient. Deux sœurs, cousines du jeune homme qui m'avait trouvé le logement, toutes deux fort gracieuses, passaient d'une fenêtre à l'autre, s'appelant et riant continuellement. Elles devaient ne pas ignorer ma situation car du reste elles pouvaient voir la misère de mes chambres. Elles répondirent à mon salut dès le premier jour et en peu de temps je pus converser avec elles. Ma solitude était donc égayée par le sourire des deux jeunesses qui me rappelaient le monde contemporain et européen, et par la vision de l'israélite qui me transportait au loin, dans un monde où la fantaisie d'un Occidental comme moi pouvait se donner encore libre carrière. Je crains qu'avec le temps cette confusion poétique de coutumes, de façons de vivre, de lumières et d'ombres, de mystère et de bruit ne prenne fin et que les prosaïques civilisateurs n'aient tout démoli. Mon patio à la fontaine aride sera transformé à l'heure qu'il est, en garage, et n'aura pas gagné au change.

Aussitôt la question du logement résolue, muni d'une lettre de présentation, je me présentai au journal *L'Unione* dirigé par le chev. Fabbri[23].

Aucun, parmi les plus intransigeants des gauches de ce temps-là, ne songeait à faire de l'ostracisme contre les libéraux qui collaboraient aux journaux conservateurs. En France, Séverine[24] écrivait dans *Gil Blas*, dans l'*Éclair*, dans l'*Écho de Paris* ; Harduin[25] détruisait jour par jour par ses *Propos d'un Parisien* les échafaudages chauvinistes et militaristes de ses camarades de rédaction du *Matin* ; les colonnes du *Journal* accueillaient le *Carnet d'un sauvage* d'Henri Maret[26], un vieux « communard » qui avait aussi collaboré au *Radical* et au *Rappel*, ainsi que les plus fières attaques anti-bourgeoises d'Octave Mirbeau[27]. En Italie, la *Tribuna* officieuse, organe de tous les ministères, réservait la place d'honneur aux articles de « Rastignac » dont l'un, – s'inspirant de Séverine, qui avait recherché la genèse de l'attentat du Théâtre du Lycée de Barcelone[28] – justifiait le geste du meurtrier de Cánovas del Castillo[29].

J'entrai dans le modeste bureau du journal; un homme d'une belle apparence, aux traits réguliers, mais qui me sembla en proie à des préoccupations, vint à ma rencontre :

– Oui, oui, je sais de quoi il s'agit… Asseyez-vous; dans quelques jours j'enverrai le paquet; c'est une affaire déjà réglée. Vous allez bien?

Je craignis qu'il me prît pour un autre. Mais avant que je n'eusse ouvert la bouche, un regard furibond, dirigé sur un individu de forte corpulence, assis à une table en face de la sienne, et qui écrivait ou faisait semblant d'écrire, me fit comprendre que je devais me taire.

– De toutes façons, continua le chev. Fabbri, je vous donnerai une lettre pour Madame Amélie… Passez.

Il me précéda dans une chambre, et après avoir fermé la porte :

– Je vous dirai après pourquoi je dois avoir recours à de pareilles comédies. Ah! C'est triste! Laissez-moi me dégonfler! D'ailleurs les comédies ne servent à rien. Cet individu qui était assis à son bureau, a dû vous remarquer…

Il respira, se calma suffisamment :

– Mon enfant, le seul mot de… (il nomma la personne qui me recommandait) aurait suffi. Mais la semaine dernière j'ai reçu de lui une autre lettre dans laquelle il me donnait les plus intéressants détails. Je vous connais mieux, ainsi, et je vous apprécie davantage. Je vous attendais…

Je lui racontai pourquoi, malgré moi, j'avais dû passer quinze jours à la Galite.

– Je vous attendais parce que j'éprouve le besoin de me confier à une personne amie, à une personne honnête! Je vous le dis tout de suite : je serais archicontent d'avoir près de moi un jeune homme comme vous, mais cela n'est pas possible! Non, cela n'est pas possible! Que pourriez-vous faire ici, au journal? Écrire des articles? Sur quoi? Sur quels arguments? Tout doit être atténué ou, ce qui pis est, déformé, dénaturé, réduit en stupides moqueries. Les représentants de notre gouvernement ont reçu le mot d'ordre : « Surtout ne nous créez pas d'ennuis »; et à leur tour ils nous répètent : « Prenez garde de ne pas susciter de polémiques! Faites bien attention, n'offensez pas la susceptibilité des Français! Ne vous hasardez pas à censurer des actes qui peuvent avoir un caractère officiel et qui peuvent avoir été ordonnés par la Résidence »!

« C'est bien. Nous ne polémiquons pas, nous n'offensons pas, nous ne censurons pas. La colonie italienne, nombreuse, composée en grande partie d'humbles travailleurs – ce sont eux qui ont dissoudé* le désert tunisien et ont cultivé le terrain, qui ont percé des routes et construit des maisons – notre colonie, disais-je, a droit au même traitement que les citoyens de la Nation protectrice réclament des autorités. Il ne faut pas oublier, en effet, que la Tunisie est un Protectorat. Mais malheur à celui qui oserait le rappeler à haute voix! Notre tâche de journaliste est donc limitée à la chronique la plus insipide et aux articles stéréotypés à l'occasion de la fête du Statuto ou de l'anniversaire du XX septembre[30]. Pacte juré entre le Roi et le Peuple, Rome immortelle, cessation du pouvoir temporel… Cavour, Victor Emmanuel II… Vous connaissez la formule.

* Italianisme (*dissodare*) : « défriché le désert ».

Le chev. Fabbri parlait comme parlent les hommes contraints à se taire depuis longtemps, avec une sorte de volupté. Il reprit :

– Ne croyez pas que j'aie des tendances secrètes plus ou moins subversives… Je suis monarchiste, fidèle aux institutions, mais je ne crois pas que n'importe quel parti puisse prétendre au monopole de l'amour pour sa patrie : cela contrairement à ceux qui, si Mazzini[31] retournait au monde, le dénonceraient et seraient heureux de le voir moisir dans une galère*… Je veux dire qu'une idée noble et généreuse peut naître dans l'esprit de tout Italien honnête homme… À présent, au sein de notre colonie, si celui qui fait une proposition profitable à tout le monde est rien moins qu'un libéral ; si, ce qui est encore moins, un conseil, un projet partent d'un groupement qui n'est pas le groupement des bien-pensants timbrés et officiellement reconnus comme tels, l'on entend crier au scandale et invoquer des mesures contre les intrus qui voudraient semer des zizanies… entre Italiens. Ainsi, la vie de notre colonie ne peut se manifester qu'à travers la façon de penser d'une minorité qui, en elle-même, n'a aucune autorité et aucune valeur. Vous comprenez à quoi peut servir, dans un pareil milieu, un journal. Je dois ajouter que si cette classe a la prétention d'être louée et encensée en toute occasion, elle s'arroge de même le droit de contrôle. Voyez : je ne puis rien faire sans des ordres supérieurs ; en outre, à la suite de malheureuses vicissitudes, je suis tombé entre les mains d'escrocs et d'usuriers – tous de fiers patriotes – qui me tiennent sous leurs griffes. Rien à dire ! Avez-vous lu les journaux français locaux ?

* Italianisme (*marcire in una galera*) : « moisir en prison ».

« Chaque jour il y a une attaque contre les « sales Siciliens » qui continuent à débarquer dans ce pays… Hier, un enfant renversé par un tramway a été grièvement blessé ; en rapportant le fait, le *Promeneur*[32] l'a commenté ainsi : « Nous croyions qu'il s'agissait d'un enfant à nous : heureusement il s'agit d'un des éternels voyous de la plèbe sicilienne… » J'ai répondu… non pas ainsi qu'il l'aurait fallu, mais selon les prescriptions, en amorçant*, en atténuant les phrases ! Les grands hommes dirigeants ne sauraient pardonner les seules paroles qu'il aurait fallu employer. Ils invoquent je ne sais quelle nécessité d'exclure n'importe quelle cause de différend politique entre les deux nations… Comme si, ici, la politique avait quelque chose à faire ! Comme si un individu capable de publier des infamies de ce genre devait être considéré comme le représentant d'une nation civilisée et non comme un lâche à envoyer à la potence !

« En attendant, ces réserves qui nous déshonorent peuvent marcher de pair, paraît-il, avec les dégonflements gallophobes dont sont remplis les journaux italiens et qui, dirigés contre la France et les Français et non contre la politique de tel ou tel ministre, suscitent la haine entre deux peuples.

« Je le répète, conclut le chev. Fabbri, il n'y a rien à faire ni pour vous ni pour moi, ni pour aucune personne honnête. J'oubliais un éclaircissement. Savez-vous quel est l'individu qui est assis à la table de l'autre chambre ? Massari !... Non ? Le nom ne vous dit rien ? Cependant en Italie l'on parla de ce triste sire la dernière fois que Amilcare Cipriani[33] fut arrêté… On me l'a imposé ; il me

* Italianisme (*smorzare*) : « en émoussant ».

surveille, il surveille tout le monde, et je dois le supporter… Enfin, venez me voir de temps en temps. Plutôt chez moi, qu'ici.

En me reconduisant, en passant par la chambre où se trouvait cet individu qui écrivait ou faisait semblant d'écrire, le directeur de *l'Unione* recommença l'inutile comédie :

– Beaucoup de remerciements à Madame Adèle (la première fois il avait dit Amélie !) Au revoir.

Dans la rue je réfléchis à mon initiation à la vie coloniale. Le fait qu'avait mentionné le journaliste, c'est-à-dire la dernière arrestation de Cipriani, remontait à 1891, époque à laquelle j'étais un tout jeune homme, mais je me souvenais. Le docteur Nicola Converti[34] avait dénoncé dans le journal *Sempre avanti !…*[35], dirigé par Pietro Gori, un louche individu qui avait indiqué à la police la cachette où, après les rencontres de Sainte-Croix-de-Jérusalem, gisait blessé Amilcare Cipriani. Cet individu s'appelait précisément Massari. La mémoire m'aidait. L'article de Converti était daté de Tunis et il y était question d'un triste sire imposé au journal local, peut-être comme prix de son infamie. Mais Massari avait-il jamais feint d'être anarchiste comme il feignait à présent d'être journaliste ?

J'appris beaucoup de détails deux jours après, lorsque, allant de nouveau à la recherche du docteur Converti, pour lequel j'avais une autre lettre de présentation et que je n'étais pas parvenu à retrouver, il me fut donné de le connaître par l'entremise d'un collègue, mon bon ami, établi, lui aussi, à Tunis.

La vie de Nicola Converti – je crois et je souhaite qu'il soit encore de ce monde –, je veux dire sa manière de vivre, est due en grande partie à un épisode odieux et horriblement dramatique en même temps. Le 17 novembre 1878 il était parti de son petit village de la Calabre pour Naples pour décrocher à l'Université de cette ville le diplôme de médecin après avoir soutenu la thèse qu'il avait déjà présentée. Il voyageait en troisième classe, ainsi qu'avaient l'habitude de le faire en ce temps-là les étudiants pauvres, malgré les réductions qui leur étaient accordées. Dans le même compartiment se trouvaient des paysans, un ouvrier, un curé et une vieille paysanne. À une gare peu distante de Naples un autre voyageur monta. Il avait de grosses moustaches et l'apparence d'un ouvrier ou d'un petit bourgeois. Ce dernier demanda à chacun, d'un air bonace de simple curieux, où il allait. Le curé répondit :

– Je voulais assister à l'entrée de notre Roi, mais je suis parti trop tard. De toutes façons j'assisterai ce soir aux illuminations.

– Nous aussi, voulions voir le Roi, dirent les autres; mais nous nous contenterons de suivre les manifestations.

L'étudiant, qui ne lisait pas les journaux, apprit ainsi qu'à Naples l'on fêtait ce jour-là la visite du Souverain. Il fit cette remarque :

– Je crains beaucoup qu'il ne se soit produit quelque chose de grave…

– Pourquoi doit-il s'être produit quelque chose de grave? interrogea l'homme aux moustaches touffues. Qu'en savez-vous?

– Je n'en sais rien. Je dis que dans de pareilles circonstances, des malheurs se produisent presque toujours.

Le voyageur curieux quitta le train, et avant que le convoi fût entré en gare de Naples, le curé descendit aussi. Peu après, il y eut un nouvel arrêt. Un monsieur accompagné de plusieurs autres personnes entra dans le compartiment et s'adressant à Converti :

– Comment vous appelez-vous ? D'où venez-vous ? Répondez : je suis le délégué de la Sûreté Publique.

Nicola Converti répondit aux demandes.

– C'est bien, dit le délégué.

Deux agents en civil s'approchèrent de l'étudiant et lui passèrent les menottes.

Vous tous, reprit le délégué, en s'adressant aux autres voyageurs, devez nous accompagner.

Le groupe se rendit à un bureau de commissariat de la banlieue voisine. Le curé et l'homme aux moustaches touffues s'y trouvaient déjà. L'étudiant était abasourdi. Que voulait-on de lui ? Pourquoi lui avait-on mis les menottes ? En outre, à la suite de l'interrogatoire qui suivit, et qui fut court, il ne pouvait imaginer de quel crime il pouvait être accusé.

– Vous avez dit : « je crains beaucoup qu'il ne soit arrivé quelque chose de grave... »

– Oui. Connaissant l'impétuosité de la population napolitaine, j'ai supposé qu'il y aurait eu des accidents. Des enfants et des femmes piétinés, par exemple.

– Le sens de vos paroles est-il vraiment celui-là ?

– Rien d'autre que celui-là.

– Vous, un étudiant sur le point d'obtenir son diplôme, ne saviez-vous pas que le Roi devait visiter Naples ?

– Je l'ai appris dans le train.

– Seulement dans le train ? Les journaux en parlent depuis des mois.

– Il en est ainsi. Je me trouvai dans mon village et du reste je ne lis pas les journaux.

– Mettons qu'il en est ainsi. Emmenez-le… À présent, les témoins…

Les gardes le renfermèrent dans la chambre de sûreté, où il passa la nuit ensemble avec plusieurs vauriens et des sbires. C'est dans cette compagnie qu'il apprit finalement l'attentat commis par Giovanni Passanante[36]. Le lendemain il fut conduit aux prisons judiciaires. Les interrogatoires se poursuivirent; les magistrats entendaient établir que l'accusé avait connaissance de l'attentat et voulaient savoir comment Converti, dans la supposition la plus bénévole, avait appris l'événement au cours du voyage; d'après des hypothèses bien plus graves, ils enquêtaient pour établir sa complicité avec Passanante ou avec celle d'un groupe républicain qui aurait armé la main de Passanante. Cela demandait de patientes, subtiles et longues recherches qui durèrent sept mois.

Sept mois de prison, dans une cellule. Un matin on lui annonça qu'il n'était rien résulté à sa charge et qu'il était libre. Dans de pareils cas, la conscience du magistrat enquêteur est tranquille, si même il ne regrette pas une ordonnance prise trop à la hâte. Le geôlier vous regarde avec un sourire comme s'il voulait vous dire : « Vous vous en êtes tiré à bon compte! » Nicola Converti reprit le train pour son village et embrassa les siens : puis sans plus se soucier de son diplôme, il partit pour l'Égypte et alla, enfin, s'établir à Tunis.

Lorsque je le connus, en 1902, il était en pleine maturité, mais il gardait un aspect de jeunesse. C'était un bel homme, de taille moyenne, aux traits réguliers, au teint bronzé et sanguin. On lui attribuait d'innombrables aventures amoureuses. Certainement son regard, son sourire, sa vive intelligence, ses réparties spirituelles devaient lui assurer les sympathies du beau sexe.

Privé de son diplôme, mais en ayant suivi les cours, il pouvait exercer la médecine, spécialement dans une colonie. À Tunis il avait une clientèle assez discrète parmi la classe ouvrière et la petite bourgeoisie ; mais il faisait beaucoup de visites « en ami » et ses gains étaient partant réduits. Une certaine classe de nouveaux riches le tenait loin d'elle, en raison de ses idées non orthodoxes en matière politique et probablement parce que… il avait été impliqué dans le fameux attentat ; mais l'administration de l'hôpital italien lui avait offert un poste de service de nuit, de huit heures du soir à neuf heures du matin, aux appointements de quatre-vingts francs par mois.

Le docteur Converti me fournit les détails que je lui demandais sur Massari, ajoutant qu'en dénonçant ce dernier publiquement comme espion il avait espéré tout au moins le voir chasser de la rédaction du journal italien. Ce qui, naturellement, n'avait pas eu lieu. À son tour il me demanda ce que je comptais faire et si, par exemple, j'étais disposé à diriger un journal hebdomadaire. Cette proposition ne me déplaisait pas ; cependant il s'agissait de trouver des fonds pour la mettre en exécution et ni Converti ni moi ne disposions des sommes nécessaires.

Une proposition étrange me fut faite en ce temps-là par un certain Stefanini, propriétaire d'un bar, pour lequel j'avais eu des lettres de recommandation. C'était un brave homme, un patriote libéral. Il faisait de bonnes affaires, mais il me sembla qu'il était fatigué de son commerce. Il prenait part à nos conversations dans une petite salle réservée et me témoignait une grande sympathie. Un jour que nous étions seuls, il me dit :

– Écoutez. J'ai dans l'esprit un projet qui doit réussir si vous m'aidez. Il s'agit d'aller à Tripoli où, avec un groupe de personnes que je connais et avec des amis d'ici, qui nous rejoindront, nous organiserons une attaque de bédouins contre plusieurs propriétés italiennes. Nous serons armés et nous livrerons bataille. Notre gouvernement qui vise à la conquête de la Tripolitaine[37], se vaudra de cet incident, il interviendra, déclarera la guerre et nous récompensera largement… Qu'est-ce que vous en dîtes ?

J'avais envie de rire. Ainsi, un milieu dans lequel vivaient un grand nombre d'hommes d'affaires sans scrupules (je devais lire plus tard les réquisitoires de Delahaye à propos de l'assassinat du marquis de Morès[38]) avait suggéré à ce brave homme une parodie de cette invention des Kroumirs, qui avait été déjà reprochée à Jules Ferry[39]. Je répondis que n'ayant pas d'argent je ne pouvais prendre part à l'expédition.

– Je pense à tout ! interrompit Stefanini. J'ai absolument besoin de vous.

– Je vous remercie de la confiance que vous avez à mon égard. Vous me croyez capable de grands exploits guerriers, tandis que, je vous l'assure, je suis tout l'opposé. Quand l'on voudra déclarer la guerre, n'en doutez pas, l'on trouvera un motif… meilleur que celui que vous imaginez.

Stefanini ne me garda pas rancune pour mon refus, mais il me répéta souvent : « Dommage ; nous tenons la fortune entre nos mains et nous ne savons pas en profiter ! »

Voilà pourquoi la guerre entre l'Italie et la Turquie n'éclata qu'au bout de neuf ans. Quant à la fortune, je ne demandais pas mieux que d'obtenir son sourire. Mes ressources en argent diminuaient, quoique, par économie, je me fusse décidé à faire moi-même ma cuisine. Avec deux sous, j'achetais du poisson qui me servait pour la journée ; la viande coûtait six sous le rotolis[40] ; le vin sept centimes le litre… Mais un camarade bohémien voulut m'enseigner comment j'aurais pu préparer un plat excellent à peu de frais et varier mon ordinaire. Je fis ce qu'il fallait : un ragoût dans lequel je versai des pois chiches bouillis… et je me mis à lire. Le livre devait m'intéresser suffisamment, car je ne m'aperçus pas de la fumée qui remplissait la maison et s'en allait par les fenêtres et surtout parce que je ne sentis pas une odeur nauséabonde d'huile brûlée. J'entendis crier de la cour mon nom par les deux jeunes filles ; je compris et je courus jeter un seau d'eau sur les charbons sur lesquels finissait de rôtir la casserole qui s'était brisée…

– Ce n'est rien, mesdemoiselles, j'avais mis de la colle au feu et je l'avais oubliée !

– De la colle ? Ah ! Ah ! Ah !

Imbécile ! Je ne voulus pas avouer mon malheur culinaire, tandis que j'aurais pu en rire avec ces gracieuses amies.

Je retournai à la buvette pour quelques jours. C'est-à-dire jusqu'à ce qu'il me fût resté quelques sous. Puis, pour la première fois, je connus le véritable jeûne et la faim. Justement ces jours-là, je reçus de Gênes une lettre par laquelle un ami me proposait de m'occuper de la vente d'un chargement de figues sèches qui serait arrivé deux semaines après. Des détails suivaient sur les tractations à engager, sur les prix, le nolis[41], le contrat que l'acheteur aurait dû signer, puis cette conclusion : « Choisis une personne pratique et de confiance pour l'affaire, parce que, naturellement, tu ne comprends rien de tout cela. Mais étant donné le prix, il n'y aura pas de difficultés; au contraire, il y aura même cinq cents francs de bénéfice pour toi ». En même temps que la lettre, je reçus un petit sac contenant l'échantillon de la marchandise.

Je trouvai l'homme pratique et de confiance en la personne d'un Livournais que Stefanini m'avait fait connaître et qui savait tout, parlait de tout et s'occupait de tout. Il m'expliqua que les figues sèches servaient pour la fabrication de la « bouha », liqueur forte comme l'eau de vie que l'on débite en Tunisie. J'ouvris le petit sac : « Excellentes, dit-il; le prix est bon mais j'en proposerai un plus élevé… laissez-moi faire ».

Je ne demandais pas mieux, mais il voulut que je l'accompagne « pour voir un peu comment il savait traiter une affaire ». Le négociant auprès duquel nous nous rendîmes, avait l'insolence d'un nabab. Jamais, je crois, un Vanderbilt ou un Rockefeller[42] n'ont reçu des filous de la façon qu'il nous accueillit. Étendu sur un sopha, jetant dans notre direction, alors que nous l'avions salué poliment, les bouffées de fumée de sa cigarette, sans même daigner nous regarder, il nous demanda :

– Que voulez-vous? Que cherchez-vous?

Le Livournais prononça un préambule bien tourné et finit par présenter le petit sac. Le nabab appela un domestique qui, après l'avoir délié, prit une figue dans sa main et l'approcha des narines de son patron.

– Le prix? Et peu de paroles!

Après un nouveau et éloquent tour de phrases, le Livournais dit le prix.

– Mais de quelle montagne descendez-vous? hurla le nabab, en nous toisant comme si nous l'avions offensé par notre mauvaise odeur.

Alors, moi qui n'en pouvais plus :

– Ne pourriez-vous pas, lui demandai-je, être un tout petit peu plus poli?

– J'étais sur le point de le lui dire moi-même, exclama le Livournais. Sur la montagne d'où nous descendons, les porcs eux-mêmes ont une attitude plus civile que la vôtre.

– Comment? Quoi? balbutia le négociant en se levant.

Il était vert comme un lézard.

– Il y a un malentendu… Je ne croyais pas vous offenser…

– Assez! Tâchez de vous nettoyer le museau, s'écria mon compagnon.

Nous sortîmes, en laissant le nabab des figues abasourdi.

– Dommage! dit le Livournais, vous avez gâté une affaire d'or…

– Cela se peut, répliquai-je, mais avouez que votre intervention n'a rien sauvé!

– Eh, certainement! Quand j'ai vu que les choses allaient mal, j'ai voulu me procurer la satisfaction de dire, au moins, deux mots moi aussi!

Je continuai donc à jeûner. Le hasard me fit retrouver, un matin, devant la porte d'un restaurant presque luxueux, un certain Brigido, qui y était employé en qualité de garçon. Je l'avais connu en Italie, dans un moment critique pour lui. Acquitté par la Cour d'Assises d'Ancône de l'accusation d'homicide avec préméditation commis au Caire, retourné dans sa ville natale, il fut placé sous la surveillance spéciale de la sécurité publique. Il voulut s'y soustraire et fut arrêté. Un délégué de police alla l'interroger en prison et de vifs propos furent échangés entre eux, paraît-il ; au point que Brigido, perdant patience, tourna les épaules* au fonctionnaire, en s'écriant : Au revoir ! Bonne nuit !

Il fut poursuivi pour menaces et fut condamné à une année de réclusion. Il se pourvut en appel. L'accusation était soutenue par un parent à moi, substitut du Procureur du Roi. Avant l'audience je pus communiquer avec Brigido, qui me raconta les faits que j'ai exposés ci-haut ; il avait tué, s'étant trouvé en cas de légitime défense ; la surveillance spéciale qui lui avait été infligée lui avait paru injuste et illégale ; il avait dit « Au revoir » au délégué pour mettre fin à un entretien dangereux et provocant.

Le jugement fut confirmé. N'ayant pas assisté à l'audience, j'écrivis en prenant la défense de Brigido un article plein d'inexactitudes et d'appréciations injustifiées, notamment sur la moralité du condamné[43]. Mon parent m'en prévint, mais trop tard. De toutes façons il me semblait qu'il était inique d'infliger une année de prison à un homme rendu à la liberté après avoir été accusé d'homicide et placé sous la surveillance spéciale, pour un mot qui, à la rigueur, pouvait être considéré comme une menace seulement sur la base d'interprétations et de suppositions, soit en raison du

* Italianisme (*voltò le spalle*) : « tourna le dos ».

ton avec lequel il avait été prononcé, soit pour l'intention attribuée à celui qui l'avait proféré.

À présent je revoyais Brigido… Il s'informa de mon état, disons de santé, et ayant appris que j'étais à sec, il me donna de quoi me restaurer. J'en avais vraiment besoin. Deux jours après, je ne sais pas pour quel motif, il quitta le restaurant et fut engagé dans les Tramways. Il eut une altercation avec les dirigeants de l'administration et fut menacé d'expulsion du territoire de la Régence. Le docteur Converti, auquel je montrai ce que j'avais écrit au moment du procès, ce qui, je le répète, était fort inexact, envoya au *Secolo*[44], dont il était le correspondant, un article prenant sa défense. Je crois que cette intervention aida à ce que la menace des autorités fût suspendue.

Puisque je parle de Brigido, je veux raconter sa triste fin. Je le revis au Caire quelques mois après notre rencontre à Tunis et en le fréquentant je m'aperçus de son insuffisance morale. Un constable italien de la police secrète qui était parvenu à approcher quelqu'un des nôtres, les prévint qu'il fallait se méfier de Brigido. Nous supposions qu'il s'agissait d'une manœuvre au préjudice de notre connaissance et peut-être de quelqu'un d'autre. M'étant rendu à Alexandrie, voici ce que j'y appris. Le constable avait continué à insister sur la nécessité que Brigido fût mis au ban des « personnes propres » et ne parvenant pas à persuader celui qui l'écoutait, il finit par faire cette déclaration :

– Venez demain au Gouvernorat et parmi les « confidents » au moment de la distribution de la solde, je vous montrerai l'individu qui vous intéresse.

Trois personnes se rendirent sur les lieux. Elles virent les confidents sur leurs rangs : ils étaient nombreux et parmi ceux-ci, précisément Brigido qui, avec des autres camarades, recevait le prix de ses fatigues : un demi tallari[45]. Les trois personnes attendirent l'espion à la sortie et lui couvrirent la figure de crachats. Le constable expliqua ensuite que s'il servait dans la police contre les délinquants communs, il fuyait avec horreur l'espionnage dénommé politique. Macé, qui fut chef du Service de la Sûreté à Paris pendant les dernières années de l'Empire, puis sous la Troisième République – l'honnête et courageux Macé, auteur de *Mon premier crime* et d'*Un joli monde*[46] – ne comprenait pas autrement son devoir.

Brigido, tombé dans la plus profonde misère et dans l'abjection, mourut une année après la découverte que j'ai racontée, laissant dans le dénuement sa femme et ses trois enfants. Je ne veux pas m'insurger contre ce misérable : mais lorsqu'après tant d'années j'appris quel homme j'avais défendu naguère, je ne pus faire moins que soupçonner qu'il ait pris part à une odieuse mesure dont je fus victime à Tunis et dont je parlerai plus loin. Si le soupçon fut injuste, j'en demande pardon aujourd'hui même à l'ombre de ce malheureux!

Je connus alors un homme qui devait me sauver dans un moment que j'appellerai dramatique. Ponzio[47] – c'était son nom et je puis le faire parce qu'il est mort depuis plusieurs années – était la personnification de l'altruisme. Sa bonté contrastait avec son aspect glacial. Je ne lui vis jamais le sourire aux lèvres. Lorsque Errico Malatesta s'évada de l'île dans laquelle il avait été relégué et débarqua à Tunis, ce fut lui qui le tint caché et parvint à le faire partir pour l'Angleterre, malgré la surveillance de la police. Converti, qui lui était très affectionné*, me disait : « L'on peut construire sans phrases, comme le fait Ponzio… Dommage qu'il y ait peu de pareils constructeurs ».

Il exploitait un modeste dépôt de vins. Il m'invita dans sa maison et ayant su dans quelles conditions je me trouvais, il me proposa de rester avec lui. Mais je refusai. Déjà il hébergeait dans le petit appartement dans lequel il vivait avec sa femme et ses enfants, deux autres amis nécessiteux, dont l'un, véritable fou, soi-disant publiciste et anarchiste, qui pouvait le compromettre. Du reste j'attendais, d'un jour à l'autre, un peu d'argent. Une lettre que j'avais reçue de Paris me déconseillait par ces paroles de me rendre dans la capitale de la France : « Viens, si tu veux, mais je te préviens que le moment n'est pas favorable pour les Italiens en général ». Une seconde lettre de Londres, d'un vaillant publiciste, m'exhortait, au contraire, à partir pour l'Angleterre : « Je te renouvelle les propositions que je t'avais faites il y a quelques années : viens ! » Ces propositions concernaient un poste de correcteur dans une maison d'édition à Londres ou à Édimbourg, si je l'avais préféré : j'aurais pu occuper le même poste à Leipzig, où l'homme de lettres qui m'écrivait avait d'excellentes relations.

Mais les choses devaient aller différemment. Un jour Ermanno, le jeune cousin de mes gracieuses voisines, me pria, en leur nom, d'aller leur rendre visite. Je passai deux heures qui chassèrent de mon esprit tous les soucis qui me tourmentaient.

– Nous vous attendrons tous les soirs, me dit la maman des jeunes filles. Vous nous ferez un véritable cadeau.

* Italianisme (*che gli era molto affezionato*) : « qui lui était très attaché ».

– Surtout, ajouta l'aînée, nous vous recommandons de ne pas vous mettre à lire à une certaine heure, et de ne pas oublier que nous existons…

L'allusion au désastre culinaire suscita les rires les plus joyeux. Je retournai dans mon logement, le cœur allégé. Celui qui s'est trouvé dans des situations pénibles sait combien un rien, un mot, une poignée de main, un regard servent de réconfort. Le lendemain à l'aube, j'entendis frapper fort et avec insistance à ma porte. Je me levai.

– Qui est là?

– Ouvrez! Sacré nom… Ouvrez! C'est la police!

Quatre agents en civil firent irruption dans la chambre. Ils restèrent quelque peu étonnés, paraît-il, en voyant tout l'appartement vide.

– Habillez-vous et suivez-nous, dit celui qui devait être le chef de l'expédition.

En attendant, les autres agents palpaient le matelas, fouillaient dans la valise ouverte et examinaient les livres et les papiers qui se trouvaient sur la table ou à terre.

– Puis-je savoir les raisons de cette perquisition? Avant tout montrez-moi le mandat, s'il vous plaît…

Le chef me montra un mandat d'amener.

– La raison?

– Vous la connaîtrez au Commissariat.

Le commissaire devant lequel je me présentai après avoir passé une heure dans la chambre de sûreté fut on ne peut plus courtois.

– Monsieur, je vous demande pardon… Il s'agit d'une erreur déplorable. Pour vous, il ne devait y avoir aucun mandat d'amener, mais une simple invitation à vous présenter dans notre bureau. Voici ce dont il s'agit. Le gouvernement tunisien vos invite à quitter le territoire dans les huit jours.

– Le gouvernement tunisien? La Régence se limite-t-elle donc à communiquer les ordres du gouvernement tunisien? Mais pour quelle raison suis-je « invité »?…

L'aimable fonctionnaire tenta de m'expliquer – le pauvre! – que la Régence informée d'activités politiques déployées dans le Protectorat, avait cru nécessaire de prendre une mesure… La France, en cela, n'entrait pour rien… Je devais le comprendre… Sans doute j'étais un honnête homme : les lettres qui m'étaient adressées par le Général Canzio – qui étaient parmi les papiers trouvés chez moi – constituaient le meilleur certificat… Il rougit, se confondit :

– Oui, vous avez raison, il faudrait justifier la mesure, des preuves seraient nécessaires… Mais je vous répète que les autorités françaises ne sont pas responsables. La France est un pays libre où chaque citoyen peut exprimer les opinions qu'il professe… Ah, j'oubliais. Je vous prie de répondre franchement. Pouvez-vous me dire que signifie une lettre dans laquelle il est question de figues sèches; s'agit-il réellement de figues?

– Exactement de figues sèches!

J'indiquai le négociant auquel je m'étais adressé avec les échantillons et ne manquai pas de mentionner la petite scène qui s'en était suivie.

– Ne deviez-vous pas partir pour la Tripolitaine?

Celle-là aussi ! me dis-je en moi-même. Le grand secret du pauvre Stefanini est connu ! Mais ce commissaire fait bien son métier : après avoir feint d'être mon ami, il me pose à brûle-pourpoint une demande dans l'espoir de m'aplatir. C'était un coup à la Falstaff[48] !

– Il ne m'est jamais venu à l'esprit de visiter ce joyeux pays, répondis-je.

Plus tard je fus accompagné dans un autre bureau où un fonctionnaire me dit :

– Huit jours vous sont accordés ; à leur échéance vous devrez être hors de la Tunisie… Déclarez que vous êtes disposé à partir.

– Je déclare que, forcé à partir sans que la raison m'en soit communiquée, je proteste contre cette mesure arbitraire.

– La raison existe : activité subversive.

– C'est une accusation : sur quelles preuves est-elle basée ?

– Dites-moi donc ce que vous êtes venu faire à Tunis.

– Je vous demande des preuves concernant un délit spécifique que j'aurais commis et vous me laissez entendre que vous ne savez même pas pourquoi je me trouve ici…

Mais à quoi bon rapporter un entretien dans lequel le fonctionnaire s'efforçait de soutenir le rôle du loup de la fable et où je ne parvenais pas à m'acquitter de celui de l'agneau ? Je signai la déclaration-protestation qui fut actée dans un procès-verbal et j'allai retirer mes papiers. Je sus alors seulement qu'en même temps que moi sept autres personnes avaient reçu « l'invitation » de quitter le pays. Parmi celles-ci se trouvaient l'ancien député socialiste Verro, avec lequel je m'étais rencontré plusieurs fois pour discourir amicalement ; un républicain, un député socialiste, Brigido et trois autres que je n'avais jamais vus et que je ne connaissais même pas de nom. De la sorte, le complot pour renverser l'ordre dans la Régence, était évident !

Le nom de Bernardino Verro[49] n'est pas inconnu de ceux qui se souviennent des événements qui se produisirent en Sicile en 1890 sous le ministère Giolitti[50]. La dissolution des faisceaux, la promulgation de la loi martiale dans l'île, les arrestations et les procès qui s'en suivirent, peuplèrent les prisons… Bernardino Verro, désigné avec le docteur Nicola Barbato pour représenter la province de Palerme dans la lutte entreprise par les socialistes, fut condamné, ainsi que tant d'autres, parmi lesquels De Felice[51]. Il fut relâché à la suite de l'amnistie demandée par le ministre Di Rudini en 1896, mais son élection comme député avait été annulée pendant le court séjour de Crispi au pouvoir[52], ainsi que, du reste, avaient été annulées les élections de ses camarades. Il reprit son activité de propagandiste, par la parole et par ses écrits, il eut de nouvelles condamnations dont il se libéra en se réfugiant à Malte, et enfin, pour ne pas purger quinze mois de prison – il avait passé deux ans et demi au pénitencier – pour une affaire de diffamation au moyen de la presse, il se réfugia à Tunis.

Il était, lorsque je le connus, un beau jeune homme, élancé, un magnifique type de tribun, au verbe facile et fleuri, au geste large. Ardent, bon et ingénu comme un enfant. Il possédait vraiment la foi qui ravive et devait la communiquer aux foules. Hélas ! Je devais apprendre sa fin au Caire. Rentré en Sicile en vertu d'une autre amnistie, il fut réélu député au Parlement. Mais la Mafia au service des propriétaires et fermiers avait été attisée contre les socialistes des faisceaux abhorrés. Verro fut assassiné au cours d'une excursion à la campagne où il allait apporter la bonne parole aux malheureux paysans.

En sortant du Commissariat je trouvai Converti et Ponzio, qui étaient déjà au courant de ce qui arrivait. Je leur répétai mot à mot les entretiens que j'avais eus avec les fonctionnaires de la police. Converti, très calme d'habitude, semblait irrité.

– C'est la première fois, dit-il, qu'est appliquée une mesure arbitraire de ce genre. Jusqu'à présent, l'on avait trouvé, au moins, des prétextes… Où allons-nous de ce pas? Ici la procédure française devrait être suivie : un tribunal, légalement constitué, devrait, c'est-à-dire, examiner les dénonciations de l'autorité administrative et prendre une décision à leur sujet. Au lieu de cela, on impose l'expulsion à huit personnes sans nullement justifier cette mesure!… La trouvaille du gouvernement tunisien est sublime! Si tu étais naïf au point de réclamer contre ce gouvernement considéré « en fez », tu susciterais les rires les plus fous; mais si tu protestes contre le gouvernement français, les fonctionnaires français t'affirment très sérieusement et sans faire rire personne, que la responsabilité d'un acte odieux retombe précisément sur ce gouvernement tunisien… Si tu insistes, on te laisse soupçonner que le coup vient d'un autre côté… De quel côté? Il faut le dire!

De son air glacial, Ponzio interrompit :

– Que devons-nous faire?

– Je ne te conseille pas, repris Converti, d'envoyer une lettre à *L'Unione*, parce que ce journal ne te la publiera pas… Oui, oui, le chev. Fabbri… Mais tu sais comment il est en mesure d'assumer la défense de personnes accusées de propagande subversive ! Tu pourrais peut-être écrire au *Promeneur* ou à la *Dépêche*, des mauvais journaux réactionnaires et anti-italiens[53], j'en conviens, mais qui s'occuperaient du fait, ne fût-ce que pour donner raison aux autorités…

– Je suis sûr, interrompit Ponzio, que ni le *Promeneur* ni la *Dépêche* ne publieraient la lettre. Du reste, tu n'as qu'à essayer. Ces deux journaux jubileront de pouvoir annoncer que finalement l'on procède sans tant d'égards contre certaines gens qui viennent ici pour troubler l'ordre. Vous verrez si je me trompe ! Si jamais apparaît la petite histoire des figues ou celle de l'expédition de Tripoli, nous en entendrons de jolies ! Concernant le système, il y a vraiment à s'en préoccuper, soit qu'il n'atteigne que nous autres Italiens, soit, ce qui serait pire, qu'il se généralise. Dorénavant, ceux qui croient trouver ici la même liberté qu'en France, pourront payer cher cette illusion…

En effet, cette politique à double face, l'une réservée à la métropole, l'autre aux colonies, me paraissait inconcevable, à moi aussi. L'expérience devait mieux m'éclairer dans l'avenir. Pour le moment, il n'y avait pas en France de grandes sympathies pour les Italiens ; mais en France l'on ne frappait pas des hommes pour les idées qu'ils manifestaient et d'autant moins parce que l'on supposait qu'ils pussent les manifester. En Tunisie même, sous le régime du Protectorat, dans les vitrines des librairies, l'on vendait par milliers des brochures et des revues de propagande socialiste. Dans les rues, l'on pouvait acheter des camelots, les journaux communistes et anarchistes, entre autres *Les Temps Nouveaux* de Jean Grave[54], qui avaient une grande diffusion. Or, je considérais qu'il était pour le moins ridicule de supposer que la parole de quelque présumé et obscur agitateur aurait une plus grande influence que la lecture de ces livres et de ces journaux. Les autorités protectrices de l'ordre, pour agir logiquement, auraient dû mettre à l'index Karl Marx, Lassalle, Bakounine, Kropotkine, Reclus[55]... Car nul orateur de petit cercle, de buvette ou de comice, ne suscitera jamais une aussi grande passion que la calme lecture de la *Conquête du pain*[56]. À moins qu'il ne s'agisse de propagande de fait, à la Ravachol[57], par exemple. Mais en ce qui me concernait, à ce sujet, j'aurais dû être tranquille. J'avais essayé de rentrer à la rédaction de l'*Unione*, journal, en somme, peu adapté pour y prêcher des doctrines hétérodoxes, j'avais passé un grand nombre d'heures seul dans mon habitation ; j'avais fait un brin de causette avec mes voisines. Quand, où, et avec qui avais-je exercé une activité subversive ? Ah ! le complot avec Stefanini contre la Sublime Porte !...

La prévision de Ponzio se réalisa le soir même. Le *Promeneur* parut avec un entrefilet stupidement venimeux, dans lequel il était dit que « certains messieurs devaient comprendre désormais que le territoire du Protectorat n'était pas un champ ouvert à leurs exploits » ; qu'il était temps que cela finisse « avec les faiblesses coupables à l'égard des étrangers qui visent à susciter des désordres qui ne profitent certes pas à la France... » Ceci au moment où Octave Mirbeau se déchaînait en France contre les journalistes qui, quoique dans un but louable, faisaient la concurrence aux policiers de métier en dénonçant des voleurs et des assassins[58] !

Je ne vis pas ceux qui avaient été « invités » comme moi à quitter Tunis. Mais le lendemain de la publication de l'entrefilet ci-haut, Nicola Converti me montra dans le même *Promeneur* une déclaration signée de Bernardino Verro et de trois autres que je ne connaissais pas… Relevant la fausseté des accusations lancées par le quotidien, ils affirmaient qu'ils respectaient les lois du pays où ils avaient reçu l'hospitalité, étant contraires à toute manifestation qui ne fût consentie dans le consortium des nations civiles et libres… À la rigueur j'aurais pu, aussi, signer une pareille déclaration. Mais le ton modéré dont se servirent les quatre signataires ne leur épargna pas un commentaire tout aussi venimeux et lâche que le premier, et je ne voulais pas m'exposer à de pareilles saletés de soi-disant publicistes, moi qui avais connu en Italie, même à des époques de réaction, d'honnêtes adversaires qui se seraient crus déshonorés s'ils avaient laissé commettre une injustice sans prendre la défense de la victime, n'importe à quel parti appartînt-elle.

Converti me demanda ce que je comptais faire.

– Je partirai, dis-je, mais aussitôt que j'en aurai les moyens. J'irai à Bône et de là je m'embarquerai pour l'Angleterre.

– Si c'est pour les moyens… Entre nous, entre amis, nous trouverons ce qu'il te faut.

Je le remerciai ; j'attendais, lui dis-je, un peu d'argent et j'espérais qu'il m'arriverait ces jours-là.

Le matin même, en croyant que le courrier m'eût apporté la lettre attendue, j'avais offert tout mon « mobilier » à une femme du peuple que j'avais déjà connue plus heureuse en Italie. Ignorant que j'étais tout aussi pauvre qu'elle, elle était venue me demander de l'aider ; ne possédant rien d'autre, je lui dis qu'elle pouvait emporter les petites choses qui m'étaient restées, parce que j'avais… vendu tout le reste.

Cette nuit-là et les nuits suivantes, je dormis étendu sur deux exemplaires de l'*Intransigeant*, qu'un ami m'offrait tous les jours pour que je lusse l'article de Rochefort[59]. Mon veston me servait de traversin. Le célèbre polémiste ne se serait jamais imaginé ce double usage que je faisais, pour l'esprit et le corps, de sa prose étincelante.

Enfin l'argent arriva. J'allai prendre congé de mes voisines : elles étaient informées de tout, et cette fois nous ne pûmes pas rire.

Le lendemain matin, j'étais prêt. J'attendis qu'une fenêtre de la cour s'ouvrît pour pouvoir, ainsi que j'en avais exprimé le désir, revoir et saluer une dernière fois les chères amies… Puis je pris ma valise, j'allais serrer la main à Converti, à Ponzio et à plusieurs autres, et je partis[60].

Troisième partie
Mon évasion de Bône

Le spectacle qu'offraient les longues caravanes de chameaux dans les immenses plaines traversées par le train changea subitement. Je me sentis comme transporté de nouveau sur une terre connue. Le ciel était plus bleu, la température moins lourde. Tout autour, des collines boisées, des vergers, une végétation luxuriante. Je me serais certainement cru en pays européen si, pour compagnons de voyage, dans le wagon de troisième classe, je n'avais pas eu des indigènes avec leurs énormes couvre-chefs et leurs blancs burnous. Comme ils semblaient gênés par ma présence, je me tins le plus possible à la portière.

Le soir une pluie fine tomba. J'arrivai à Bône sur le tard et j'aperçus à peine la petite ville qui me parut tranquille. En sortant de la gare, pendant que je regardai de droite et de gauche, un individu que je pris pour un ouvrier, vint à ma rencontre et me demanda en italien si je cherchais un hôtel. Je lui répondis que oui, et je me hâtai d'ajouter que je me contentais d'une chambrette. Il me demanda aussi si je voulais dîner et sur ma réponse affirmative il me dit :

– Je vous indiquerai un bon petit restaurant avec logement. Vous venez sans doute pour la première fois ici et j'aime être en compagnie d'un compatriote. Vous établissez-vous à Bône ? Non ? Pour quelque temps alors ?

Le petit restaurant ne me plut pas. Il était sordide et les clients assis aux tables avaient des airs d'apaches. La chambre qui me fut montrée, au premier étage, consistait en un petit cube, avec une paroi, au moins, en carton. De cette manière, il ne devait pas y avoir de secrets entre voisins, dans la maison. Peu importe. Le lendemain j'aurais cherché quelque chose de mieux.

Mon introducteur n'accepta pas l'offre que je lui fis de dîner avec moi et ne voulut pas boire une goutte de vin. Il m'adressa un grand nombre de demandes que je trouvai fort indiscrètes, mais que j'attribuai au manque d'éducation du peuple, et il s'en alla. Je surpris aussi un regard d'entente qu'il échangea rapidement avec l'hôte et je pensai qu'il voulait rappeler à ce dernier qu'il lui avait apporté un client, ce qui, le lendemain matin, serait récompensé par un petit verre d'eau-de-vie.

Ces détails ne seront pas inutiles pour comprendre un guet-apens que l'on me préparait. Dans la chambre dans laquelle je montai après le dîner il ne me fut pas possible de dormir à cause de deux voisins, un homme et une femme qui, ainsi que je l'avais prévu, ne se souciant nullement de la petite épaisseur de la paroi, échangeaient les insultes les plus féroces et les plus ignobles.

Je sortis le plus tôt possible à la recherche d'un meilleur asile. Et comme par hasard, je me rencontrai avec le soi-disant ouvrier de la veille. Cette fois je lui fis comprendre que j'aurais choisi moi-même l'hôtel, pendant ma promenade à travers la ville. Il n'insista pas, mais comme il continuait à marcher à mes côtés, je lui demandai :

– Voudriez-vous me dire dans quel bureau faut-il se rendre pour obtenir le permis de séjour?

– Permis de séjour? Qui donc en a-t-il jamais cherché? Je vis ici depuis dix ans et je connais cent, deux cents personnes, des étrangers, qui ne l'ont pas, comme je ne l'ai pas moi-même…

– Tout ce que vous voudrez… Mais nous sommes en territoire français et la loi prescrit un délai de 15 jours pour l'obtention du permis.

– Je vous répète qu'il est inutile. L'on perd du temps et il ne sert à rien.

Je réussis non sans difficulté à me débarrasser de ce compagnon et vers midi je trouvai l'hôtel qui me plaisait, dans une petite place que l'on aurait dit empruntée à une petite ville de Provence. La beauté de l'endroit, l'aspect honnête de la propriétaire de l'hôtel, la chambre qui me fut offerte ayant une fenêtre d'où je voyais la place bordée de plantes ombrageuses me décidèrent.

– Prenez-vous une pension à la semaine? me demanda l'hôtesse.

– Non, je payerai jour par jour, parce qu'il se peut que je parte d'un moment à l'autre.

J'étais très bien. À Tunis on m'avait fait cadeau de livres que j'avais grande envie de lire à présent. En outre, dans ce milieu propre et tranquille, je pouvais me considérer rendu à mes habitudes d'ordre et de modeste confort, dont je ressentais le manque je ne dirai pas depuis que j'avais quitté la Galite – car être libre et dormir à la belle étoile est plaisant – mais depuis que j'avais pénétré dans l'habitation vide de Tunis. Seulement, je ne devais pas me montrer ingrat envers mes deux lointaines amies et la première lettre que j'écrivis, fut pour elles. Puis, je préparai plusieurs articles à envoyer en Italie… Une table, un tapis, des chaises confortables, un lit ! Comment avais-je pu me passer de cela et… de bien d'autres choses et finir par dormir sur deux feuilles de l'*Intransigeant* !

Il me fallait trouver la personne qui devait me procurer le billet de passage sur un bateau en partance pour l'Angleterre, un armateur pour lequel une lettre sans adresse m'avait été donnée à Tunis. Dans une petite ville comme Bône, il ne m'aurait pas été difficile de le dénicher. J'en parlai avec la propriétaire de l'hôtel ; elle ne le connaissait pas mais elle me promit de s'informer : j'allai moi-même au port où j'interrogeai des matelots et des débardeurs… Aucun d'eux ne put me fournir la moindre indication. Tandis que je m'éloignai, je fus rappelé par un matelot, et un monsieur, que j'entendis appeler capitaine, et qui se tenait au milieu du groupe, me dit :

– Vous cherchez l'armateur ?… Si c'est pour une affaire urgente, vous venez en retard : depuis deux ans il s'est établi à Rio de Janeiro. Vous voulez lui écrire ? Dans ce cas je puis vous donner son adresse exacte…

Je restai plus que découragé. L'aide dans laquelle j'avais placé toutes mes espérances me faisait défaut, d'un trait. Que faire ? La petite somme que je possédais ne me permettait pas de me rendre à Alger et de m'y embarquer sur un des bateaux qui font route pour l'Angleterre. Sans un prix de faveur, comme seul un armateur, un capitaine, un ami aurait pu en obtenir pour moi, le risque était trop grand. Si je me faisais engager comme chauffeur ? J'avais vu à bord de ces pauvres diables, la peau noircie par le charbon, ruisselants de sueur, alimenter les fournaises, vider et remplir les grands seaux et leur fatigue m'avait semblé inhumaine. Eh bien ! J'aurais essayé, moi aussi !

Près du port, j'avais remarqué certaines enseignes prometteuses : *Nolis* ; *Au rendez-vous des marins* ; *Réductions aux émigrants* ; *Bureau pour marchandises et passagers*… Mais le choix n'était pas facile ! Ici, l'aspect trop sévère du bureau, ouvert certainement pour les riches négociants et les touristes, me faisait hâter le pas ; là le visage hypocrite du patron qui paraissait attendre un client pour le plumer, me retenait ; là encore la sordidité d'un antre qui devait accueillir la racaille des aventuriers me répugnait.

Les journées passaient. Un matin, à la fin, je me décidai à tenter le sort. Dans une ruelle, devant la porte d'un bureau dont l'enseigne indiquait « Opérations maritimes de tous genres », un homme en bras de chemise clouait une caisse, faisant suivre chaque coup de marteau d'un sifflotement. Il s'interrompit pour donner un ordre à quelqu'un qui se trouvait à l'intérieur du bureau, ce qui me laissa supposer qu'il était le patron. Je ne savais pas comment commencer la conversation, mais l'aspect débonnaire de l'homme m'encouragea :

– Pardon, je suis étranger et je désirerais que vous m'indiquiez à qui je pourrais m'adresser pour obtenir un passage pour un port britannique, de préférence Portsmouth ou Brighton. Je vous préviens que je voudrais dépenser le moins possible et que, pour cela, je m'adapterais à une place sur le pont et à l'ordinaire des matelots. Si l'on me demandait trop, je voudrais vous prier de m'indiquer ce que je devrais faire pour m'embarquer en qualité de chauffeur.

L'homme en bras de chemise me regarda bien… J'étais bien habillé, j'avais les mains trop blanches…

– Vous n'avez jamais servi comme chauffeur, n'est-ce pas?… J'en suis persuadé, pardi! Je vois ce dont il s'agit…

– J'ai des parents à Londres et je voudrais les revoir.

– Je ne vous demande rien… Vous voulez vous rendre en Angleterre… Si vous étiez venu il y a cinq jours je vous aurais trouvé à vous embarquer sur un voilier. D'ailleurs, ajouta-t-il, il ne vous importe pas de voyager à grande vitesse… n'est-ce pas? Mais attendez… Êtes-vous disposé à payer la nourriture? C'est bien. Pour demain nous attendons un charbonnier anglais dont le commandant, un maltais, est mon bon ami. Dans quatre jours au maximum, vous partez pour Cardiff… Cela vous va-t-il? C'est loin de votre route, je le comprends, mais je n'ai rien d'autre. Retournez ici mardi et je vous conduirai moi-même à bord…

Comme je me multipliai en remerciements :

– Mon cher monsieur, interrompit-il, je comprends… je comprends beaucoup de choses parce que je connais la vie. Lorsqu'on peut faire un plaisir on le fait, et après tout, le plaisir que vous me demandez ne me coûte rien.

Je ne pris pas garde ce jour-là que je trouvai encore une fois sur mon chemin l'ouvrier dont j'ai parlé; cela me semblait naturel dans ce milieu exigu. Seulement, je me dis que j'avais peut-être mal fait de me montrer froid envers lui à la suite de ses demandes importunes et qu'en somme il fallait compatir.

J'avais plusieurs jours de « congé ». J'en profitai pour faire de longues promenades dans les environs de Bône et pour me rendre au jardin public où je continuais mes lectures. Je ne doutais pas que mon directeur des « Opérations maritimes de tous genres » ne maintînt la promesse et moins que jamais qu'il ne parvînt à obtenir mon embarquement. J'étais tranquille, presque heureux.

Vint le mardi. J'aurais voulu me dominer, retrouver le calme et la confiance que j'avais eus jusqu'alors, après l'entretien que j'ai rapporté, mais cela ne me fut pas possible. Réveillé dès l'aube, je cherchai en vain à me distraire par la lecture. Je sortis, errai de-ci de-là et avant l'heure fixée j'étais dans le port. Lorsqu'on a éprouvé plusieurs désillusions, l'une après l'autre, le moindre petit bien que l'on convoite semble impossible à atteindre. Comment, me disais-je, ai-je pu croire qu'un commandant recevrait à bord de son navire un inconnu comme moi, manquant même des documents nécessaires? Il faut être naïf au mode superlatif! Oui, la promesse… L'homme avec lequel je parlai est sincère et doit être honnête. Mais qu'importent la sincérité et l'honnêteté? Il a compris ma situation et a eu une bonne impulsion; mais lorsqu'il se sera présenté au commandant son très bon ami, ce dernier lui aura fait passer l'envie de s'occuper de moi. Il en est ainsi et il vaudrait mieux retourner en arrière!

La crainte d'un échec dépassait le désir que j'avais de me tromper. Au lieu de retourner en arrière, je continuai à m'engager dans la ruelle d'où se dégageait une odeur de goudron. Mon homme était, cette fois aussi, en bras de chemise, mais assis devant la porte du bureau. Je scrutai son visage et il me parut que son sourire signifiait : « Mettez-vous l'âme en paix, nous chercherons autre chose ».

Il se leva pour venir à ma rencontre avec un empressement tout méridional (de son accent j'avais compris qu'il était Marseillais) et en me serrant la main :

– Cher Monsieur ! Je n'ai pas été inactif… J'ai parlé au commandant et tout est fait. Voulez-vous venir à bord ?... Je dois terminer l'approvisionnement.

– Tout est fait ? C'est-à-dire que le commandant, votre ami, consent à me conduire à Cardiff ?

– Naturellement ! Vous payerez l'ordinaire des matelots et rien d'autre !

Nous nous rendîmes à bord. Le commandant, court de taille mais très robuste, noir comme un maure, nous fit entrer dans sa cabine.

– Mon ami vous a recommandé, me dit-il ; cela va bien. Avez-vous au moins quelques papiers d'identité ? Oui, je vous le demande parce que je regretterais que vous eussiez des ennuis… Envoyez ce soir vos bagages et demain nous partirons.

Ah, braves gens. Comment aurais-je pu prouver, autrement que par des paroles, ma reconnaissance envers elles ? Prenant congé du Provençal j'étais tenté de le serrer dans mes bras… Mais ce fut lui qui m'embrassa :

– Bonne chance ! Oh oui !... Silence ! Je vous répète que je connais le monde et les hommes. Bonne chance ! Et soyez de bonne humeur !

Je passai le reste de la journée en me promenant dans la ville, en visitant plusieurs librairies et en retournant au jardin public. Le soir je payai mon hôtesse et, accompagné d'un garçonnet qui portait ma valise, j'allai à bord. Le capitaine, le dos appuyé sur le haut parapet, me fit un signe :

– Vous avez apporté votre valise… Je regrette, mais il y a quelque chose de nouveau.

Mon sang ne fit qu'un tour.

– Il y a que j'ai reçu l'ordre de ne pas vous embarquer. Pourquoi ? Je ne le sais pas. Avez-vous un procès en cours ? Devez-vous purger une condamnation ? Le fait est que l'ordre a été transmis à mon Consulat et… vous comprenez… quand il y a les autorités au milieu… Je vous le répète, je le regrette pour vous et pour mon ami, mais…

Je fis reprendre ma valise par le garçonnet et je retournai à l'hôtel, où j'inventai que mon retard était retardé à la suite de ce que le chargement du navire était encore incomplet.

Je passai une nuit agitée. Le lendemain matin je descendis tard, vers neuf heures, rien que pour sortir ; je n'avais aucun but, mais je n'aurais pas pu, en restant enfermé dans ma chambre, m'appliquer à faire autre chose qu'à me ronger l'âme. Dans le corridor, un des garçons de l'hôtel, un jeune homme qui avait toujours été aimable avec moi, s'entretenait à voix basse et gesticulait avec un individu qui, aussitôt qu'il m'eut aperçu, me dit :

– Le commissaire de police vous attend dans son bureau… Si vous le voulez, je vous accompagne.

Évidemment, selon l'expression du commandant, il y avait quelque chose de nouveau. Je devais avoir commis quelque autre crime.

Me voici de nouveau devant les sévères protecteurs de l'ordre. D'une salle assez vaste et pleine de monde, je fus introduit dans une chambrette dans laquelle se trouvait le commissaire, et, assis à une table près de lui, un scribe. Après m'avoir adressé les demandes habituelles sur mon nom, ma nationalité et ma profession, le fonctionnaire mentionna les raisons de l'appel.

– Vous êtes en contravention pour ne pas vous être présenté pour demander, en temps utile, votre permis de séjour.

– Monsieur le Commissaire, je voulais venir justement aujourd'hui pour obtenir le permis dont vous parlez. Je suis donc prêt à payer…

– Je vous ai dit que vous êtes en contravention, parce que le délai est passé.

– Pardon, je suis arrivé il y a quinze jours…

– Seize…

– Non. Quinze. C'était, je m'en souviens, un samedi, le 6 septembre.

– Ici nous avons noté la date : vendredi 5 septembre. Vous voyez que nous sommes bien informés.

En ce moment qui est-ce qui entra dans la salle contiguë au cabinet ? L'ouvrier que j'avais trouvé à la gare, le soir de mon arrivée. Une scène très comique s'ensuivit. En effet, l'ayant aperçu, il me paraissait posséder la véritable preuve de ce que j'entendais affirmer :

– Voici, dis-je en le montrant du doigt, une personne qui m'a vu arriver et qui m'a en outre, accompagné à l'hôtel. Faites-moi le plaisir de l'appeler.

Derrière moi j'entendis quelqu'un qui riait. C'était le scribe. Le commissaire se contenta de sourire ; il appela l'homme :

– Quand est-ce que ce monsieur est arrivé ?

– Le 5 septembre au soir.

– Mais, essayai-je d'interrompre.

– Votre nom, reprit le présumé ouvrier, est inscrit sur le registre de l'hôtel dans lequel vous avez dormi.

Alors, mais alors seulement, je compris… Oui, j'étais en contravention ; oui, j'avais tenté un subterfuge… Mais cet individu ! Ce misérable me dégoûtait ! En un moment je m'expliquai le motif de ses demandes « indiscrètes », ainsi que celui pour lequel je l'avais retrouvé sur mes pas, au jardin, au port…

– Monsieur le Commissaire, exclamai-je, il se peut que cet homme ait raison. Même il doit avoir raison. Mais il est un ignoble agent provocateur ! Aussitôt arrivé, je lui demandai où je devais me rendre pour obtenir le permis de séjour. Je ne m'imaginais pas qu'il fût un policier. Il me répondit qu'il vivait à Bône depuis dix ans, que jamais il n'avait possédé un pareil permis et que des centaines de personnes de ses connaissances, des étrangers établis ici, ne s'étaient jamais souciés de l'obtenir. Il ajouta que j'aurais perdu du temps pour une chose inutile… Tout cela n'atténue pas ma responsabilité dans l'infraction dont l'on me fait grief, mais convenez que la façon d'agir de votre agent est, pour le moins, peu exemplaire.

– Qu'est-ce que l'agent a à y voir ? Vous êtes en contravention, et il paraît que cela suffit !

– Comment ! Vous croyez qu'un policier ait le devoir de conseiller à quelqu'un d'enfreindre la loi ? Notez ce détail : votre agent feignait pour mieux me tromper, d'être un honnête ouvrier. Enfin, je le répète, s'il y a quelque chose à payer, je suis prêt.

J'entendis, de nouveau, quelqu'un qui riait derrière moi. Cette fois aussi, le commissaire sourit.

– Il ne s'agit pas seulement de payer. Vous répondrez de votre délit devant le Tribunal.

Deux agents en uniforme me conduisirent dans une chambre repoussante et obscure, en bas, dans la cour. Pendant quelques minutes je ne sentis qu'une odeur nauséabonde et je n'entendis qu'une dispute. Puis mes yeux commencèrent à distinguer les objets et les personnes : avec moi avaient été renfermés trois indigènes, repoussants de saleté, dont je cherchai à me tenir éloigné le plus possible. Une heure s'écoula, la porte s'ouvrit et les mêmes agents me firent remonter les escaliers.

J'entrai dans le bureau anthropométrique où je subis tous les mesurages… Je ne rapporte pas de détails parce qu'aujourd'hui même, après tant d'années, en repensant à ce traitement indigne et inique, la nausée me monte à la gorge. Après de si belles opérations, on me fit passer dans un autre bureau, où je fus prévenu que dans quelques instants j'aurais été appelé par le substitut du Procureur de la République. Conformément aux prescriptions de la loi, un avocat aurait assisté à l'entretien.

En cette qualité on me présenta un jeune homme sympathique et élégant, qui me demanda si je pouvais lui donner des renseignements précis sur ce qui arrivait. On parlait déjà d'une importante capture, d'une histoire d'espionnage, de complot, de mouvement terroriste ; mais il ne pouvait croire qu'il se fût agi de choses aussi graves…

Il y a des hommes qui inspirent tout de suite confiance et presqu'un sentiment d'amitié. Je racontai à l'avocat les diverses péripéties à la suite desquelles j'étais sur le point d'être traîné, comme un véritable délinquant, sur le banc des accusés. À la fin il me conseilla ainsi :

– Il n'y aurait que la contravention concernant le permis de séjour. Il est évident cependant que la police de Tunis, à son tour influencée par… d'autres autorités, a dû vous dénoncer comme étant un individu dangereux, à la police de Bône. Le fait que vous avez été laissé tranquille pendant quinze jours, mais que pourtant il vous a été défendu de vous embarquer, révèle que les autorités ne possèdent pas des éléments suffisants pour formuler des accusations contre vous… Seulement, l'on cherchait une occasion, et cette occasion a été trouvée. L'agent n'a pas pu opérer de sa propre initiative en vous conseillant de ne pas remplir un devoir imposé à tous les étrangers. Nous tirerons au clair, n'en doutez pas, cette machination… Mais la persécution – car nous nous trouvons devant une véritable persécution… – vient d'un autre côté. Ah ! Je dois vous prévenir de rester calme, très calme, en présence du Procureur. C'est un homme très irascible… Pas un mot qui puisse vous compromettre.

Le Procureur était assis devant une énorme table. Il se leva pour répondre au salut de l'avocat ; en jetant à peine un regard sur moi, il se rassit. Sa silhouette haute et maigre, son visage bilieux, un tic qui lui faisait grincer les dents, ses gestes nerveux, me firent une mauvaise impression. Il y eut quelques minutes de silence. Le magistrat jeta un coup d'œil sur plusieurs papiers, les agita rageusement, et tout à coup :

– Venons-en à cette affaire. Que faites-vous à Bône ? Rien ? Je n'en suis pas convaincu. Mais admettons… En attendant, venu de

Tunis, où votre présence n'était pas, me semble-t-il, bien agréée, vous avez tenté de passer inobservé en ne faisant pas ce que la loi prescrit ; c'est-à-dire en ne demandant pas le permis de séjour. Vous vouliez aussi vous embarquer clandestinement… Un individu quelconque, coupable de l'infraction que vous avez commise, pourrait invoquer des circonstances atténuantes, comme par exemple le fait d'ignorer certains règlements, ou toute autre raison et avoir le minimum de la peine. Vous, non ! Vous n'ignorez pas la loi. En interrogeant la première personne que vous avez trouvée à votre arrivée, vous vouliez savoir s'il vous était possible de vous dérober à un devoir qui vous aurait mis en contact avec les autorités françaises. Pourquoi ? Parce que le précédent de Tunis existait, parce qu'un autre précédent existait… Vous n'oseriez pas révéler le motif pour lequel vous avez quitté votre pays. La raison est celle-ci : vous vouliez créer ailleurs un centre d'activité subversive ! Vous agissez pour la propagande internationaliste ! Mais nous en avons assez de votre propagande contre l'ordre constitué… Nous entendons vous faire respecter les lois que vous voudriez piétiner ! Oui, notre devoir est d'empêcher que se répandent parmi les foules des doctrines – elles s'appellent doctrines ! – néfastes ; que les classes des travailleurs soient empoisonnées par des prétendues idées d'émancipation, qui ne sont autres que des stimulants à la révolte ! Vous prêchez la guerre civile et l'assassinat !

– Mais… voulut interrompre l'avocat.

– Un moment, repris le Procureur. Je reste dans les limites du procès qui sera examiné et jugé. L'on ne peut prétendre, je le répète, que la personnalité de l'accusé soit exclue lorsqu'il s'agit de crimes de ce genre. Ici, la volonté de violer la loi parce qu'en principe l'on est contre la loi, est évidente. Ce serait trop commode pour eux, si ces messieurs les propagandistes ne subissaient pas les conséquences de leurs actes! Vous – de nouveau il s'adressa à moi – prêchez la destruction de la société civile, vous faites l'apologie des crimes les plus odieux qui ensanglantent le monde. Et cela serait du journalisme! Mais – il parla à l'avocat – je veux accorder que pour le moment le seul contrevenant soit en cause; eh bien, cela n'arrêtera pas les poursuites ultérieures contre un étranger qui nous est signalé comme indésirable.

J'écoutai cet ignoble réquisitoire, d'abord avec étonnement, puis avec l'intérêt que peut susciter un acteur qui improvise un monologue, comme aux temps de la Comédie de l'Art*. Néanmoins il me semblait que ces paroles s'adressaient à quelqu'un du public, particulièrement, mais pas à moi. Bravo, Monsieur le Procureur!

Le jeune avocat tenta, mais en vain, de remettre un peu d'ordre dans les choses.

– Ici nous ne faisons pas un procès, reprit le magistrat. Je devais dire quelques mots à ce monsieur : voilà tout. Vous êtes provisoirement libre, mais ne vous éloignez pas de la ville. Je vous préviens que si vous tentez de le faire, vous serez enfermé en prison. À présent, procurez-vous un défenseur… Le procès se déroulera mardi prochain au tribunal…

Je sortis en compagnie de l'avocat. Dans la rue, il s'arrêta, regarda autour de lui et me dit :

* Italianisme (*Commedia dell'Arte*) : « comme aux temps de la *Commedia dell'Arte* ».

– Monsieur, vous avez compris de quelles bonnes intentions l'on est animé à votre égard. Voulez-vous que je vous donne un conseil ? Malgré les menaces du procureur, quittez le pays le plus tôt possible. Vous avez plusieurs jours devant vous. Prenez garde, car vous serez surveillé ; mais en agissant avec habileté, peut-être y parviendrez-vous et il vaut mieux courir un gros risque qu'attendre la certitude, c'est-à-dire une condamnation au maximum de la peine. Pourquoi subir une année de prison ?

Comme je ne répondais pas, le jeune homme continua :

– Je vous donne ce conseil en ami… Comme avocat, si réellement il ne vous est pas possible de vous éloigner, je vous promets tout mon appui. Si je ne vous verrai pas au Tribunal, vous me ferez bien plaisir !

Je le remerciai de tout cœur. Il me répéta :

– Cherchez et trouvez le moyen de vous soustraire à vos persécuteurs. Adieu !

Dans ma chambre, je pensai à nouveau à l'éloquence du Procureur. Une particularité de mon esprit, c'est de retourner sur les faits, de les examiner minutieusement sous tous leurs aspects, jusqu'au point d'en tirer une leçon dont je puisse profiter dans la vie. D'autres possèdent la faculté de voir rapidement, de se forger en un instant une conception précise sur les tenants des actions et des paroles. Quant à moi, j'ai besoin de réfléchir. Certes, il ne m'aurait pas été difficile de ramener aux limites de leur nullité les prétendues argumentations du magistrat, s'il m'avait été permis de lui répondre librement. Je lui aurais démontré son ignorance, sa mauvaise foi, sa sauvagerie, sa fière imbécillité ; mais je voulais, surtout, m'expliquer la cause première du phénomène. Or, cette cause me paraissait artificielle. Tout en admettant la sauvage hérédité qui pousse l'homme à opprimer, lorsqu'il le peut et de toutes les manières, matériellement et spirituellement, ses semblables, je devais convenir que sans le pouvoir suprêmement exagéré qui est confié à certains individus, l'oppression même qu'ils exercent serait relativement moins violente. Mais l'exercice d'un pouvoir presque illimité crée une mentalité spéciale : celle de l'homme à poigne.

Mon procureur était un homme à poigne. De l'instituteur qui fait trembler ses élèves, à l'officier qui fait blêmir les « pious-pious », au sbire qui terrorise les détenus, au chef d'usine, au patron qui savent « réduire comme des agneaux » ceux qui dépendent d'eux, le monde est rempli de ces « hommes à poigne », qui, n'étant jamais interrompus ou démentis, à l'illusion d'une force physique extraordinaire à laquelle l'on ne peut résister, ajoutent celle d'une capacité d'esprit supérieure à celle de la vile multitude. Nul ne répond par un soufflet au vil prétentieux : donc celui-ci est le plus fort; nul ne répond par des arguments aux vilénies les plus stupides : donc celui qui vomit les plus ignobles injures a raison. Le silence devient la reconnaissance de ces vertus héroïques. Soupçonner que certains de ces Sylla à la douzaine ne soient forts que parce qu'ils disposent du pain et de la liberté des autres, est une idée qui ne pourrait naître que dans le cerveau d'un individu subversif.

Ces réflexions ne me servaient pas à trouver le moyen de ne pas faire connaissance avec ces messieurs du Tribunal. Où aller? En attendant, l'heure du déjeuner était passée : deux coups discrets frappés à la porte m'éloignèrent pour un instant de mes pensées.

Le garçon, le même que j'avais vu ce matin converser secrètement avec le policier, entra pour me demander si je voulais descendre à la salle à manger.

– Non, je mangerai ici, je vous prie.

Il parut satisfait de mon désir. Je sentis qu'il aurait voulu me dire quelque chose et qu'il attendait d'y être encouragé. À la fin il me dit que du policier il avait su toute « l'affaire ».

– Ne vous affligez pas pour une chose de rien, Monsieur! Une simple contravention! Au policier j'ai dit ce que je devais dire et que je répèterai si je serai appelé à témoigner : que vous êtes une personne comme il faut... Mais qui veulent-ils tourmenter ici? Je connais à Bône certains individus qui vivent sans être dérangés depuis des années et des années : cependant l'un d'eux a tué, en Italie, à ce que l'on m'a raconté, par pure sauvagerie, un pauvre dément... attendez : un hydrocéphale; un autre a commis un lâche attentat sur une fillette; un troisième a commis un vol au préjudice d'une coopérative...

– Voulez-vous me faire un plaisir? interrompis-je.

– Tout ce que vous désirez!

Le projet m'était apparu à l'improviste. Il valait ce qu'il valait, mais je n'avais pas le bénéfice du choix. Mon « évasion » ne devait pas rester célèbre; il me suffisait de m'évader, simplement, je dirais presque modestement : et puisqu'un complice m'était nécessaire, je crus l'avoir trouvé en la personne de ce garçon, à la physionomie intelligente et honnête.

Il aurait expédié le jour suivant ma valise à la gare du chemin de fer et m'aurait apporté le récépissé. Rien d'autre. Ma destination était Tunis et si ce jeune homme m'avait trahi, la partie aurait été perdue. D'où la nécessité de me fier complètement à lui et de lui recommander de garder le secret le plus absolu sur la mission que je lui confiais.

Oui, je retournais à Tunis! Je ne me cachais pas que le risque était grand, que, signalé aux autorités de la Régence, j'aurais été arrêté et cette fois condamné pour rupture de ban. Plus tard j'aurais pensé à la façon de quitter aussi Tunis.

J'accumulais délit sur délit... Je les comptais : activité subversive; projet de partir clandestinement pour l'Angleterre; nouvelle activité subversive à Bône; probable espionnage; tentative de ruiner le fisc français en ne payant pas la taxe de séjour et tentative en même temps de me soustraire à la surveillance de la police pour mener à bon terme mes tristes desseins; tentative de corruption sur un brave, scrupuleux agent de la sécurité publique, que j'avais pris pour un ouvrier; corruption d'un garçon d'hôtel... Et à présent je me préparais à ne pas tenir compte de l'avertissement de l'éloquent procureur de la République, de ne pas m'éloigner, et à rentrer dans un territoire qui m'était interdit! Les savants du bureau anthropométrique avaient sans doute déjà remarqué en moi les stigmates de l'individu né délinquant. En effet, avec un si grand nombre de crimes sur la conscience, je n'éprouvais pas le moindre remords, je ne sentais pas le besoin d'avouer et d'expier.

J'écrivis une lettre à mon jeune ami Ermanno, le prévenant que le surlendemain, par le train du soir, je serai arrivé au Bardo, où je le priai de m'attendre. En outre il devait s'aboucher avec plusieurs personnes que je lui désignais, afin qu'elles me trouvent à Tunis un endroit sûr pour me réfugier pendant plusieurs jours et peut-être pendant plusieurs semaines. Cette lettre recommandée, avec un nom imaginaire de l'envoyeur, fut aussi expédiée par le garçon d'hôtel qui me fournit de même les indications les plus précises sur le chemin que je devais suivre.

Je consacrai toute une matinée à des promenades hors de la ville, notamment sur la Corniche, délicieuse par ses jardins et ses villas, ses rochers et sa vaste plage. Enfin le matin que j'attendais, arriva. J'appelai le garçon d'hôtel et je cherchai à lui faire accepter un petit cadeau. Puis je descendis pour payer mon hôtesse et, par précaution, je lui versai le montant de deux jours de pension.

– Au revoir, Monsieur ! Prenez garde, le temps est mauvais…

– Je rentrerai bientôt… Au revoir !

Le ciel était sombre, par endroits noir. Je marchai lentement sur la petite place, je m'arrêtai devant un kiosque, puis je me dirigeai vers le jardin public. Je ne savais pas si j'étais suivi. Probablement oui, mais je devais feindre d'être indifférent. D'après mes calculs, j'aurais pu rester une heure dans le jardin. D'habitude, les allées étaient désertes et sur les bancs était assise quelque vieille dame ou sur d'autres, plus éloignés, étaient étendus de pauvres hères pour se reposer ; ce jour-là l'endroit était totalement désert. J'allai de droite à gauche en lisant. En regardant à travers la grille, je vis passer deux individus. Aussitôt que tombèrent les premières gouttes de pluie, je me réfugiai sous un arbre, puis avec précaution je m'éloignai jusqu'à ce que j'eus atteint la limite du jardin masquée par un mur bas, au-delà duquel était un fossé. À un point donné, il n'y avait plus de mur et à sa place il y avait une broussaille que l'on pouvait facilement franchir ; en descendant par une pente rapide, j'aurais trouvé la voie des champs. Le terrain était escarpé et montait plus loin vers la route principale. J'en connaissais bien tous les coins. Mais quel fut mon étonnement en trouvant le long de la broussaille une barrière en fil de fer pareille à celle que l'on voit dans les courts de tennis ! Certainement elle avait été élevée quelques jours auparavant, à peine… Un peu plus loin, il y avait une de ces cabines, pas plus grandes qu'une guérite, où les jardiniers déposent leurs outils. La petite porte était fermée, mais un coup d'épaule suffit pour l'ouvrir complètement ; j'empoignai une pelle dont le manche me servit comme levier pour élargir les mailles du filet et en briser plusieurs afin de pouvoir passer à travers. J'ajoutai ainsi un autre crime – dommage causé à une propriété de la commune – aux nombreux autres que j'avais commis.

Je glissai sur la pente et je m'acheminai rapidement sur le terrain vague, dans la direction de la route qui le dominait. Lorsque j'y arrivai en suivant le sentier, il me sembla que les cataractes du ciel s'ouvraient. Je n'ai jamais vu une pluie aussi forte. Néanmoins, tout mouillé, plein de boue, je hâtai le pas, puis me mis à courir… Je rencontrai deux chars couverts, puis, à travers le voile gris, j'aperçus des maisons de colons. D'une de celles-ci, plus près de la route, j'entendis des voix : c'étaient des femmes et des hommes qui appelaient :

– Venez ! Venez ici ! Venez !

Mais je continuai à courir comme un forcené. Je ne savais pas combien de kilomètres j'avais parcourus ; certainement un grand nombre, car pour éviter les plus larges et les plus profondes flaques d'eau, je devais aller en zig-zag. Puis j'avais perdu la notion du temps. Quelle heure pouvait-il bien être ?

À la fin, cette colère liquide commença à diminuer. La route en pierre calcaire, relativement meilleure, se couvrait d'une infinité de colimaçons, très gros, que je cherchais de ne pas piétiner. Je ralentis la course pendant quelques minutes, puis je la repris parce que je sentis que le froid me pénétrait dans les os. Et de nouveau d'une ferme, des voix me parvinrent :

– Eh ! Venez vous réfugier un peu ici ! Attendez ! Eh, Monsieur !

Cette fois je m'arrêtai. Sur une terrasse couverte, une espèce de véranda, se tenaient un homme et une femme qui, à en juger par leur mise luxueuse, devaient être des fermiers aisés ; derrière eux, près de la porte, se trouvait un groupe de colons. Je criai :

– Quelle heure est-il, s'il vous plaît ?

– Onze heures et demi.

Alors je m'approchai de la ferme et je montai sur la véranda. Je dis que je m'étais trouvé dans la route lorsqu'il avait commencé à pleuvoir et que de crainte de perdre le train, j'avais continué mon chemin.

– C'est-à-dire que vous l'avez perdu… Vous deviez vous diriger à gauche sur la route communale, à cinq kilomètres d'ici. À présent, pour arriver à la gare la plus proche vous n'avez que six kilomètres à faire… Voulez-vous déjeuner ?

Je bus un verre de vin blanc, je m'essuyai* au mieux près du poêle, puis je repris mon chemin. Six kilomètres étaient peu de chose,

* Italianisme (*mi asciugai*) : « Je me séchais au mieux ».

spécialement si le ciel se montrait clément. Mais une nouvelle averse survint et je me trouvai presque dans le même état qu'auparavant, la boue jusqu'à la tête… Ce qui pis est, c'est que je fus assailli par le soupçon que ma fuite ne fût déjà annoncée à Bône. Comment n'y ai-je pas songé? me dis-je. Comment n'ai-je pas pensé au télégraphe? Si ce n'est pas à la première, dans quelque autre station je serais invité par les gendarmes à descendre de mon compartiment. Cependant, étant donné que je ne pouvais aller à pied jusqu'au Bardo je pris mon billet de troisième classe et j'attendis l'arrivée du train, toujours sous la pluie, ensemble avec des indigènes qui, eux, étaient au moins protégés par leurs burnous de laine.

Naturellement, je restai sur la plate-forme afin de mieux faire sécher mes habits, pour ne pas sentir l'odeur de mes compagnons de voyage et… pour faire acte de politesse. Parce qu'il me semblait qu'un passager boueux comme j'étais, ne pouvait pas entrer dans un wagon où étaient assis d'autres passagers boueux et trempés autant que moi. Je note cette faiblesse ridicule, dont je n'ai jamais pu me libérer, pour expliquer d'autres attitudes que je devais adopter ultérieurement.

Mes habits séchaient assez lentement et je me sentais transi. Il fallut des heures avant que je ne me fusse considéré en état de pouvoir entrer dans la voiture. Lorsque je m'y décidai, mes Algériens n'étaient plus là et leurs places étaient occupées par des Européens et des Tunisiens tout aussi sales. Mais aucun d'eux n'était aussi trempé. Le ciel était redevenu serein. Je continuai à nourrir le soupçon d'une surprise télégraphique et je ne me sentis soulagé qu'au moment où le convoi, après des arrêts qui me paraissaient interminables, se remettait en marche.

À cette heure-là, peut-être, mes sœurs racontaient à leurs amies, dans quelque salon, que leur frère, après avoir visité l'Algérie *en touriste*, était en route pour l'Angleterre… Des paroles échangées à haute voix dans le compartiment voisin (on employait alors les wagons séparés l'un de l'autre par de hauts dossiers) attirèrent mon attention. Un voyageur demanda pourquoi le train ne s'était pas arrêté je ne sais plus où ; et la réponse fut que cette station n'était pas comprise dans l'horaire de l'après-midi.

– Si la station du Bardo n'y était pas comprise aussi ! pensais-je.

Le contrôleur se présenta quelques minutes après.

– Pardon, au Bardo il y a arrêt, n'est-ce pas ?

– Non, Monsieur, l'arrêt est à la Manouba.

Les amis que j'avais prévenus devaient m'attendre précisément au Bardo…Mais non, me dis-je, ils doivent être informés ! Que diable, dans un cas pareil l'on s'informe !

Je ne réfléchissais pas que quoique j'eusse été plus intéressé qu'eux, je ne m'étais pas soucié de consulter l'horaire !

Eh bien, au passage, au Bardo, ne m'aurait-il pas été possible de leur crier un mot ? Dans la pire des hypothèses, je serais également descendu à la Manouba et j'aurais continué à pied jusqu'à Tunis. Dans la nuit je n'aurais pas été signalé et une fois dans la ville, j'aurais trouvé Ponzio et Converti…

Mais quoique le train ralentît sa course, qui n'était certainement pas d'une extrême rapidité, du reste, de la portière du wagon je n'aperçus personne. À la Manouba je laissai descendre plusieurs passagers et je me tins sur la portière du wagon restée ouverte. Je reconnus mon jeune ami qui venait vers moi, suivi de deux autres personnes. Ils répétaient tous les trois mon prénom, en s'arrêtant à peine devant chaque wagon.

– Marchez… Je vous suis…

Dans une allée, à deux cents mètres de la gare, était prête une voiture de louage. J'y montai : je laissai de côté toute explication.

– Avez-vous trouvé ce que je vous ai demandé dans ma lettre?

– Non. Cela est très difficile. Une chambre meublée, sûre…

– Qu'a dit Ponzio? Avez-vous parlé avec Converti?

– Nous n'avons pas pu les voir. Voici : nous connaissons un propriétaire d'hôtel… C'est une personne de confiance. Pour le moment, pour cette nuit du moins, vous resterez chez lui; puis nous verrons.

– Alors, allons nous promener! Non, je descendrai seul. Retournez à Tunis. Demain matin à la première heure, à l'aube, si possible, vous m'enverrez quelqu'un avec un peu de pain et une bouteille d'eau. Le soir, après avoir parlé avec Ponzio, vous viendrez le long de cette route et vous m'y retrouverez. Je suis un peu fatigué, je n'ai pas mangé depuis ce matin et j'ai une grande soif : n'oubliez pas l'eau.

Ermanno voulut rester avec moi. Les deux autres me proposèrent de retourner* avec la nourriture et avec l'eau par la même voiture; je n'acceptai pas de crainte qu'ils pussent être signalés à la police.

La nuit était tiède. En marchant lentement, je racontai à mon camarade les épisodes de mon séjour en Algérie. Puis, ayant appris

* Italianisme (*tornare*) : « revenir ».

qu'il était près de minuit, je le priai de s'en aller parce qu'on devait l'attendre chez lui.

Je repris seul la promenade. Je ne sais pas combien de temps s'écoula ; je sais qu'à l'aube je me trouvai étendu au pied d'un arbre, loin de la route ; à quelques pas deux indigènes m'observaient. Ils prononcèrent quelques mots que je ne compris pas ; je les saluai d'un grand geste de protection, comme s'ils avaient été mes gardes du corps.

L'endroit n'était pas trop sûr. La Manouba était une des résidences du Bey et autour de son palais veillaient des policiers tunisiens et français. Je pouvais être reconnu et soupçonné et dans les deux cas, accusé de tentative criminelle contre la vie de ce grand monarque… Avec mes « précédents » !…

J'errai d'ici et de là, ne perdant pas de vue la route que devait suivre celui qui aurait dû m'apporter de l'eau. Le soleil était déjà haut sur l'horizon ; il devait être au moins huit heures, mais personne ne comparaissait. N'en pouvant plus, je me valus de mes vagues notions d'arabe pour demander à boire à un charretier qui passait en conduisant son mulet. « Moya » ! L'homme me regarda, sourit et me tendit une gargoulette, en me faisant signe de boire à ma volonté.

Je me sentis vite restauré. Ni à midi, ni le soir aucun messager ne vint. La journée me semblait sans fin ; à l'étonnement pour le retard que j'attribuai tout d'abord à des causes imprévues, un obscur ressentiment dont j'avais honte et que je ne savais pas vaincre s'empara de moi.

Il devait être huit ou neuf heures du soir. Je continuai à aller vers Tunis, pour retourner, à un certain point, en arrière vers la

Manouba. Des voitures passèrent ; à la fin une de celles-ci s'arrêta. Ma première demande fut :

– Pourquoi ne m'avez-vous pas envoyé de quoi manger et de quoi boire ?

– Ah, pardon ! Une canaille ! Un forban !

La canaille était un pauvre diable, affamé plus que moi, auquel mes amis avaient donné de l'argent pour acheter plus que ce qu'il me fallait et qui avait profité de l'aubaine pour son compte… Ils avaient appris trop tard, tandis qu'ils prenaient la voiture, l'exploit de ce malheureux… C'est pourquoi ils venaient les mains vides.

Quatrième partie

En rupture de ban

Le fait était peu réconfortant, mais il importait, surtout, de savoir si l'on avait trouvé l'abri que je cherchais.

– Tu voudras nous excuser… Ponzio et Converti avec lesquels j'ai parlé ce matin, trouveront mieux… mais tu dois te contenter de passer cette nuit dans une écurie vide.

– J'accepte l'écurie vide !

– Crois-le, nous regrettons beaucoup… Comment pourras-tu te reposer ? Et depuis deux jours tu ne manges pas !

Nous passions par des quartiers obscurs. Mes amis firent arrêter la voiture.

– Il est plus prudent que le cocher ignore où nous allons.

Je ne savais pas moi-même où nous nous trouvions. Au débouché d'une ruelle, Ermanno dit à ses deux camarades d'attendre et il me précéda sur une petite place silencieuse et obscure ; puis devant une porte qui me semblait immense, il tira de sa poche une grosse clef et il ouvrit. Nous étions dans l'écurie.

– Dans une heure au plus tard je t'apporterai de quoi manger. Je ne te laisse pas d'allumettes… Sois tranquille !

– N'oublie pas l'eau ! J'ai une soif endiablée ! Ne tarde pas à me l'apporter !

Il me renferma et s'éloigna. Le pavé, composé de gros cailloux, avait une odeur âcre qui m'empêchait presque de respirer. Je n'avais pas sur moi d'allumettes parce qu'à cette époque-là je ne fumais pas, et pour trouver un petit coin dans lequel il me fût possible de m'asseoir, je mesurai d'abord les parois à tâtons pour établir la forme qu'avait l'écurie ; puis ayant constaté qu'elle était rectangulaire, la parcourant dans sa largeur d'un mur à l'autre, je tâtai des pieds le terrain jusqu'à ce que j'eusse trouvé un point plus élevé. Ce devaient être les restes d'une construction en maçonnerie, probablement d'une colonne de barre pour les chevaux. Je m'assis et j'attendis.

Jusqu'à ce moment-là, malgré le dégoût que m'avait causé l'éloquence de la solennelle brute de Bône, j'avais pu réfléchir avec un certain calme sur les actes de certains hommes préposés à la sauvegarde de l'ordre constitué. Là, dans cette triste écurie, je m'apercevais d'un mal bien plus profond et plus vaste, en présence duquel mes vicissitudes me semblaient insignifiantes. Les hommes bons étaient l'exception, le phénomène ; la bonté était une idéologie de philosophes, de poètes, d'artistes, autres phénomènes eux aussi. Le bien que l'on espérait, l'avenir de paix et de liberté se réduisaient en une tromperie par laquelle d'aucuns tentent d'endormir leurs doutes et leurs tourments.

Je ne sais pas jusqu'où m'auraient conduit ces idées ultra-pessimistes, si de petits cris ne m'avaient révélé la présence de rats. Il devait y en avoir beaucoup autour de moi. Or, j'ai toujours eu pour ces animaux un invincible dégoût; et je devais rester là, dans l'obscurité, en pareille compagnie! Je dus marcher pour les éloigner, quoique je me fusse rappelé que selon les recommandations qui m'avaient été faites, je ne devais faire aucun bruit.

Les heures se succédaient. Si j'avais eu un peu d'eau! Mais le besoin de me mettre sous la dent un peu de pain, ne se faisait pas sentir aussi fort… La soif! La soif! Fatigué de la position dans laquelle j'étais, je me fis un dossier du socle de la colonne et je pus dormir, quoique par intervalles. Un peu de lumière pénétra des fissures du portail, j'entendis un bruit de pas de quelques passants dans la petite place, des voix arrivèrent jusqu'à moi… Il me semblait plus que jamais improbable que mes amis courussent le risque de venir chez moi en plein jour, du moment que cela ne leur avait pas été possible pendant la nuit. Mais aurais-je pu résister pendant douze ou quatorze heures encore? La troisième journée de jeûne commençait. Je pensais à la victime de l'archevêque Ruggieri, à ce pauvre comte Ugolino, et je m'émerveillai qu'il fût mort si tôt de faim[61]. Je me souvenais que d'autres auteurs anciens, du reste, et non seulement Dante, avaient accordé une courte limite – huit jours au plus – au jeûne. Les auteurs modernes affirment, au contraire, sur la base de l'expérience, que la résistance de l'homme est plus grande… Il se peut donc, me dis-je, que les anciens fussent habitués à manger plus que nos contemporains et que, cette habitude perdue, ces derniers en aient acquis une autre : celle de pouvoir vivre sans manger…

Soyons forts ; ne nous laissons pas vaincre par les prétentions de notre vil estomac ; gardons la tête en place et… attendons ! La porte s'ouvrira pour laisser apporter un magnifique ragoût de bœuf et une fontaine dont couleront de l'eau et du vin… Toujours l'eau ! Hélas ! les expériences scientifiques qui m'étaient revenues à la mémoire avaient été accomplies sur des hommes et sur des animaux, mais en ne privant pas d'eau les uns et les autres.

Mon intention de rester fort, de me prendre moi-même à la rigolade, m'abandonna le soir. Ah, quels amis ! Comment, après que je leur avais recommandé de ne pas me laisser sans eau, ils me faisaient mourir de soif ! Ils m'avaient renfermé dans une écurie immonde, en sachant que je n'en serais plus sorti !

Même pas un instant ne me vint à l'esprit le soupçon que si personne ne venait chez moi, il fallait attribuer le fait à un incident, et non à de l'indifférence, et, ce qui était pis, à un manque de cœur. Je fus injuste et cruel. À l'arrivée de la nuit, toute volonté de boire et de manger cessa et je me sentis libéré d'un terrible cauchemar. Il me sembla aussi que j'avais acquis une lucidité d'esprit extraordinaire ; puis je fus comme bercé d'un sentiment de bien-être, d'abandon, de légèreté tel que l'éprouvent ceux qui brisent leur douleur par une injection de morphine.

Je crois que je dormis bien. Le quatrième jour de faim passa également. Je n'avais pas envie de lire ; le livre qui m'avait accompagné pendant le déluge, *Promenades et souvenirs*[62], de Gérard de Nerval, se trouvait sur le pilastre brisé : je n'aurais pas osé m'approcher de la fissure du portail, d'où pénétrait un peu de lumière. Mais me tenant contre une des parois latérales, je pouvais voir à travers les soupiraux, les ombres de personnes qui passaient sur la place et parfois distinguer un homme d'une femme. Seulement, à la lucidité et à la légèreté de la veille, avait fait place une excitation que j'attribuai à la fièvre. J'étais désormais certain qu'au dehors « l'on m'attendait ». Quelqu'un devait attendre que je frappe à cette porte, que je demande du secours… Alors la porte se serait ouverte, des hommes se seraient approchés de moi d'un air moqueur pour me souffler au visage des paroles que je ne voulais pas entendre ! « Nous le savions ! » Voilà pourquoi les amis n'étaient pas venus.

Ce cauchemar ne m'abandonna pas de toute la nuit. En vain, dans les moments où j'étais capable de raisonner, je me disais que la mienne était une supposition stupide*. Mes bourreaux n'avaient rien de commun avec les personnages des nouvelles d'Edgar Poe[63], ils étaient d'honnêtes bourreaux officiels, de braves gens pratiques, sans imagination, qui allaient droit au but… Je me le disais, je me le répétais, et néanmoins, le jour suivant, aussitôt que j'eus aperçu un peu de lumière, je m'approchai de la porte dans l'intention de voir s'il y avait quelque chose de suspect au dehors.

Pour la première fois, depuis trois jours, je constatai un détail. En haut, mais à la portée de la main, sur le battant dans lequel pénétrait un verrou, se trouvait une barre en bois, vissée au milieu. Elle servait, évidemment, à tenir fermé le battant à l'intérieur,

* Italianisme (*che la mia era una supposizione stupida*) : « que c'était une supposition stupide de ma part ».

lorsqu'on en ouvrait l'autre; en déplaçant cette barre la porte s'ouvrait sur les deux battants. Mais le verrou pénétrait trop dans sa gâche pour qu'il fût possible, après cette opération, d'ouvrir la porte, de l'intérieur, et sans clef. Il fallait un levier, un morceau de fer pour faire sauter la gâche. Dans la direction de la petite colonne un gros clou était resté enfoncé au mur pour attacher la chaîne; si je parvenais à enlever ce clou, j'étais sauvé.

En un instant, je pris une décision. Je serais nuitamment sorti de ma prison. Je ne devais pas faire de bruit; donc, avec patience et précaution, me servant d'un caillou un peu pointu, je commençai d'abord par enlever la chaux qui se trouvait autour du clou, puis à entamer et à percer le mur lui-même. Au bout d'une heure de travail, le fer commença à bouger, puis il céda... Comment n'avais-je pas vu avant cette promesse de salut? La certitude de ma prochaine libération me donnait une grande joie. Je ne souffrais plus. Pour respirer un peu d'air libre, pour revoir une partie du monde dans lequel j'étais sur le point de retourner, je fis ce que je n'avais jamais fait : je m'accroupis près de la fissure pour mieux voir... Une charrette passa, puis des femmes; des ombres s'agitaient sur un fond jaunâtre; ce devaient être des ombres de feuillages...

Tout à coup une voix d'enfant cria près de moi :

– Maman! Ici il y a un homme! Il y a un homme!

Je me retirai vivement, je culbutai en frappant des coudes contre le battant de la porte, je m'enfuis vers la paroi la plus éloignée... Le soupirail s'était obscurci, la lumière blonde était devenue d'un rouge vif, de la couleur de la jupe d'une femme qui m'épiait.

– Compère, pourquoi n'ouvrez-vous pas? Pourquoi restez-vous là-dedans?... Parlez! Je m'en suis aperçue depuis hier, savez-vous? Vous ne voulez pas parler?

Que pouvais-je répondre? Si je n'avais pas eu l'esprit tellement troublé, je lui aurais dit :

– Brave femme, je ne suis pas ici pour avoir fait du mal ou pour vouloir faire du mal. Je sortirai mais je ne veux pas que l'on sache que je suis ici.

Ces simples paroles auraient été comprises par cette femme du peuple. Toute femme les aurait comprises.

Mais, je le répète, je ne sus pas les trouver. Je prévis, au contraire, que cette femme aurait couru raconter sa découverte; que sous peu la place aurait été bondée de curieux, que la loi serait intervenue pour éclaircir le grand mystère. L'ombre rougeâtre disparut. Je déplaçai la pièce de bois, j'empoignai le clou, et tandis que la porte bougeait, je l'introduisis dans la gâche faisant levier sur la serrure…

Une immense clarté. Des taches vertes, jaunes, blanches; c'étaient des maisons; des antres profonds : c'étaient des rues; au-dessus, une transparence bleue, un lambeau de ciel. Je n'aperçus rien distinctement, même pas les trois ou quatre femmes qui, tenant leurs marmots près d'elles, se faisaient le signe de la croix. Mais en passant devant elles, je crus finalement trouver la parole que je n'avais pas su prononcer en présence de la mère qui m'interrogeait :

– Je n'avais pas d'autre maison! Voilà pourquoi je restais dans l'écurie!

J'entendis des exclamations : Très Sainte Madone ! Vierge Consolatrice ! Et je me dirigeai vers une des ruelles qui commençaient où finissait la place.

Les crampes que j'avais aux jambes cessèrent mais je sentis que je marchais mal ; je tenais le corps trop raide et je cherchais instinctivement un soutien comme si le sol s'ouvrait sous mes pieds ; je culbutai souvent… Je parcourus ainsi plusieurs rues d'un quartier populeux qui m'était totalement inconnu, puis une rue qui devait me conduire, croyais-je, dans quelque partie de la ville nouvelle. Finalement, voici une ruelle que je connaissais : c'était là qu'habitait Ponzio ; plus loin, à gauche, encore une ruelle où mon ami tenait son débit de vins.

J'entrai dans le négoce. Il n'y avait que le domestique qui, en me voyant, ouvrit des grands yeux, terrorisé. Je passai rapidement dans une espèce d'arrière-boutique.

– Vous ! vous, Monsieur ! Comment avez-vous fait ? Que vous est-il arrivé ?

– Écoute : donne-moi quelque chose à boire, de l'eau et du rhum… Beaucoup d'eau !

Croyant bien faire, il m'apporta un petit verre de rhum. Je voulus boire d'un coup la liqueur et naturellement je ne pus même pas en avaler une goutte : ma gorge était fermée et un spasme atroce me suffoquait…

– Vous allez mieux ? Ne bougez pas jusqu'à ce que je retourne avec le patron… Une minute !

Ponzio accourut, me fixa dans le visage et me demanda :

– Y a-t-il longtemps que tu ne manges pas ?

– Depuis cinq jours...

– Et toi, idiot, reprit-il en s'adressant à son domestique, tu lui donnes à boire du rhum! Apporte-moi tout de suite un peu de lait... Ah, quel imbécile!

Avec une extrême délicatesse il me fit avaler de petites gorgées de lait, puis il trempa un biscuit dans la tasse et m'invita à tenter de boire à petites cuillérées. Ce fut inutile; je n'avais plus de soif, comme je n'avais plus d'appétit.

– Tu verras dans quelques instants... Je sais ce que c'est. J'ai déjà pensé quoi faire. Tu seras tranquille. La personne à laquelle je te recommanderai te traitera comme un frère. Je te répète que d'ici à une heure tu pourras manger et tout sera fini. Non, ne me raconte rien... Plus tard! Couche-toi sur cette natte et dors.

Je reposai*, en effet. Quand je me réveillai, je bus un demi-verre d'eau, j'avalai plusieurs biscuits, et enfin je sentis que j'étais prêt à dévorer n'importe quoi!

– Lentement, lentement! recommandait Ponzio. Je dois te prévenir que tu ne recevras pas de visites. C'est une précaution nécessaire. Tu ne me verras même pas, et seulement plus tard... À présent raconte-moi comment les choses se sont passées.

Je lui racontai en résumé mes péripéties jusqu'au moment où je quittai l'écurie et je ne manquai pas de lui dire que j'avais accusé tous les amis de m'avoir oublié. Il m'expliqua que le jeune homme qui m'avait cherché un abri momentané, ayant été acheter un peu de nourriture pour moi, s'était aperçu qu'il était filé. Il voulait

* Italianisme (*riposai*) : « Je me reposai ».

confier cette mission à son camarade, mais celui-ci aussi se trouva aux épaules* un agent de la police secrète.

Mon départ ou ma fuite de Bône était connu ; j'étais recherché. Risquer de venir sur la petite place, équivalait à me dénoncer. Néanmoins des tentatives furent répétées par Ponzio lui-même et par Converti, mais en vain, car la surveillance de la police était plus stricte dans ces parages. Le cocher qui avait conduit la première fois les trois jeunes gens à la Manouba et qui avait été également et imprudemment choisi par eux pour me conduire en ville, avait été interrogé…

– Dans de pareilles conditions, poursuivit Ponzio, ils ne pouvaient pas agir. Ou tenter de te libérer, et tu risquais d'être arrêté ; ou te laisser enfermé et tu mourais de faim. Mais Converti exprima la conviction que tu aurais pu te libérer tout seul. Il était certain que tu aurais trouvé le moyen d'en sortir : ce qui l'inquiétait davantage, en tant que médecin, c'étaient les conséquences possibles du déluge que tu avais subi, sans avoir le moyen de changer d'habits et de linge. Moi qui connais bien les habitants de cette localité, je ne craignais pas qu'ils pussent te trahir au cas où ils se fussent aperçus de ton étrange demeure dans l'écurie. Enfin nous pensions à la possibilité que de l'intérieur tu ouvrisses la porte, sans clef, étant donné le détail, qu'Ermanno nous avait rapporté, qu'un des battants restait fermé au moyen d'une barre. Dans toutes les écuries il en est ainsi. Comment ne t'en es-tu pas aperçu ? C'est incroyable !

* Italianisme (*alle spalle*) : « aux talons ».

– Je n'y ai pas songé, répondis-je : je croyais au contraire, en ne voyant comparaître personne, que la cachette avait été découverte. Tu comprends ?

– Occupons-nous d'autre chose.

Ponzio me renouvela certaines recommandations. Je devais user d'une extrême prudence pour ne pas compromettre le pauvre diable qui s'apprêtait à me donner asile ; ne faire aucun bruit, me contenter de ne jamais allumer une bougie, ne pas recevoir de visites, lire en laissant ouverte une seule fenêtre qui, cependant, devait être ouverte ou fermée par d'autres que moi.

– Cela pourra durer une semaine ou une dizaine de jours. Puis je viendrai te trouver et nous établirons ensemble un projet… Plus tard un tel viendra te chercher : tu te mettras ce veston et ce chapeau et tu le suivras sans rien lui demander.

La nuit était déjà tombée lorsqu'un jeune homme apparut. Il portait sur ses épaules un sac presque plein ; il me fit signe et je le suivis dans deux ou trois ruelles obscures ; il ouvrit une porte, alluma une petite lampe à huile et alors seulement, en m'indiquant un petit escalier, il me dit :

– Montez et attendez-moi.

Le ton de cette voix me surprit. J'avais déjà cru avoir affaire à un être rude et au contraire j'avais près de moi une créature affable. Le jeune homme s'attarda quelques instants sur le seuil de la porte, puis, apportant le sac il me rejoignit dans la grange où j'étais monté.

– Voulez-vous manger à présent ? Non ? Parce que vous profiteriez de ce peu de lumière… Je viendrai plusieurs fois par jour ; ne bougez pas d'ici. Le matin vous pouvez descendre pour vous laver ; il y a le lavabo en bas. Si par hasard je devais venir tôt, et probablement accompagné, je vous préviendrais en restant sur la porte, en parlant à haute voix ou en faisant semblant de ne pas pouvoir ouvrir… Vous remonterez immédiatement, et vous aurez soin de ne pas faire du bruit. À présent je vous préparerai un lit au mieux.

Il délia le sac, en retira un petit panier qui contenait mes provisions, puis un léger matelas qu'il étendit sur le plancher, ainsi qu'une couverture.

– Dites-moi ce que je dois vous apporter de votre valise…

J'avais besoin de changer de vêtements et de linge.

– Bonne nuit ! Reposez bien !

Le souhait eut son effet. Je dormis plusieurs heures, mais je me réveillai en sentant une certaine lourdeur aux pieds… C'étaient de gros rats (encore !) qui profitaient de l'occasion pour reposer eux aussi plus commodément. Au-dessous de moi se trouvait le petit magasin, un dépôt plutôt, de denrées et d'objets plus ou moins disparates. Sur des tréteaux trônaient trois barils de vin, des dames-jeannes étaient disposées par terre. Et tous les jours les barils étaient ouverts au milieu d'interminables dégustations et commentaires d'amateurs qui entraient avec le propriétaire mais qui, à ce qu'il me sembla, n'achetaient jamais ces vins fameux. Une des fenêtres de ma cachette restait ouverte et j'entendais ainsi le babillage des commères des terrasses voisines. Mais Ponzio, en même temps que le manger, m'envoyait des livres et enfin, un matin, il vint lui-même me rendre visite.

– As-tu pensé où il te faut aller ?

– Mais, répondis-je, mon idée est toujours de partir pour l'Angleterre… Là je pourrai gagner de quoi vivre…

– Pourquoi n'irais-tu pas en Égypte ? J'ai des connaissances à Alexandrie et au Caire. Voyons un peu. Là, se publient deux journaux qui sont plutôt des almanachs, comme le *Vestaverde* ou le *Pescatore di Chiaravalle*[64]. Je les ai vus. Tu pourrais, précisément, publier un journal nouveau, d'un autre genre, je veux dire, et beaucoup de personnes t'aideront, parce qu'en Égypte il y a de l'argent. Mieux encore, en Égypte, avec les Anglais, il y a une liberté qui n'existe plus aujourd'hui dans d'autres pays. Tu décideras. Converti aussi dit qu'au Caire tu pourrais travailler et vivre tranquille.

Un voyage en Égypte, voilà quelque chose qui ne m'était jamais passé par l'esprit. Mais la suggestion venait de deux hommes pratiques, probes, expérimentés. Je demandai à réfléchir sur cette nouvelle éventualité.

Lorsque – ce fut un soir – Converti vint aussi me trouver, le projet fut longuement discuté.

– Je comprends, conclut le docteur : à Londres tu as un ami qui te promet un emploi dans une grande maison de librairie, mais tu ne me sembles pas né pour devenir un rat de bibliothèque.

– Toi aussi ! Tu crois comme Stefanini que je suis un homme né pour guerroyer !

Je me laissai convaincre. Je serais parti au passage dans le port de Tunis d'un des bateaux de la Prince Line qui font escale, en provenant de l'Angleterre, dans les principaux ports de l'Afrique du Nord puis se rendent à Malte et à Alexandrie. La question de la dépense fut aussitôt réglée : il fallait une trentaine de francs pour voyager sur le pont. Je ne possédais pas un centime, et mes amis, qui auraient voulu m'offrir quelque chose de mieux, étaient pauvres.

J'écrivis à ma famille et à certains amis intimes en Italie, pour leur annoncer mon prochain pèlerinage, sans soupçonner que j'allai à la rencontre de l'aventure la plus atroce de ma vie.

Un jour où mon hôte procédait à la mise en perce habituelle des barils pour les dégustations ordinaires, je laissai tomber un gros livre relié. J'entendis quelqu'un dire d'un ton moqueur :

– Il doit y avoir un rat là-haut !

– Cela se peut, dit d'un air sérieux le marchand de vin.

Il ne me reprocha pas mon inattention, mais je compris qu'il était préoccupé. Un autre matin je me laissai surprendre à la fenêtre, par une femme qui était montée sur la terrasse la plus voisine…

C'étaient de légers incidents qui pouvaient avoir de graves conséquences pour l'excellente personne qui s'occupait de moi, ainsi que pour moi-même. Alors qu'on m'annonça que le bateau était sur le point d'arriver, je me sentis le cœur soulagé.

La veille du départ, mon hôte me présenta deux de ses amis, deux fiers et robustes jeunes gens qui devaient « m'escorter » jusqu'à bord. Ils avaient déjà acheté, en mon nom, le billet de passage et préparé ma valise qui avait été apportée par Ponzio. Ce dernier vint me trouver, le soir, pour me saluer, puis je revis Converti.

Le lendemain, avec l'escorte dont je viens de parler, je sortis vers midi de la cachette où j'avais passé vingt-sept jours. Nous étions à la fin d'octobre et le temps était magnifique. Je marchai au milieu des deux jeunes hommes, dont l'un portait la valise et l'autre un panier, écoutant leurs joyeux quolibets sur des personnes que nous rencontrions. Ils voulaient me voir rire et je les contentai le mieux que je pus, car je n'étais pas sans inquiétude. Ne serais-je pas signalé au port? Qu'arriverait-il si l'on m'ordonnait de ne pas partir? Mes deux compagnons, malgré leur bonne humeur, sincère ou feinte, devaient être violents, capables de gestes irréparables.

Mais au lieu de nous diriger vers le quai, nous nous acheminâmes vers le môle des pêcheurs. Les jeunes gens appelèrent un batelier, qui, ayant aperçu la valise, demanda où nous voulions aller et ayant entendu que l'un de nous devait s'embarquer, il s'éloigna en disant qu'il n'avait pas le permis spécial pour transporter des voyageurs à bord.

– Viens ici, crièrent les jeunes hommes. Combien veux-tu?

– Mais si je vous dis que cela est inutile! Vous voulez me faire perdre mon pain? Allez au quai : c'est là que vous devez prendre la barque.

– Vieux, nous te donnons deux francs.

– Non.

– Veux-tu gagner trois francs? Quatre?

C'était une somme. Le batelier dirigea à nouveau la proue vers la terre.

– Jurez que vous me donnez quatre francs, car comme il est vrai que Dieu existe, je risque mon pain!

Tout alla bien jusqu'à ce que nous fûmes dans l'enceinte du quai. Même le batelier tout en continuant à ramer avec vigueur, riait à présent des facéties des deux jeunes gens sur son compte. Entrés sur le quai nous aperçûmes le bateau anglais ancré à quelque distance. Le batelier, au lieu de piquer droit, conduisit sa barque derrière un grand voilier et en contourna la proue, dans l'intention de rester le moins possible « découvert » dans l'espace qui nous séparait du bateau. La manœuvre ne lui servit de rien, parce qu'un instant après, ralentissant le mouvement de ses bras, il exclama :

– Le canot de la police !

En effet, une légère embarcation à deux rameurs se dirigeait rapidement vers le bateau.

– Va, vite ! crièrent mes hommes. Va vite ou laisse-nous.

Nous arrivâmes au moment où le canot qui avait précédé, se rangeait à côté de la petite échelle du bord. Nul ne proféra mot. Un des agents de la police – ils étaient deux – demanda avec arrogance, en italien :

– Qui de vous doit partir ?

Mes compagnons, debout, sans répondre, avaient pris la valise et le panier.

– Qui part ? interrogea de nouveau le policier.

– Personne ne part, dit d'un ton calme un de mes compagnons. Nous montons à bord pour saluer des amis.

– Et la valise ?

– La valise appartient à un ami qui s'est déjà embarqué.

En attendant, marins et passagers se montraient au parapet du bord. Mes compagnons étaient sur le point de sauter sur la petite échelle, mais cette fois aussi, les agents les précédèrent.

– Vous ne passerez pas.

– Qui le dit ? Qui donne cet ordre ?

Le moment était critique. J'arrivai à temps pour arrêter un bras qui se tendait menaçant.

– C'est moi qui pars, dis-je.

– Votre passeport…

– Je le présenterai à bord, si on me le demande. J'ai mon billet régulier.

– Non, vous devez nous montrer votre passeport… Mais il est certain que vous ne l'avez pas ! Vous ne pouviez pas rentrer en Tunisie et vous êtes en rupture de ban !

Je pris la valise et je sautai moi aussi, sur la petite échelle.

– Je pars parce que je veux partir !

– Vous êtes en territoire tunisien !

– Je suis sur un bateau anglais, ripostai-je.

Une grosse voix se fit entendre à bord :

– Qu'est-ce qu'il y a ? Pourquoi ne laissez-vous pas monter ce passager ?

– Capitaine, il n'a pas de passeport.

– Que vous importe son passeport ? Il s'arrangera là où il arrivera !

Le capitaine mêlait des paroles d'anglais, de français et d'italien, mais il se faisait comprendre assez bien. Il reprit :

– Avez-vous un mandat ? Ce passager est-il un voleur, un assassin, s'est-il évadé du bagne ? Non ? Cela suffit, alors ! Je réponds de lui. Sur la petite échelle il est, ainsi qu'il vous l'a dit, en territoire britannique.

En continuant à monter sur l'échelle, je fixai d'un regard mes deux compagnons ; ils avaient déjà ordonné au batelier de les ramener à terre et ils me saluèrent satisfaits.

À bord j'expliquai au capitaine, entouré de ses marins et de plusieurs passagers, la raison pour laquelle on cherchait à ne pas me laisser partir.

– Ah ! Est-ce pour cela ? Mais si vous partez ! Si vous faites précisément ce qu'ils veulent ! Nom d'une pipe ! By Jove !

Je n'oublierai jamais le geste de cet honnête anglais. Mais je garderai aussi le souvenir de la sympathie que me démontrèrent, pendant le voyage, les hommes du bord. J'étais devenu « populaire » parmi eux. Il y en avait de différentes races, des Anglais, des Irlandais, des Maltais, et il y avait aussi un nègre. Le cuisinier petit, gras, rosé, enthousiaste de l'attitude que j'avais eue devant les sbires, m'offrit dès le premier soir du thé, du gâteau, des petits pains et du jambon, le tout en quantité prodigieuse. J'en étais heureux parce que je pouvais partager cette manne avec deux pauvres diables, deux Français, passagers de pont comme moi et certainement plus pauvres que moi, qui possédais au moins un panier de provisions de pain et de saucisses.

Mes meilleurs amis étaient le nègre et un Maltais, tous deux chauffeurs. Lorsqu'ils avaient terminé leur travail, aussitôt qu'ils s'étaient lavés, ils venaient l'un et l'autre s'asseoir à côté de moi sur le pont ou dans la cale. Le nègre ne parlait presque jamais, mais il se faisait comprendre par son regard. Le Maltais, un homme d'une cinquantaine d'années, disait, lui aussi, peu de mots. Dans ses traits, rendus encore plus saillants par les taches noires que le charbon y avait laissées, était gravée la fatigue.

Depuis trente-cinq ans, depuis qu'il était encore enfant, il voyageait sur des bateaux ; depuis vingt ans il était chauffeur. Il avait été dans tous les ports du monde, mais aucune terre, aucune ville, ne semblait exercer sur lui une attraction particulière. Il avait accompagné à travers les mers les hommes avides de voir, de connaître, de se distraire, ceux qui allaient chercher fortune, les aventuriers, les trafiquants ; il avait assisté aux joyeuses accolades de ceux qui se retrouvent, aux pleurs de ceux qui s'abandonnent : et il continuait à jeter du charbon pour que le navire qui transportait des espoirs, des douleurs, des joies et des ennuis, aussi, ne s'arrêtât pas. Il n'avait pas à faire autre chose. Mais son humble geste, répété à l'infini, était utile et nécessaire. Nul ne s'apercevait de sa fatigue, mais tous en profitaient.

Nous arrivâmes à Malte. La Vallette était encore telle que l'avait décrite environ un demi-siècle auparavant Gobineau dans son admirable *Trois ans en Asie*[65], seulement le spectacle m'était offert en plein jour et non pendant la nuit. Surtout autour du bateau. De leurs barques un nombre prodigieux de vendeurs offraient des marchandises de toute sorte à des acheteurs inexistants : et quoique cette constatation eût dû vaincre la ténacité la plus inébranlable, leurs cris continuèrent pendant toute la journée. Ils parlaient dans leur jargon, que j'avais aussi entendu à Tunis et je n'entendis pas un seul mot qui me rappelât même de loin une parenté quelconque entre cette manière de s'exprimer et la langue italienne.

Les passagers de classe descendirent pour visiter la ville. Ils se réduisaient à trois Anglais, le mari, sa femme et leur fille, et à une famille française. Je demandai au chauffeur pourquoi il ne descendait pas pour visiter son pays.

– Pour quoi faire? Je n'ai personne… Ici ou ailleurs je ne descends pas à moins que je ne sois contraint de chercher un nouvel engagement.

Cet homme, peut-être, n'avait que des souvenirs trop amers de sa première jeunesse, passée parmi les haillons et la faim, pour se sentir attendri en revoyant les petites rues escarpées que nous avions devant nous. À cette indifférence, j'opposais, dans mon esprit, l'enthousiasme avec lequel une élégante petite dame de retour de l'étranger, avait salué de loin les maisons de sa ville. Elle envoyait des baisers : « Oh, ma chère Turin! » Ils avaient tous deux raison, la petite dame élégante et mon mélancolique chauffeur.

L'arrivée à Malte rapprocha de nous autres Européens, des émigrants algériens qui jusque-là s'étaient tenus éloignés, dans une autre cale, sous le pont, parce que des femmes voilées se trouvaient parmi eux. Tous les passagers devaient jurer, devant un Commissaire du port qui était monté à bord, qu'ils ne s'étaient pas rendus en Égypte pendant les deux dernières années, au cas où ils voudraient débarquer. Alors le second, en comptant les Africains, s'aperçut qu'il en manquait un. On perquisitionna à bord, on chercha le passager manquant dans tous les recoins… Ce fut inutile. À la fin un matelot prévint qu'une femme enveloppée dans sa melaya[66] marchait… à quatre pieds! Elle tenait serré contre elle un garçon, son fils probablement, et le cachait sous son ample habillement. Mais pourquoi le cacher, du moment qu'il apparaissait dans le dénombrement de la tribu? Comme à bord il n'y avait aucun Sherlock Holmes dilettante, pas plus que nul inquisiteur de métier, l'on ne voulut point éclaircir le mystère qui, du reste, ne provoqua qu'une risée générale.

Je dois avouer que la vue des côtes africaines, plus tard, me serra le cœur. Je n'avais jamais supposé qu'une vaste zone de la terre pût avoir un aspect aussi désolé, et il me sembla être transporté vers un monde défunt. Pendant deux jours, car nous naviguions très lentement, j'attendis que le spectacle changeât. Ce fut alors que je m'aperçus que le chauffeur maltais était quelque peu embarrassé ; il me sembla qu'il aurait voulu me communiquer quelque chose de secret et qu'il n'osait pas le faire.

– Nous arriverons demain matin. Restez à bord jusqu'au moment où je serai libre, puis vous débarquerez avec moi pendant la nuit. Dans la cale, dans une place que je vous indiquerai, personne ne vous cherchera. Pour ce qui est de votre valise, je m'en charge.

– Mais pourquoi toutes ces précautions ?

– J'ai entendu que vous n'avez pas votre passeport et… je ne voudrais pas… vous comprenez ?

Ainsi cet homme, auquel je n'avais rendu aucun service, et seulement parce que je ne considérais pas qu'il était indigne que je lui adresse la parole, voulait me démontrer, en somme, qu'il était capable de faire quelque chose pour moi. Rien que pour cela j'aurais écouté ses conseils ; mais je me limitai à le rassurer en lui répétant ce que j'avais entendu dire par Ponzio : que l'Égypte sous les Anglais était un pays libre.

– Skandérieh ! Skandérieh ! exclamèrent les Africains qui voyageaient avec moi en se montrant l'un l'autre des maisons lointaines qui tout à coup brisèrent la monotonie des côtes.

Je ne connaissais pas les coutumes du pays. Je pensais avec une certaine appréhension que si le bateau n'avait pas accosté à quai et que j'avais dû payer le batelier pour être conduit à terre, les quelques sous que j'avais en poche ne m'auraient pas suffi. Mais il n'en fut pas ainsi et lorsque je vis s'amarrer le navire et la grue soulever le ponton, je respirai.

Le commandant salua les passagers de classe, qui descendaient les premiers. J'avais fait mes adieux au petit cuisinier, aux marins, au nègre et au Maltais et quand, à mon tour, je m'approchai du commandant pour le remercier encore une fois de son geste, il m'interrompit en riant.

– Êtes-vous tombé à la mer ? Je ne m'en suis pas aperçu. Mais puisque vous êtes vivant… N'y pensez plus !

C'était un trait d'esprit à l'anglaise. Je le compris précisément après y avoir pensé pendant quelques minutes.

Sur le quai, alors que j'avais ma valise à la main, je fis une rencontre dégoûtante. Deux louches individus qui, s'ils avaient porté chacun sur la poitrine une pancarte avec l'inscription « maquereau », n'auraient pas mieux été désignés dans leur essence, s'approchèrent de moi et de l'attitude prétentieuse et confidentielle à la fois qui caractérise cette espèce, me demandèrent s'il y avait des femmes à bord.

Il me fallut leur enlever toute velléité d'insister. Lorsque les deux tristes sires s'éloignèrent, un chaouiche[67] tout astiqué se posta à mon côté pour m'accompagner au bureau de la Douane.

En ces temps-là, les formalités douanières, fiscales et policières, étaient peu nombreuses et hâtives. L'on voyageait alors d'un point à l'autre du globe sans des dossiers excessifs et il se produisait ainsi une sorte d'échange international de braves gens et de forbans, de nature à maintenir une répartition équitable de moralité dans tous les pays. C'est-à-dire qu'aucune nation, alors, avec ses geôles pleines de voleurs, d'escrocs, d'assassins, et avec ses villes en continuelle production d'assassins, d'escrocs et de voleurs, n'avait la prétention de se protéger contre des contaminations extérieures. Ce qui est étonnant c'est que les braves gens qui débarquaient sans documents, restaient de braves gens, tandis que les forbans qui s'étaient munis de papier timbré attestant leur indiscutable honnêteté, restaient des forbans; le cas pouvait se produire, en outre, que l'homme timbré comme étant civilement vertueux, s'appropriât un beau jour de l'argent d'autrui, devînt un escroc ou commît un massacre à la Troppmann[68]. Car ceux qui sont appelés les pires éléments de la société, commencent par être honnêtes. En somme, avec toutes les recherches, les contrôles, les restrictions et les prohibitions qui sont venues après, l'on peut assurer que dans les différents pays vont s'établir les mêmes canailles que naguère, en nombre et en espèce : de changé il n'y a que les frais en plus.

Un employé qui discutait avec animation avec un petit vieux, je ne sais pas sur quoi, jeta un regard sur ma valise ouverte et ayant vu les livres, il en lut les titres. Cela promettait bien : j'avais affaire à un lettré. En parlant, il s'adressait un moment au petit vieux et un moment à moi :

– Mais, pardi, comment prétendez-vous… Pardon, Monsieur, avez-vous votre passeport…

– C'est inutile : vous devez payer !

– Je vous répète que c'est exagéré ; j'ai la facture, répliqua le petit vieux.

– Avant tout, l'estimation… Aucun papier ?

Je pris dans mon portefeuille mon congé militaire et lui montrai. Il le regarda à peine :

– C'est très bien, vous êtes en règle[69]…

Je m'acheminai vers la sortie, mais heureux d'en finir aussi vite et voulant abonder en précautions et en gentillesses, je lui présentai un autre document muni d'un énorme timbre :

– Ah ! Mieux encore ! Ça c'est très bien ! Très bien !

C'était la notification d'une contravention municipale de mon pays, que je n'avais pas eu le temps de payer.

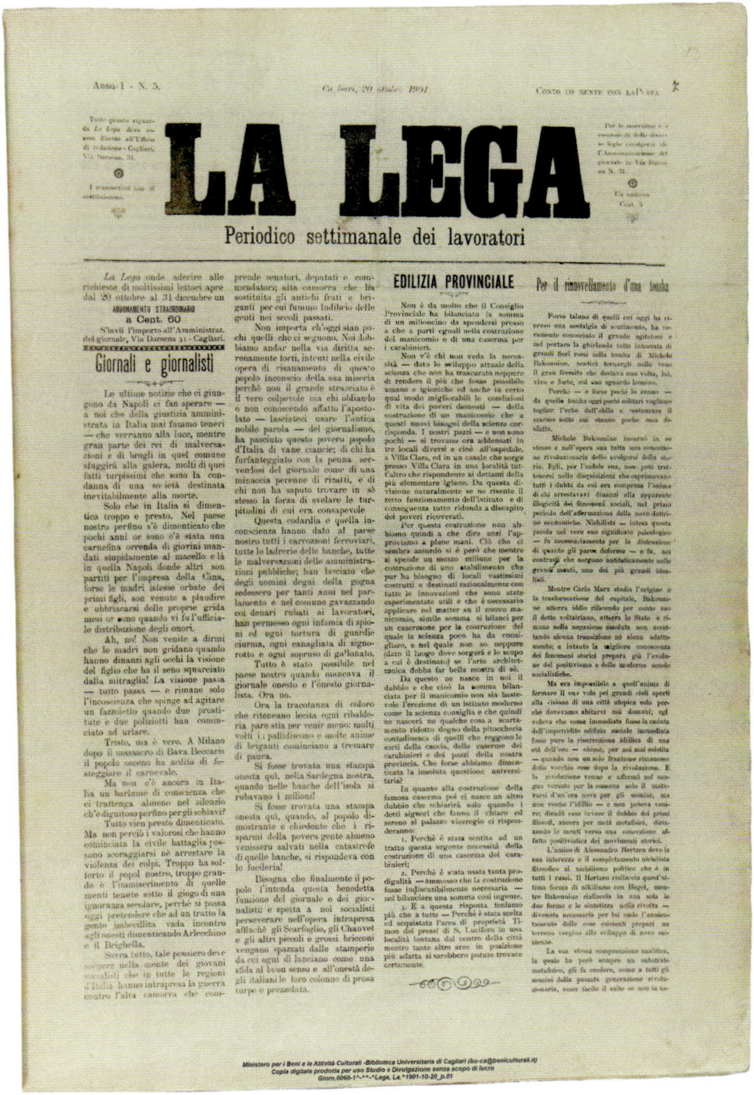

Anno I - N. 3. Cagliari, 20 ottobre 1901 Conto corrente con la Posta

Tutto quanto riguarda *La Lega* deve essere diretto all'Ufficio di redazione - Cagliari, Via Darsena, 31.

I manoscritti non si restituiscono.

LA LEGA

Periodico settimanale dei lavoratori

Per le inserzioni e i comunicati delle diverse leghe rivolgersi all'Amministrazione del giornale in Via Darsena N. 31.

Un numero Cent. 5

La Lega onde aderire alle richieste di moltissimi lettori apre dal 20 ottobre al 31 dicembre un

ABBONAMENTO STRAORDINARIO
a Cent. 60

S'invii l'importo all'Amministraz. del giornale, Via Darsena 31 - Cagliari.

Giornali e giornalisti

Le ultime notizie che ci giungono da Napoli ci fan sperare — a noi che della giustizia amministrata in Italia mai fummo teneri — che verranno alla luce, mentre gran parte dei rei di malversazioni e di brogli in quel comune sfuggirà alla galera, molti di quei fatti turpissimi che sono la condanna di una società destinata inevitabilmente alla morte.

Solo che in Italia si dimentica troppo e presto. Nel paese nostro perfino s'è dimenticato che pochi anni or sono c'è stata una carneficina orrenda di giovini mandati stupidamente al macello e là in quella Napoli donde altri son partiti per l'impresa della Cina, forse le madri istesse orbate dei primi figli, son venute a plaudire e ubbriacarsi delle proprie grida mesi or sono quando vi fu l'ufficiale distribuzione degli onori.

Ah, no! Non venite a dirmi che le madri non gridano quando hanno dinanzi agli occhi la visione del figlio che ha il seno squarciato dalla mitraglia! La visione passa — tutto passa — e rimane solo l'incoscienza che spinge ad agitare un fazzoletto quando due prostitute e due poliziotti han cominciato ad urlare.

Triste, ma è vero. A Milano dopo il massacro di Bava Beccaris il popolo osceno ha ardito di festeggiare il carnevale.

Ma non c'è ancora in Italia un barlume di conscienza che ci trattenga almeno nel silenzio ch'è dignitoso perfino per gli schiavi?

Tutto vien presto dimenticato. Ma non perciò i valorosi che hanno cominciata la civile battaglia possono scoraggiarsi nè arrestare la violenza dei colpi. Troppo ha sofferto il popol nostro, troppo grande è l'immiserimento di quelle menti tenute sotto il giogo di una ignoranza secolare, perchè si possa oggi pretendere che ad un tratto la gente imbecillita vada incontro agli onesti dimenticando Arlecchino e il Brighella.

Sovra tutto, tale pensiero deve sorgere nella mente dei giovani socialisti che in tutte le regioni d'Italia hanno intrapresa la guerra contro l'alta camorra che comprende senatori, deputati e commendatori; alta camorra che ha sostituito gli antichi frati e briganti per cui fummo ludibrio delle genti nei secoli passati.

Non importa ch'oggi sian pochi quelli che ci seguono. Noi dobbiamo andar nella via diritta serenamente forti, intenti nella civile opera di risanamento di questo popolo inconscio della sua miseria perchè non il grande straccíato è il vero colpevole ma chi obliandolo o non conoscendo affatto l'apostolato — lasciateci usare l'antica nobile parola — del giornalismo, ha pasciuto questo povero popolo d'Italia di vane ciancie; di chi ha furfanteggiato con la penna servendosi del giornale come di una minaccia perenne di ricatti, e di chi non ha saputo trovare in sè stesso la forza di svelare le turpitudini di cui era consapevole.

Questa codardia e quella incoscienza hanno dato al paese nostro tutti i carrozzoni ferroviari, tutte le ladrerie delle banche, tutte le malversazioni delle amministrazioni pubbliche; han lasciato che degli uomini degni della gogna sedessero per tanti anni nel parlamento e nel comune gavazzando coi denari rubati ai lavoratori, han permesso ogni infamia di spioni ed ogni tortura di guardie ciurma, ogni canagliata di signorotto e ogni sopruso di gallonato.

Tutto è stato possibile nel paese nostro quando mancava il giornale onesto e l'onesto giornalista. Ora no.

Ora la tracotanza di coloro che ritenevano lecita ogni ribalderia pare stia per venir meno: molti volti i pallidiscono e molte anime di briganti cominciano a tremare di paura.

Si fosse trovata una stampa onesta qui, nella Sardegna nostra, quando nelle banche dell'isola si rubavano i milioni!

Si fosse trovata una stampa onesta qui, quando, al popolo dimostrante e chiedente che i risparmi della povera gente almeno venissero salvati nella catastrofe di quelle banche, si rispondeva con le fucileria!

Bisogna che finalmente il popolo l'intenda questa benedetta funzione del giornale e dei giornalisti: e spetta a noi socialisti perseverare nell'opera intrapresa affinchè gli Scarfoglio, gli Chauvet e gli altri piccoli e grossi bricconi vengano spazzati dalle stamperie da cui ogni dì lanciano come una sfida al buon senso e all'onestà degli italiani le loro colonne di prosa turpe e prezzolata.

EDILIZIA PROVINCIALE

Non è da molto che il Consiglio Provinciale ha bilanciato la somma di un milioncino da spendersi presso a che a parti eguali nella costruzione del manicomio e di una caserma per i carabinieri.

Non v'è chi non veda la necessità — dato lo sviluppo attuale della scienza che non ha trascurato neppure di rendere il più che fosse possibile umane e igieniche ed anche in certo qual modo migliorabili le condizioni di vita dei poveri dementi — della costruzione di un manicomio che a questi nuovi bisogni della scienza corrisponda. I nostri pazzi — e non sono pochi — si trovano ora addensati in tre locali diversi e cioè all'ospedale, a Villa Clara, ed in un casale che sorge presso Villa Clara in una località tutt'altro che rispondente ai dettami della più elementare igiene. Da questa divisione naturalmente se ne risente il retto funzionamento dell'istituto e di conseguenza tutto ridonda a discapito dei poveri ricoverati.

Per questa costruzione non abbiamo quindi a che dire anzi l'approviamo a piene mani. Ciò che ci sembra assurdo si è però che mentre si spende un mezzo milione per la costruzione di uno stabilimento che pur ha bisogno di locali vastissimi costrutti e destinati razionalmente con tutte le innovazioni che sono state esperimentate utili e che è necessario applicare nel metter su il nuovo manicomio, simile somma si bilanci per un casermone per la costruzione del quale la scienza poco ha da consigliare, e nel quale non so neppure (dato il luogo dove sorgerà e lo scopo a cui è destinato) se l'arte architettonica debba far bella mostra di sè.

Da questo ne nasce in noi il dubbio e che cioè la somma bilanciata per il manicomio non sia bastevole l'erezione di un istituto moderno come la scienza consiglia e che quindi ne nascerà un qualche cosa a scartamento ridotto degno della pitoccheria contadinesca di quelli che reggono le sorti della caccia, delle caserme dei carabinieri e dei pazzi della nostra provincia. Che forse abbiamo dimenticata la insoluta questione universitaria?

In quanto alla costruzione della famosa caserma poi ci nasce un altro dubbio che schiarirà solo quando i detti signori che fanno il chiaro ed sereno al palazzo viceregio ci risponderanno:

1. Perchè è stata sentita ad un tratto questa urgente necessità della costruzione di una caserma dei carabinieri;

2. Perchè è stata usata tanta prodigalità — ammesso che la costruzione fosse indiscutibilmente necessaria — nel bilanciare una somma così ingente.

3. E a questa risposta teniamo più che a tutte — Perchè è stata scelta ed acquistata l'area di proprietà Timon dei pressi di S. Lucifero in una località lontana dal centro della città mentre tante altre aree in posizione più adatta si sarebbero potute trovare certamente.

Per il rinnovellamento d'una tomba

Forse taluno di quelli cui oggi ha ripreso una nostalgia di sentimento, ha recentemente conosciuto il grande agitatore e nel portare la ghirlanda tutta intessuta di grandi fiori rossi sulla tomba di Michele Bakounine, sentirà tornargli nelle vene il gran fremito che destava una volta, lui, vivo e forte, col suo sguardo leonino.

Perchè — e forse pochi lo sanno — da quella tomba oggi pochi solitari vogliono toglier l'erbe dell'oblio e restaurare il marmo sotto cui stanno poche ossa disfatte.

Michele Bakounine incarnò in se stesso e nell'opera sua tutta una concezione rivoluzionaria dello svolgersi della storia. Egli, per l'indole sua, non potè trattenersi nelle disquisizioni che esprimevano tutti i dubbi da cui era compresa l'anima di chi arrestavasi dinanzi alla apparente illogicità dei fenomeni sociali, nel primo periodo dell'affermazione della nuova dottrine economiche. Nichilista — intesa questa parola nel vero suo significato psicologico — fu necessariamente per la distruzione di quanto gli pareva deforme — e fu, nei contrasti che sorgono antiteticamente nelle grandi menti, uno dei più grandi idealisti.

Mentre Carlo Marx studia l'origine e la trasformazione del capitale, Bakounine atterra iddio rifacendo per conto suo il detto voltairiano, atterra lo Stato e rimane nella negazione assoluta non accettando alcuna transizione nè alcun adattamento; e intanto la migliore conoscenza dei fenomeni storici prepara già l'evoluzione del positivismo e delle moderne scuole socialistiche.

Ma era impossibile a quell'anima di fermare il suo volo pei grandi cieli aperti alla visione di una città utopica solo perchè dovevamo abitarvi noi domani; egl voleva che come immediata fosse la caduta dell'imputridito edifizio sociale immediata fosse pure la risurrezione idillica di una età dell'oro — ahimè, per noi mai esistita — quando non un solo frantume rimanesse delle vecchie cose dopo la rivoluzione. E la rivoluzione venne e affermò nel sangue versato per la comune solo il maturarsi d'un'era nova per gli uomini; ma non venne l'idillio — e non poteva venire; diradò essa invece il dubbio dei primi filosofi, ancora per metà metafisici, dirizzando le menti verso una concezione affatto positivistica dei movimenti storici.

L'amico di Alessandro Hertzen deve la sua interezza e il completamento nichilista filosofico al nichilismo politico che è in tutti i russi. Il Hertzen riallaccia quest'ultima forma di nikilismo con Hegel, mentre Bakounine riallaccia in una sola le due forme e le sintetizza nella rivolta — divenuta necessaria per lui onde l'annientamento delle cose esistenti prepari un terreno vergine allo sviluppo di nove esistenze.

La sua stessa comprensione analitica, la quale ha però sempre un substrato metafisico, gli fa credere, come a tutti gli uomini della passata generazione rivoluzionaria, esser facile il salto se non la na-

La Lega. Periodico settimanale dei lavoratori (Cagliari), numéro du 20 octobre 1901, © Biblioteca universitaria di Cagliari.

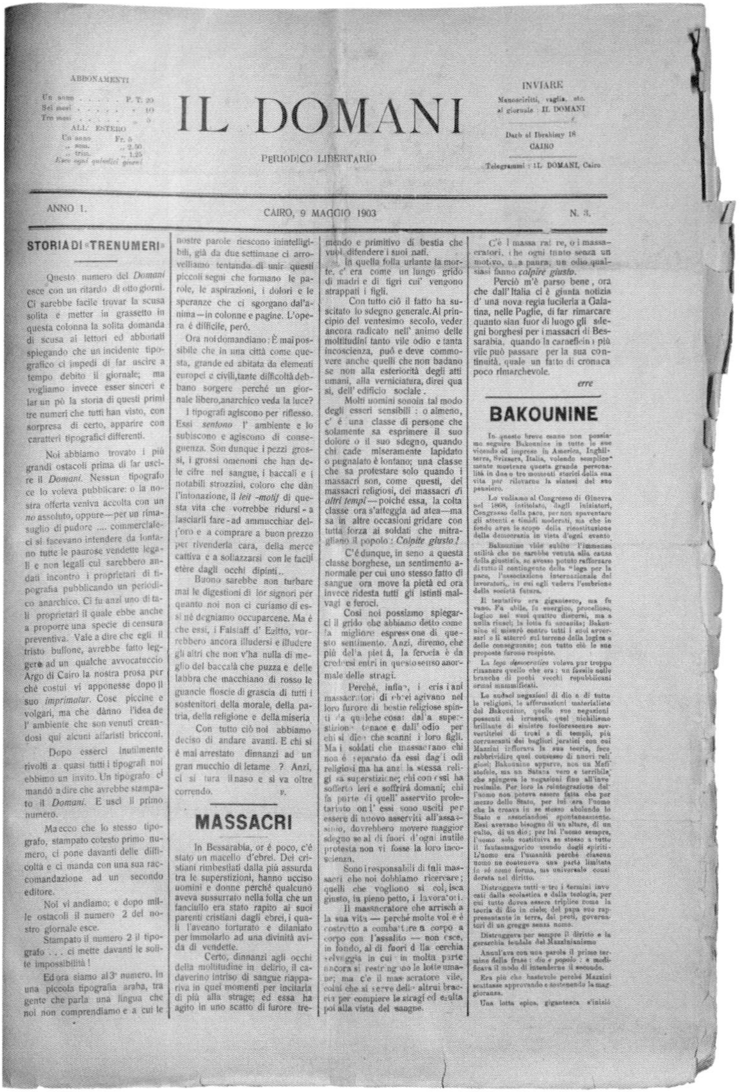

ABBONAMENTI

Un anno . . . . . . P. T. 20
Sei mesi . . . . . . " 10
Tre mesi . . . . . . " 5

ALL' ESTERO

Un anno Fr. 5
" sem. " 2.50
" trim. " 1.25

Esce ogni quindici giorni

IL DOMANI

PERIODICO LIBERTARIO

INVIARE

Manoscritti, vaglia, etc.
al giornale : IL DOMANI

Darb el Ibrahimy 18
CAIRO

Telegrammi : IL DOMANI, Cairo

ANNO 1. CAIRO, 9 MAGGIO 1903 N. 3.

STORIA DI «TRE NUMERI»

Questo numero del *Domani* esce con un ritardo di otto giorni. Ci sarebbe facile trovar la scusa solita e metter in grassetto in questa colonna la solita domanda di scusa ai lettori ed abbonati spiegando che un incidente tipografico ci impedì di far uscire a tempo debito il giornale; ma vogliamo invece esser sinceri e far un pò la storia di questi primi tre numeri che tutti han visto, con sorpresa di certo, apparire con caratteri tipografici differenti.

Noi abbiamo trovato i più grandi ostacoli prima di far uscire il *Domani*. Nessun tipografo ce lo voleva pubblicare: o la nostra offerta veniva accolta con un *no* assoluto, oppure—per un rimasuglio di pudore .... commerciale—ci si facevano intendere da lontano tutte le paurose vendette legali e non legali cui sarebbero andati incontro i proprietari di tipografia pubblicando un periodico anarchico. Ci fu anzi uno di tali proprietari il quale ebbe anche a proporre una specie di censura preventiva. Vale a dire che egli il tristo buffone, avrebbe fatto leggere ad un qualche avvocatuccio Argo di Cairo la nostra prosa per chè costui vi apponesse dopo il suo *imprimatur*. Cose piccine e volgari, ma che dànno l'idea de l' ambiente che son venuti creandosi qui alcuni affaristi bricconi.

Dopo esserci inutilmente rivolti a quasi tutti i tipografi noi ebbimo un invito. Un tipografo ci mandò a dire che avrebbe stampato il *Domani*. E uscì il primo numero.

Ma ecco che lo stesso tipografo, stampato cotesto primo numero, ci pone davanti delle difficoltà e ci manda con una sua raccomandazione ad un secondo editore.

Noi vi andiamo; e dopo mille ostacoli il numero 2 del nostro giornale esce.

Stampato il numero 2 il tipografo . . . ci mette davanti le solite impossibilità !

Ed ora siamo al 3° numero. In una piccola tipografia araba, tra gente che parla una lingua che noi non comprendiamo e a cui le nostre parole riescono inintelligibili, già da due settimane ci arrovelliamo tentando di unir questi piccoli segni che formano le parole, le aspirazioni, i dolori e le speranze che ci sgorgano dall'anima—in colonne e pagine. L'opera é difficile, però.

Ora noi domandiano: È mai possibile che in una città come questa, grande ed abitata da elementi europei e civili, tante difficoltà debbano sorgere perché un giornale libero, anarchico veda la luce?

I tipografi agiscono per riflesso. Essi *sentono* l' ambiente e lo subiscono e agiscono di conseguenza. Son dunque i pezzi grossi, i grossi omenoni che han dele cifre nel sangue, i baccalì e i notabili strozzini, coloro che dàn l'intonazione, il *leit -motif* di questa vita che vorrebbe ridursi - a lasciarli fare - ad ammucchiar dell'oro e a comprare a buon prezzo per rivenderla cara, della merce cattiva e a sollazzarsi con le facili etère dagli occhi dipinti..

Buono sarebbe non turbare mai le digestioni di lor signori per quanto noi non ci curiamo di essi nè degniamo occuparcene. Ma è che essi, i Falstaff d' Egitto, vorrebbero ancora illudersi e illudere gli altri che non v'ha nulla di meglio del baccalà che puzza e delle labbra che macchiano di rosso le guancie floscie di grascia di tutti i sostenitori della morale, della patria, della religione e della miseria

Con tutto ciò noi abbiamo deciso di andare avanti. E chi si è mai arrestato dinnanzi ad un gran mucchio di letame ? Anzi, ci si tura il naso e si va oltre correndo.

v.

MASSACRI

In Bessarabia, or é poco, c'è stato un macello d'ebrei. Dei cristiani rimbestiati dalla più assurda tra le superstizioni, hanno ucciso uomini e donne perché qualcuno aveva sussurrato nella folla che un fanciullo era stato rapito ai suoi parenti cristiani dagli ebrei, i quali l'aveano torturato e dilaniato per immolarlo ad una divinità avida di vendette.

Certo, dinnanzi agli occhi della moltitudine in delirio, il cadaverino intriso di sangue riappariva in quei momenti per incitarla di più alla strage; ed essa ha agito in uno scatto di furore tremendo e primitivo di bestia che vuol difendere i suoi nati.

... in quella folla urlante la morte. c' era come un lungo grido di madri e di tigri cui' vengono strappati i figli.

Con tutto ciò il fatto ha suscitato lo sdegno generale. Al principio del ventesimo secolo, veder ancora radicato nell' animo delle moltitudini tanto vile odio e tanta incoscienza, può e deve commovere anche quelli che non badano se non alla esteriorità degli atti umani, alla verniciatura, direi quasi, dell' edificio sociale .

Molti uomini sono in tal modo degli esseri sensibili : o almeno, c' è una classe di persone che solamente sa esprimere il suo dolore o il suo sdegno, quando chi cade miseramente lapidato o pugnalato è lontano; una classe che sa protestare solo quando i massacri son, come questi, dei massacri religiosi, dei massacri *di altri tempi* — poiché essa, la colta classe ora s'atteggia ad atea—ma sa in altre occasioni gridare con tutta forza ai soldati che mitragliano il popolo : *Colpite giusto !*

C'é dunque, in seno a questa classe borghese, un sentimento anormale per cui uno stesso fatto di sangue ora move la pietà ed ora invece ridesta tutti gli istinti malvagi e feroci.

Così noi possiamo spiegarci il grido che abbiamo detto come la migliore espressione di questo sentimento. Anzi, diremo, che più della pietá, la ferocia è da credersi entri in questo senso anormale delle stragi.

Perché, infine, i cristiani massacratori di ebrei agivano nel loro furore di bestie religiose spinti da qualche cosa: dalla superstizione tenace e dall' odio per chi si dice che scanni i loro figli. Ma i soldati che massacrano chi non é separato da essi dagli odi religiosi ma ha anzi la stessa religiosa superstizione; chi con essi ha sofferto ieri e soffrirà domani; chi fa parte di quell' asservito proletariato onde essi sono usciti per essere di nuovo asserviti all'assassinio, dovrebbero movere maggior sdegno se al di fuori d'ogni inutile protesta non vi fosse la loro incoscienza.

Sono i responsabili di tali massacri che noi dobbiamo ricercare; quelli che vogliono si colpisca giusto, in pieno petto, i lavoratori.

Il massacratore che arrischia la sua vita — perché molte volte é costretto a combattere a corpo a corpo con l'assalito — non esce, in fondo, al di fuori della cerchia selvaggia in cui in molta parte ancora si restringono le lotte umane; ma c'è il massacratore vile, colui che si serve delle altrui braccia per compiere le stragi ed esulta poi alla vista del sangue.

C'è il massacratore, o i massacratori, che ogni tanto senza un motivo, una paura, un odio qualsiasi fanno *colpire giusto.*

Perciò m'è parso bene , ora che dall' Italia ci è giunta notizia d' una nova regia fucileria a Galatina, nelle Puglie, di far rimarcare quanto sian fuor di luogo gli sdegni borghesi per i massacri di Bessarabia, quando la carneficina più vile può passare per la sua continuità, quale un fatto di cronaca poco rimarchevole.

erre

BAKOUNINE

In questo breve cenno non possiamo seguire Bakounine in tutte le sue vicende ed imprese in America, Inghilterra, Svizzera, Italia, volendo semplicemente mostrare questa grande personalità in due o tre momenti storici della sua vita per rilevarne la sintesi del suo pensiero.

Lo vediamo al Congresso di Ginevra nel 1868, intitolato, dagli iniziatori, Congresso della pace, per non spaventare gli attenti e timidi moderati, ma che in fondo avea lo scopo della ricostituzione della democrazia in vista d'ogni evento.

Bakounine vide subito l'immensa utilità che ne sarebbe venuta alla causa della giustizia, se avesse potuto rafforzare di tutto il contingente della "lega per la pace, l'associazione internazionale dei lavoratori,, in cui egli vedeva l'embrione della società futura.

Il tentativo era gigantesco, ma fu vano. Fu abile, fu energico, procelloso, logico nei suoi quattro discorsi, ma a nulla riuscì; la lotta fu accanita; Bakounine si misurò contro tutti i suoi avversari e li atterrò sul terreno della logica e delle conseguenze; con tutto ciò le sue proposte furono respinte.

La *lega democratica* voleva pur troppo rimanere quello che era : un fossile nelle branche di pochi vecchi repubblicani ormai mummificati.

Le audaci negazioni di dio e di tutte le religioni, le affermazioni materialiste del Bakounine, quelle sue negazioni possenti ed irruenti, quel nichilismo brillante di sinistro fosforescenze sovvertitrici di troni e di tempii, più corruscanti dei bagliori jeratici con cui Mazzini infiorava la sua teoria, fece rabbrividire quel consesso di nuovi religiosi; Bakounine apparve, non un Mefistofele, ma un Satana vero e terribile, che spingeva le negazioni fino all'inverosimile. Per loro la reintegrazione dell'uomo non poteva essere fatta che per mezzo dello Stato, per lui era l'uomo che la creava in se stesso abolendo lo Stato e associandosi spontaneamente. Essi avevano bisogno di un altare, di un culto, di un dio ; per lui l'uomo sempre, l'uomo solo sostituiva se stesso a tutto il fantasmagorico mondo degli spiriti - L'uomo era l'umanità perché ciascun uomo ne conteneva una parte limitata in sé come forma, ma universale considerata nel diritto.

Distruggeva tutti e tre i termini invocati dalla scolastica e dalla teologia, per cui tutto dovea essere triplice come la teoria di dio in cielo; del papa suo rappresentante in terra, dei preti, governatori di un gregge senza nome.

Distruggeva per sempre il diritto e la gerarchia feudale del Mazzinianismo

Annullava con una parola il primo termine della frase : *dio e popolo* ; e modificava il modo di intenderne il secondo.

Era più che bastevole perché Mazzini scattasse approvando e sostenendo la maggioranza.

Una lotta epica, gigantesca s'iniziò

Il Domani. Periodico libertario (Le Caire), numéro du 9 mai 1903, © Biblioteca comunale dell'Archiginnasio, Bologne.

Photographie non datée (*circa* 1905) montrant, au deuxième rang, Ivan Aguéli (à gauche) et Enrico Insabato (au centre), principaux acteurs de la revue *Il Convito/al-Nâdi*. D'après V. LINDQVIST, *Ivan Aguéli 1869-1917*, Stockholm, 1983, p. 29.

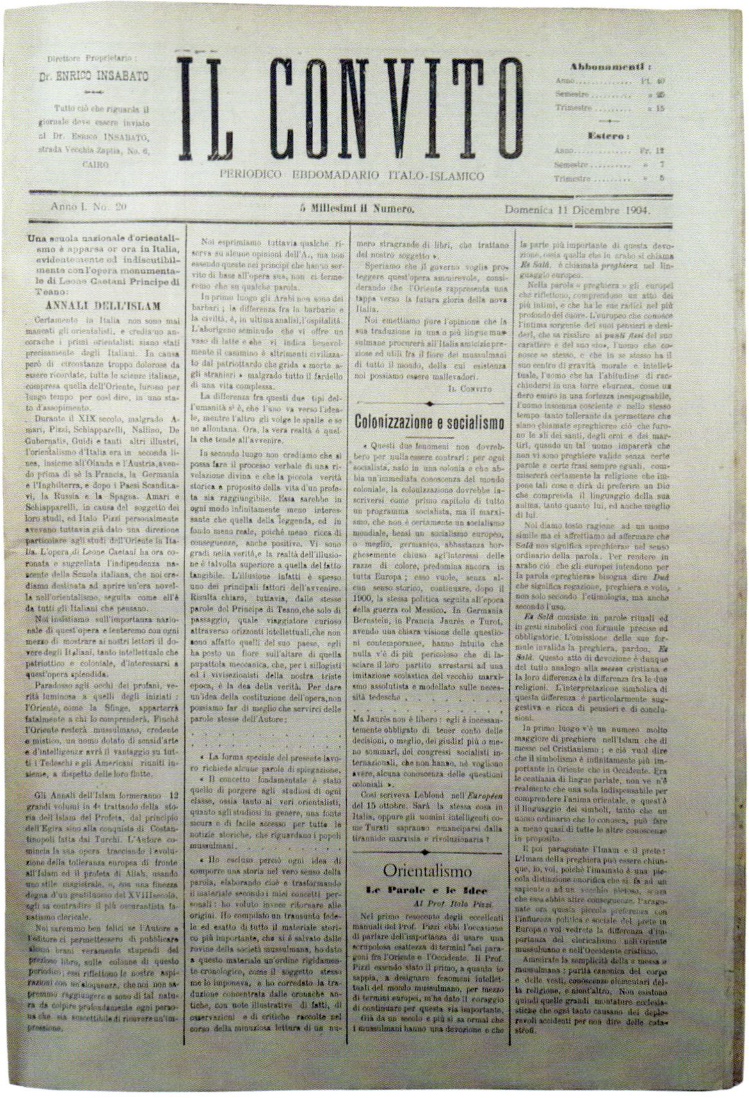

Direttore Proprietario:
Dr. ENRICO INSABATO

Tutto ciò che riguarda il giornale deve essere inviato al Dr. Enrico INSABATO, strada Vecchia Zaptia, No. 6, CAIRO

IL CONVITO

PERIODICO EBDOMADARIO ITALO-ISLAMICO

Abbonamenti:
Anno . . . . Pt. 40
Semestre . . . . » 25
Trimestre . . . . » 15

Estero:
Anno . . . . Fr. 12
Semestre . . . . » 7
Trimestre . . . . » 5

Anno I. No. 20 — 5 Millesimi il Numero. — Domenica 11 Dicembre 1904.

Una scuola nazionale d'orientalismo è apparsa or ora in Italia, evidentemente ed indiscutibilmente con l'opera monumentale di Leone Caetani Principe di Teano:

ANNALI DELL'ISLAM

Certamente in Italia non sono mai mancati gli orientalisti, e crediamo ancorache i primi orientalisti siano stati precisamente degli Italiani. In causa però di circostanze troppo dolorose da essere ricordate, tutte le scienze italiane, compresa quella dell'Oriente, furono per lungo tempo per così dire, in uno stato d'assopimento.

Durante il XIX secolo, malgrado Amari, Pizzi, Schiapparelli, Nallino, De Gubernatis, Guidi e tanti altri illustri, l'orientalismo d'Italia era in seconda linea, insieme all'Olanda e l'Austria, avendo prima di sè la Francia, la Germania e l'Inghilterra, e dopo i Paesi Scandinavi, la Russia e la Spagna. Amari e Schiapparelli, in causa del soggetto dei loro studi, ed Italo Pizzi personalmente avevano tuttavia già dato una direzione particolare agli studi dell'Oriente in Italia. L'opera di Leone Caetani ha ora coronata e suggellata l'indipendenza nascente della Scuola italiana, che noi crediamo destinata ad aprire un'era novella nell'orientalismo, seguita come ell'è da tutti gli Italiani che pensano.

Noi insistiamo sull'importanza nazionale di quest'opera e tenteremo con ogni mezzo di mostrare ai nostri lettori il dovere degli Italiani, tanto intellettuale che patriottico e coloniale, d'interessarsi a quest'opera splendida.

Paradosso agli occhi dei profani, verità luminosa a quelli degli iniziati: l'Oriente, come la Sfinge, apparterrà fatalmente a chi lo comprenderà. Finchè l'Oriente resterà mussulmano, credente e mistico, un uomo dotato di senso d'arte e d'intelligenza avrà il vantaggio su tutti i Tedeschi e gli Americani riuniti insieme, a dispetto delle loro flotte.

Gli Annali dell'Islam formeranno 12 grandi volumi in 4° trattando della storia dell'Islam del Profeta, dal principio dell'Egira sino alla conquista di Costantinopoli fatta dai Turchi. L'Autore comincia la sua opera tracciando l'evoluzione della tolleranza europea di fronte all'Islam ed il profeta di Allah, usando uno stile magistrale, e, con una finezza degna d'un gentiluomo del XVIII secolo, egli sa contradire il più oscurantista fanatismo clericale.

Noi saremmo ben felici se l'Autore e l'editore ci permettessero di pubblicare alcuni brani veramente stupendi del prezioso libro, sulle colonne di questo periodico; essi riflettono le nostre aspirazioni con un'eloquenza, che noi non sapremmo raggiungere e sono di tal natura da colpire profondamente ogni persona che sia suscettibile di ricevere un'impressione.

Noi esprimiamo tuttavia qualche riserva su alcune opinioni dell'A., ma non essendo queste nei principi che hanno servito di base all'opera sua, non ci fermeremo che su qualche parola.

In primo luogo gli Arabi non sono dei barbari; la differenza fra la barbarie e la civiltà, è, in ultima analisi, l'ospitalità. L'aborigeno seminudo che vi offre un vaso di latte e che vi indica benevolmente il cammino è altrimenti civilizzato dal patriottardo che grida « morte agli stranieri » malgrado tutto il fardello di una vita complessa.

La differenza fra questi due tipi dell'umanità si è, che l'uno va verso l'ideale, mentre l'altro gli volge le spalle e se ne allontana. Ora, la vera realtà è quella che tende all'avvenire.

In secondo luogo non crediamo che si possa fare il processo verbale di una rivelazione divina e che la piccola verità storica a proposito della vita d'un profeta sia raggiungibile. Essa sarebbe in ogni modo infinitamente meno interessante che quella della leggenda, ed in fondo meno reale, poiché meno ricca di conseguenze, anche positive. Vi sono gradi nella verità, e la realtà dell'illusione è talvolta superiore a quella del fatto tangibile. L'illusione infatti è spesso uno dei principali fattori dell'avvenire. Risulta chiaro, tuttavia, dalle stesse parole del Principe di Teano, che solo di passaggio, quale viaggiatore curioso attraverso orizzonti intellettuali, che non sono affatto quelli del suo paese, egli ha posto un fiore sull'altare di quella pupattola meccanica, che, per i sillogisti ed i vivisezionisti della nostra triste epoca, è la dea della verità. Per dare un'idea della costituzione dell'opera, non possiamo far di meglio che servirci delle parole stesse dell'Autore:

. . . .

« La forma speciale del presente lavoro richiede alcune parole di spiegazione.

« Il concetto fondamentale è stato quello di porgere agli studiosi di ogni classe, ossia tanto ai veri orientalisti, quanto agli studiosi in genere, una fonte sicura e di facile accesso per tutte le notizie storiche, che riguardano i popoli mussulmani. . . . .

« Ho escluso perciò ogni idea di comporre una storia nel vero senso della parola, elaborando cioè e trasformando il materiale secondo i miei concetti personali: ho voluto invece ritornare alle origini. Ho compilato un transunto fedele ed esatto di tutto il materiale storico più importante, che si è salvato dalle rovine della società mussulmana, ho dato a questo materiale un'ordine rigidamente cronologico, come il soggetto stesso me lo imponeva, e ho corredato la traduzione concentrata dalle cronache antiche, con note illustrative di fatti, di osservazioni e di critiche raccolte nel corso della minuziosa lettura di un numero stragrande di libri, che trattano del nostro soggetto ».

Speriamo che il governo voglia proteggere quest'opera ammirevole, considerando che l'Oriente rappresenta una tappa verso la futura gloria della nova Italia.

Noi emettiamo pure l'opinione che la sua traduzione in una o più lingue mussulmane procurerà all'Italia amicizie preziose ed utili fra il fiore dei mussulmani di tutto il mondo, della cui esistenza noi possiamo essere mallevadori.

Il Convito

Colonizzazione e socialismo

« Questi due fenomeni non dovrebbero per nulla essere contrari: per ogni socialista, nato in una colonia e che abbia un'immediata conoscenza del mondo coloniale, la colonizzazione dovrebbe iscriversi come primo capitolo di tutto un programma socialista, ma il marxismo, che non è certamente un socialismo mondiale, bensì un socialismo europeo, o meglio, germanico, abbastanza borghesemente chiuso agl'interessi delle razze di colore, predomina ancora in tutta Europa; esso vuole, senza alcun senso storico, continuare, dopo il 1900, la stessa politica seguita all'epoca della guerra col Messico. In Germania Bernstein, in Francia Jaurès e Turot, avendo una chiara visione delle questioni contemporanee, hanno intuito che nulla v'è di più pericoloso che di lasciare il loro partito arrestarsi ad una imitazione scolastica del vecchio marxismo assolutista e modellato sulle necessità tedesche . . . .

. . . .

Ma Jaurès non è libero: egli è incessantemente obbligato di tener conto delle decisioni, o meglio, dei giudizi più o meno sommari, dei congressi socialisti internazionali, che non hanno, nè vogliono avere, alcuna conoscenza delle questioni coloniali ».

Così scriveva Leblond nell'*Européen* del 15 ottobre. Sarà la stessa cosa in Italia, oppure gli uomini intelligenti come Turati sapranno emanciparsi dalla tirannide marxista e rivoluzionaria?

Orientalismo

Le Parole e le Idee

Al Prof. Italo Pizzi.

Nel primo resoconto degli eccellenti manuali del Prof. Pizzi ebbi l'occasione di parlare dell'importanza di usare una scrupolosa esattezza di termini nei paragoni fra l'Oriente e l'Occidente. Il Prof. Pizzi essendo stato il primo, a quanto io sappia, a designare fenomeni intellettuali del mondo mussulmano, per mezzo di termini europei, m'ha dato il coraggio di continuare per questa via importante.

Già da un secolo e più si sa ormai che i mussulmani hanno una devozione e che la parte più importante di questa devozione, ossia quella che in arabo si chiama *Es Salà*, è chiamata *preghiera* nel linguaggio europeo.

Nella parola « preghiera » gli europei che riflettono, comprendono un atto dei più intimi, e che ha le sue radici nel più profondo del cuore. L'europeo che conosce l'intima sorgente dei suoi pensieri e desideri, che sa risalire ai *punti fissi* del suo carattere e del suo «io», l'uomo che conosce se stesso, e che in se stesso ha il suo centro di gravità morale e intellettuale, l'uomo che ha l'abitudine di racchiudersi in una torre eburnea, come un fiero emiro in una fortezza inespugnabile, l'uomo insomma cosciente e nello stesso tempo tanto tollerante da permettere che siano chiamate «preghiere» ciò che furono le ali dei santi, degli eroi e dei martiri, quando un tal uomo imparerà che non vi sono preghiere valide senza certe parole e certe frasi sempre eguali, commisererà certamente la religione che impone tali cose e dirà di preferire un Dio che comprenda il linguaggio della sua anima, tanto quanto lui, ed anche meglio di lui.

Noi diamo tosto ragione ad un uomo simile ma ci affrettiamo ad affermare che *Salà* non significa «preghiera» nel senso ordinario della parola. Per rendere in arabo ciò che gli europei intendono per la parola «preghiera» bisogna dire *Duà* che significa rogazione, preghiera e voto, non solo secondo l'etimologia, ma anche secondo l'uso.

Es Salà consiste in parole rituali ed in gesti simbolici con formule precise ed obbligatorie. L'omissione delle sue formule invalida la preghiera, pardon, *Es Salà*. Questo atto di devozione è dunque del tutto analogo alla *messa* cristiana e la loro differenza è la differenza fra le due religioni. L'interpretazione simbolica di questa differenza è particolarmente suggestiva e ricca di pensieri e di conclusioni.

In primo luogo v'è un numero molto maggiore di preghiere nell'Islam che di messe nel Cristianismo; e ciò vuol dire che il simbolismo è infinitamente più importante in Oriente che in Occidente. Fra le centinaia di lingue parlate, non ve n'è realmente che una sola indispensabile per comprendere l'anima orientale, e quest'è il linguaggio dei simboli, tanto che un uomo ordinario che lo conosca, può fare a meno quasi di tutte le altre conoscenze in proposito.

E poi paragonate l'Imam e il prete: L'Imam della preghiera può essere chiunque, io, voi, poichè l'imamato è una piccola distinzione onorifica che si fa ad un sapiente o ad un vecchio pietoso, senza che essa abbia altre conseguenze. Paragonate ora questa piccola preferenza con l'influenza politica e sociale del prete in Europa e voi vedrete la differenza d'importanza del clericalismo nell'Oriente mussulmano e nell'Occidente cristiano.

Ammirate la semplicità della « messa » mussulmana: purità canonica del corpo e delle vesti, conoscenze elementari della religione, e nient'altro. Non esistono quindi quelle grandi montature ecclesiastiche che ogni tanto causano dei deplorevoli accidenti per non dire delle catastrofi.

Il Convito/al-Nâdi (Le Caire), numéro 20, 11 décembre 1904, première page en italien, © Istituto Italiano per l'Africa e l'Oriente, Rome.

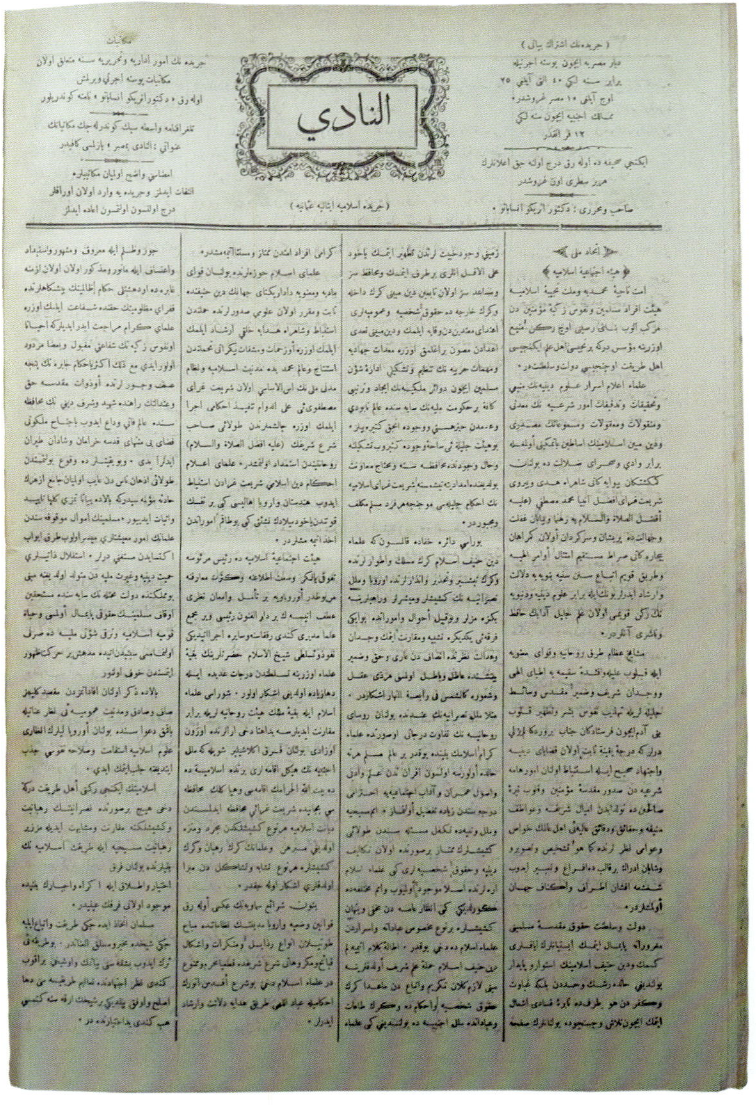

(جریده‌نك اشتراك بیانی)
دیار مصریه ایچون پوسته اجرتیله
برابر سنه لكی ٤٠ آلتی آیلغی ٢٥
اوچ آیلغی ١٠ مصر غروشدر
ممالك اجنبیه ایچون سنه لكی
١٢ فرانقدر

ایكنجی صحیفه‌ده اوله‌رق درج اولنه‌جق اعلانلرك
هربر سطری اون غروشدر

صاحب ومحرری : دكتور آریكو انساباتو

النادي

(جریدهٔ اسلامیه ایتالیهٔ عثمانیه)

مكاتبات
جریده‌نك امور اداریه وتحریریه سنه متعلق اولان
مكاتبات پوسته اجرتی ویرلمش
اوله‌رق « دكتور آریكو انساباتو » نامنه كوندریلور

تلغرافنامه واسطه سیله كوندریله‌جك مكاتبك
عنوانی : النادی ، مصر ، بارلمی كافیدر

امضاسی واضح اولمیان مكتوبلره
التفات ایدلمز وجریده‌یه وارد اولان اوراقلر
درج اولنسون اولنمسون اعاده ایدلمز

اتحاد ملی

هیئت اجتماعیهٔ اسلامیه

Il Convito/al-Nâdi (Le Caire), numéro 20, 11 décembre 1904, page en turc ottoman,
© Istituto Italiano per l'Africa e l'Oriente, Rome.

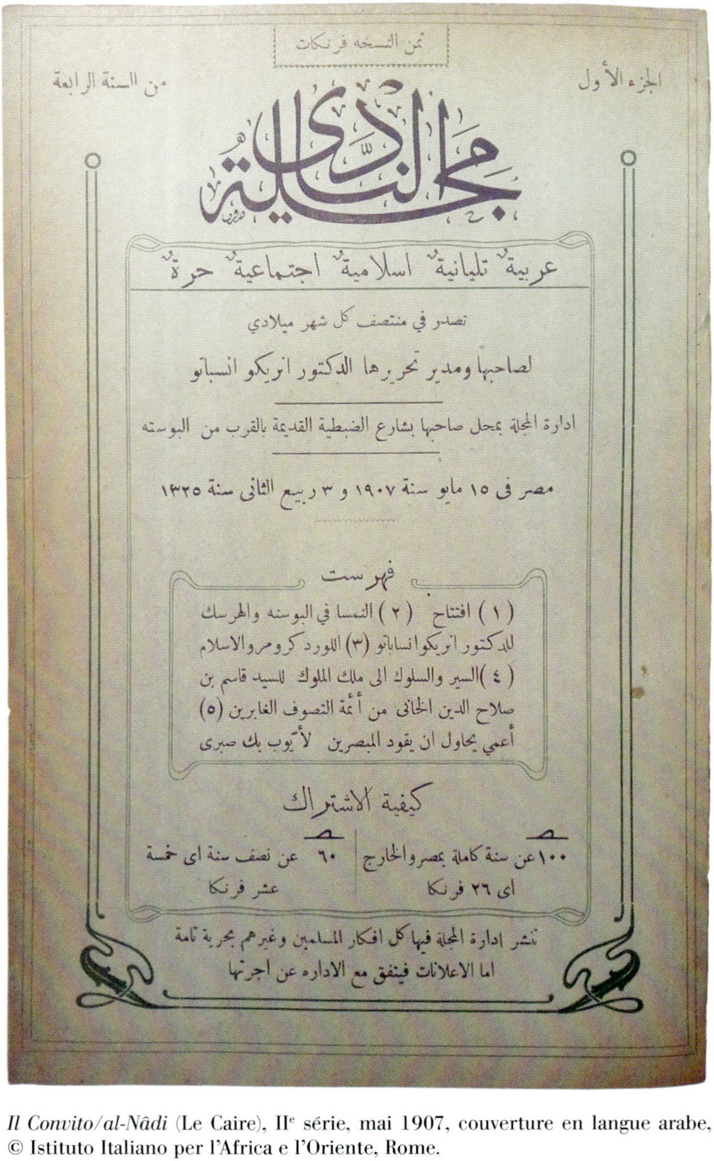

ثمن النسخه فرنكات

الجزء الأول — من السنة الرابعة

مجلة النادي

عربية تليانية اسلامية اجتماعية حرة

تصدر في منتصف كل شهر ميلادي

لصاحبها ومدير تحريرها الدكتور انريكو انسباتو

ادارة المجلة بمحل صاحبها بشارع الضبطية القديمة بالقرب من البوسته

مصر فى ١٥ مايو سنة ١٩٠٧ و ٣ ربيع الثانى سنة ١٣٢٥

فهرست

(١) افتتاح (٢) النمسا في البوسنه والهرسك
للدكتور انريكو انساباتو (٣) اللورد كرومر والاسلام
(٤) السير والسلوك الى ملك الملوك للسيد قاسم بن
صلاح الدين الخانى من أئمة التصوف الغابرين (٥)
أعمي يحاول ان يقود المبصرين لأيوب بك صبرى

كيفية الاشتراك

١٠٠ عن سنة كاملة بمصر والخارج اى ٢٦ فرنكا

٦٠ عن نصف سنة اى خمسة عشر فرنكا

تنشر ادارة المجلة فيها كل افكار المسلمين وغيرهم بحرية تامة
اما الاعلانات فيتفق مع الاداره عن اجرتها

Il Convito/al-Nâdi (Le Caire), IIe série, mai 1907, couverture en langue arabe, © Istituto Italiano per l'Africa e l'Oriente, Rome.

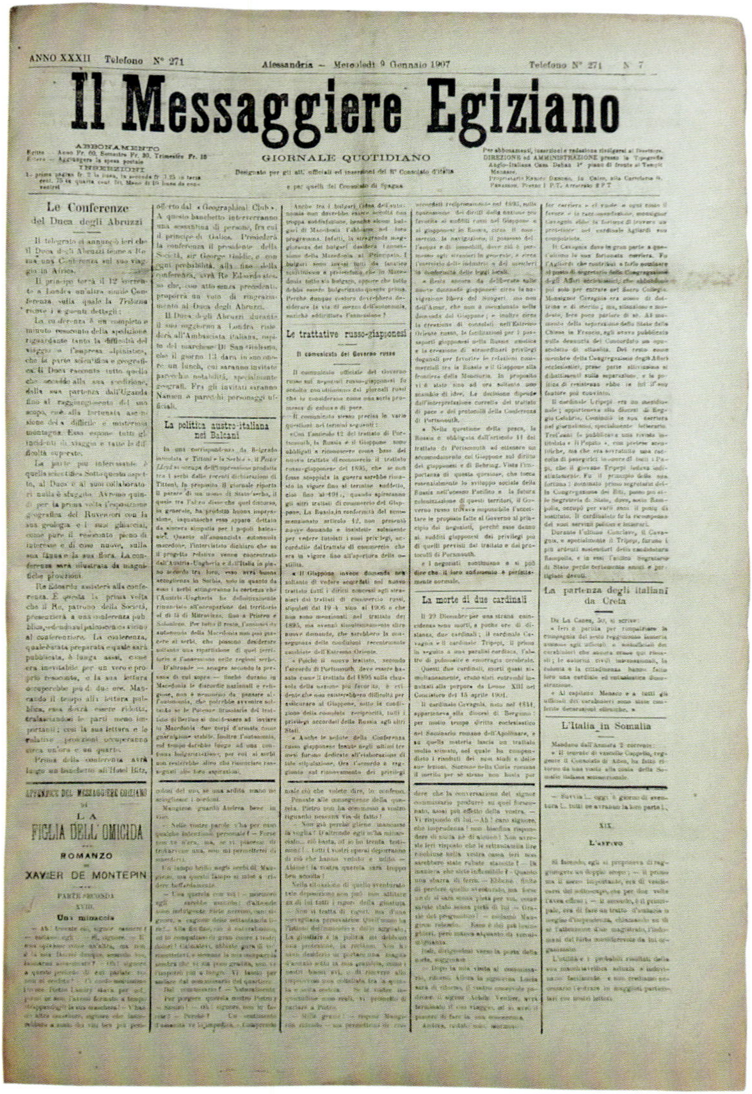
ANNO XXXII Telefono N° 271 Alessandria – Mercoledì 9 Gennaio 1907 Telefono N° 271 N. 7

Il Messaggiere Egiziano

GIORNALE QUOTIDIANO

Designato per gli atti ufficiali ed inserzioni del R° Consolato d'Italia e per quelli del Consolato di Spagna

ABBONAMENTO

INSERZIONI

Le Conferenze del Duca degli Abruzzi

Le trattative russo-giapponesi

Il comunicato del Governo russo

La politica austro-italiana nei Balcani

La morte di due cardinali

La partenza degli italiani da Creta

L'Italia in Somalia

APPENDICE DEL MESSAGGIERE EGIZIANO

LA FIGLIA DELL'OMICIDA

ROMANZO

XAVIER DE MONTEPIN

PARTE SECONDA

XVIII.

Una minaccia

XIX.

L'arrivo

Il Messaggiere Egiziano. Giornale quotidiano (Alexandrie), numéro du 9 janvier 1907, © Bibliothèque municipale d'Alexandrie.

Anno XXXV. N. 90. Cinque Millesimi il Numero Domenica 17 Aprile 1910

Il Messaggero Egiziano

GIORNALE DEL MATTINO

Proprio: A. ARUS

ABBONAMENTI:

Direttore: E. di POMPEO

Le tre piovre

LE INUTILI RIVELAZIONI

Chiacchierate della Domenica

Disordini per l'accaparramento del riso

L'AVIAZIONE A NIZZA

IL PRESTITO AUSTRIACO

Lo sciopero a Marsiglia

AL PARLAMENTO PRUSSIANO

Mentre maturano gli eventi in Etiopia

Fra prose e versi

(per lettera al Messaggero)

Scioperi in Germania

UN ESPLOSIONE

LE CORSE IN ITALIA

Taft e le suffragette

La situazione in Inghilterra

I capitani del Lloyd austriaco

La regina d'Inghilterra

L'ex presidente Roosevelt

Il Messaggero Egiziano. Giornale del mattino (Alexandrie), numéro du 17 avril 1910, © Bibliothèque municipale d'Alexandrie.

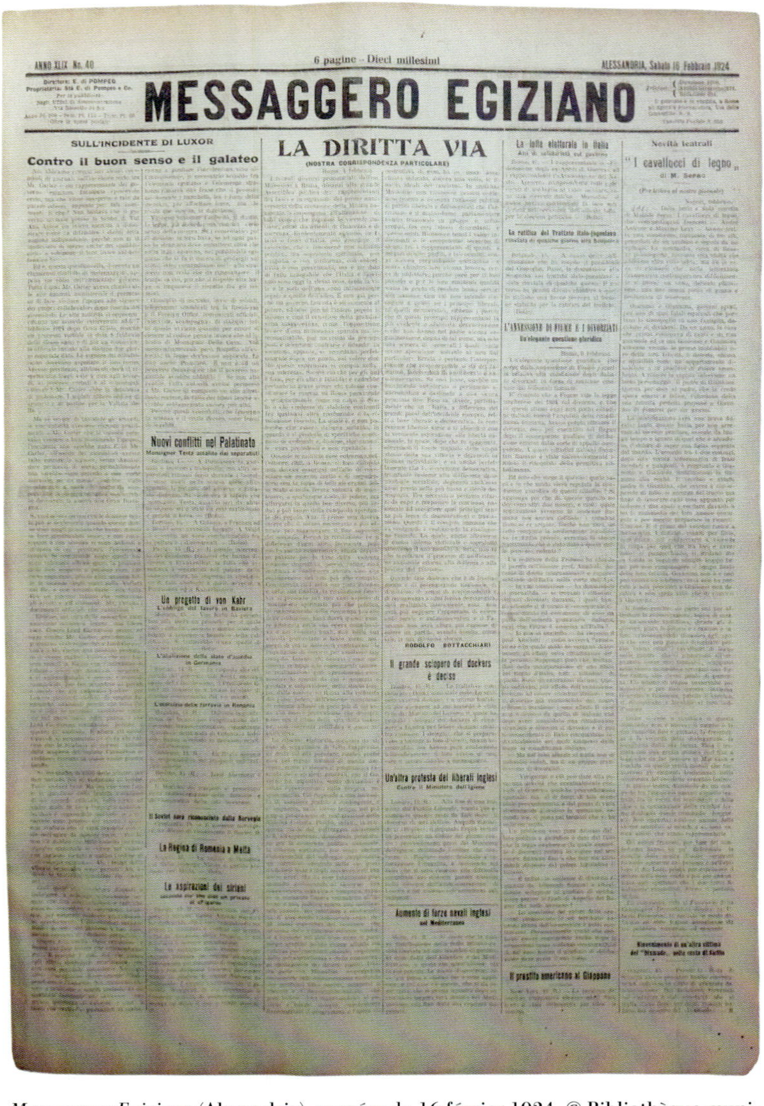
ANNO XLIX No. 40

6 pagine - Dieci millesimi

ALESSANDRIA, Sabato 16 Febbraio 1924

MESSAGGERO EGIZIANO

SULL'INCIDENTE DI LUXOR

Contro il buon senso e il galateo

LA DIRITTA VIA

(NOSTRA CORRISPONDENZA PARTICOLARE)

La lotta elettorale in Italia

La ratifica del Trattato italo-jugoslavo

L'ANNESSIONE DI FIUME E I DIVORZIATI

Un'elegante questione giuridica

Novità teatrali

"I cavallocci di legno"

di M. Serao

Nuovi conflitti nel Palatinato

Un progetto di von Kahr

RODOLFO BOTTACCHIARI

Il grande sciopero dei dockers è deciso

Un'altra protesta dei liberali inglesi

Il Soviet sarà riconosciuto dalla Norvegia

La Regina di Romania a Malta

Le aspirazioni dei siriani

Aumento di forze navali inglesi nel Mediterraneo

Il prestito americano al Giappone

Messaggero Egiziano (Alexandrie), numéro du 16 février 1924, © Bibliothèque municipale d'Alexandrie.

La redazione del *Messaggero Egiziano*
(*in basso, da sinistra a destra:*) Antonio Quirici - Enrico Di Pompeo - Alfredo Vailati - Francesco Fera.
(*in alto:*) Giulio Brandt - Augusto Cacace - Paolo Gauci - Giulio Cremisi - Gaetano Fusco.

LA STAMPA ITALIANA
IN EGITTO

Photographie de la rédaction du *Messaggero Egiziano* publiée dans la revue *Italia ! Letture mensili*, 1913. L'auteur de l'article précise : « Nel gruppo non figura un egregio redattore di cose letterarie, notissimo col pseudonimo di Ariano » (il s'agit justement de Romolo Garbati, absent de la photographie).

Émile Arus est le Directeur du Journal l'*Imparziale*, le seul journal italien du Caire qui ait résisté pendant dix ans aux tempêtes qui ont emporté ses confrères. Il est juste de dire, pour rendre à César ce qui est à César, que c'est à son excellent Directeur que l'on doit cette vigoureuse résistance.

L'*Imparziale*, est l'organe par excellence de la colonie italienne, dont il défend avec vaillance les droits et les intérêts.

Portrait de Emilio Arus imprimé dans G.B. Danovaro, *L'Egitto all'alba del XX° secolo. Cenni storici e biografici*, 1901.

L'IMPARZIALE

Giornale Politico Finanziario Quotidiano

Le onoranze

a Virginio Feliciani

L'aviazione in Egitto

La lotta intorno

al bilancio inglese

L'oltraggio alla bandiera

a Maçon

Viaggio principesco

Il terremoto in Francia

La Società del buio

Il Falsario

THE HAMBURG & ANGLO AMERICAN LINE C.°

L'Imparziale. Giornale Politico Finanziario Quotidiano (Le Caire), numéro du 24 septembre 1909, © Centro Archeologico Italiano, Le Caire.

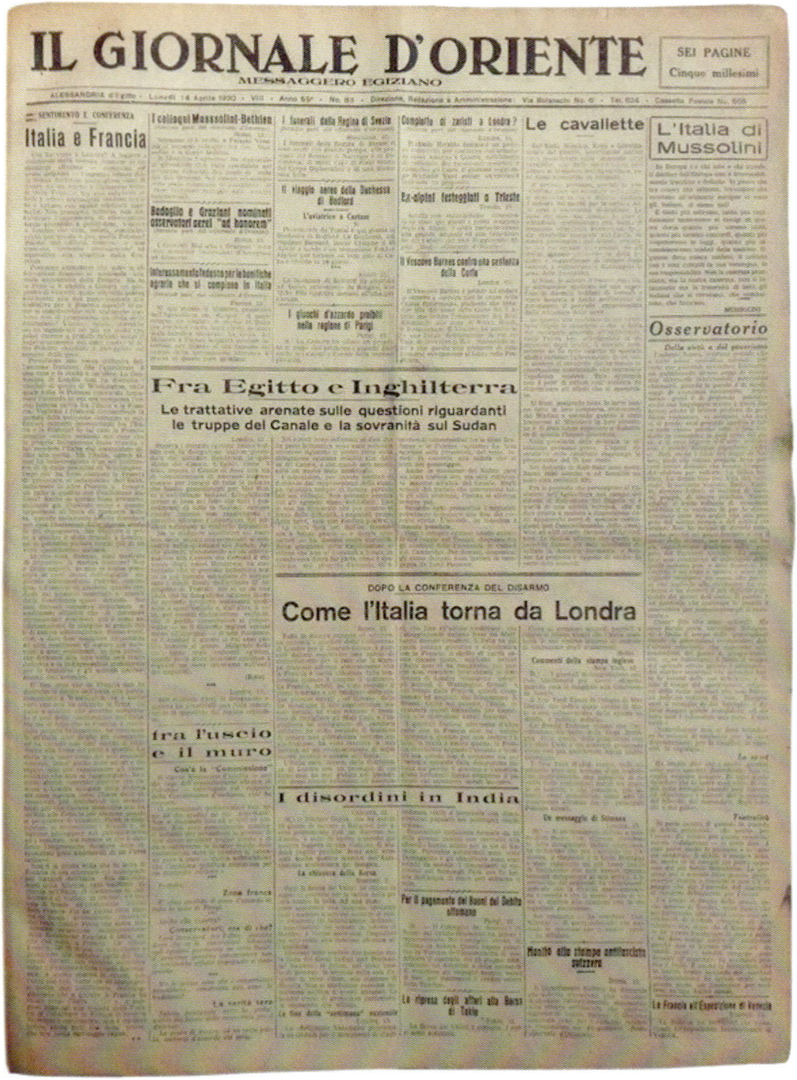
IL GIORNALE D'ORIENTE

MESSAGGERO EGIZIANO

SEI PAGINE
Cinque millesimi

ALESSANDRIA d'Egitto - Lunedì 14 Aprile 1930 - VIII - Anno 55° - No. 83 - Direzione, Redazione e Amministrazione: Via Molasecio No. 6 - Tel. 634 - Casella Postale No. 505

SENTIMENTO E CONFERENZA

Italia e Francia

I colloqui Mussolini-Bethlen

I funerali della Regina di Svezia

Complotto di zaristi a Londra?

Le cavallette

L'Italia di Mussolini

Il viaggio aereo della Duchessa di Bedford

L'aviatrice a Catani

Ex-alpini festeggiati a Trieste

Badoglio e Graziani nominati osservatori aerei "ad honorem"

Il Vescovo Barnes contro una sentenza della Corte

Interessamento tedesco per le bonifiche agrarie che si compiono in Italia

I giuochi d'azzardo proibiti nella regione di Parigi

Osservatorio

Fra Egitto e Inghilterra

Le trattative arenate sulle questioni riguardanti le truppe del Canale e la sovranità sul Sudan

DOPO LA CONFERENZA DEL DISARMO

Come l'Italia torna da Londra

Commenti della stampa inglese

fra l'uscio e il muro

I disordini in India

Un messaggio di Simons

Zona franca

La chiusura della Borsa

Per il pagamento dei Buoni del Debito ottomano

Monito alla stampa antifascista svizzera

La ripresa degli affari alla Borsa di Tokio

La Francia all'Esposizione di Venezia

Il Giornale d'Oriente (Alexandrie-Le Caire), numéro du 14 avril 1930, édition d'Alexandrie avec sous-titre *Il Messaggero Egiziano*, © Bibliothèque municipale d'Alexandrie.

Corriere d'Italia (Le Caire), numéro du 8 juin 1941, © Fondazione Spadolini Nuova Antologia, Florence.

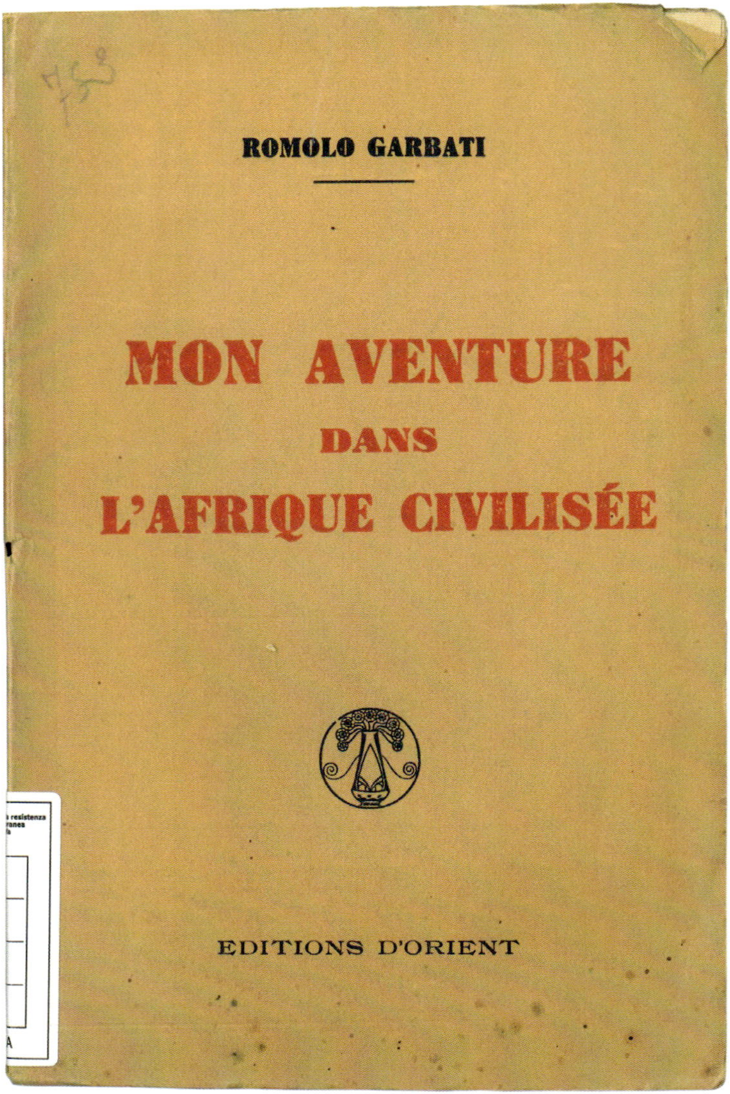

Mon aventure dans l'Afrique civilisée, Alexandrie, Éditions d'Orient, 1933 : couverture originale, fonds Guido Ratti, © Biblioteca ISRAL, Alessandria.

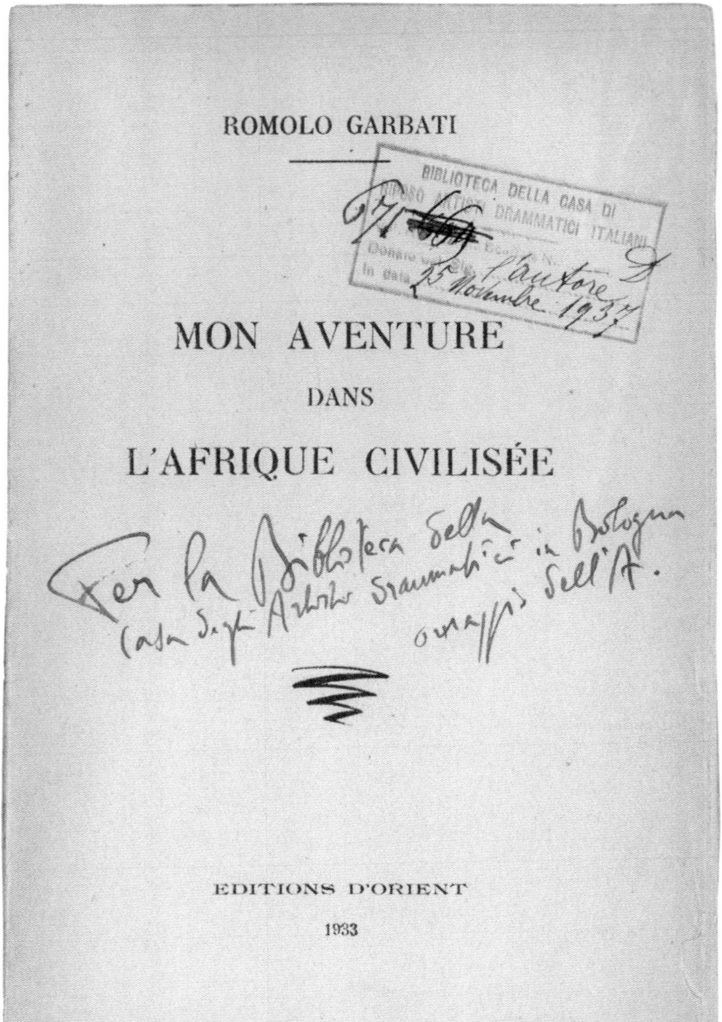

Mon aventure dans l'Afrique civilisée, frontispice avec dédicace manuscrite de l'auteur : « Per la Biblioteca della Casa degli Artisti drammatici in Bologna omaggio dell'A[utore]. » © Biblioteca e Archivio storico di Casa Lyda Borelli, Bologne.

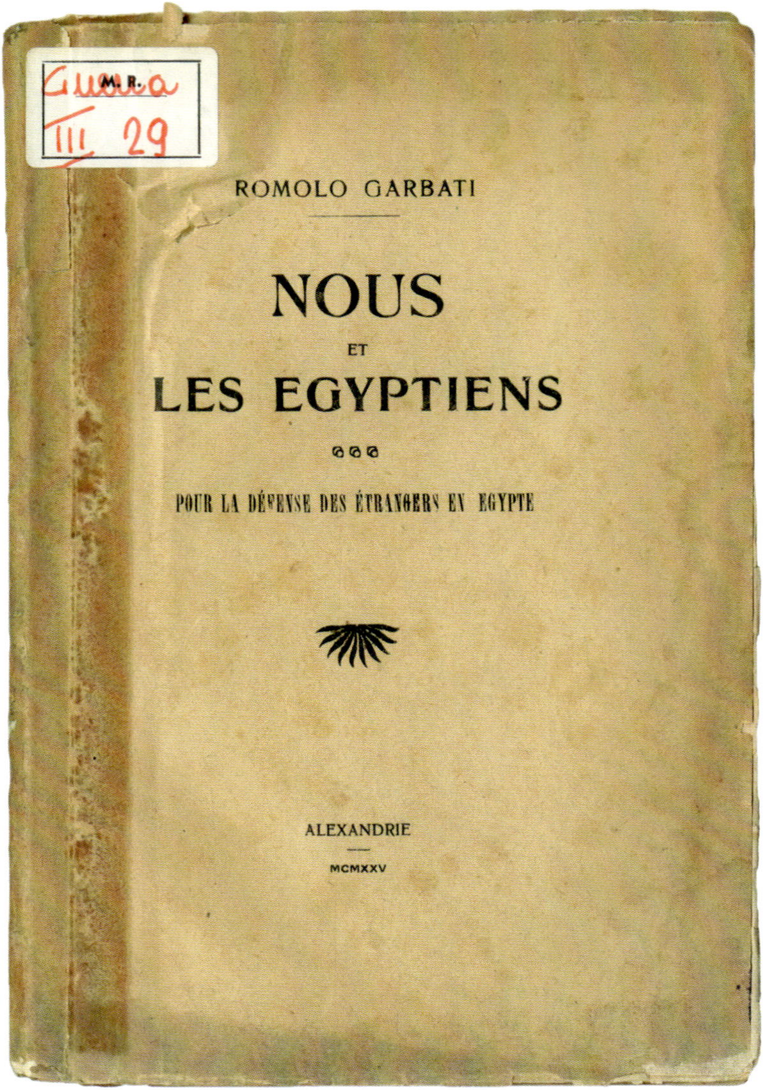

Nous et les Égyptiens. Pour la défense des étrangers en Égypte, Alexandrie, Imprimerie A. Procaccia, 1925 : couverture originale. © Museo civico del Risorgimento di Bologna.

Cinquième partie

Dans la ville de Cocagne

On dit qu'Alexandre Dumas, pour que son jeune fils eût confiance dans l'avenir, lui montrait de temps à autre, la pièce de cinq francs avec laquelle il était arrivé à Paris et qu'il avait jalousement conservée[70]. L'auteur des *Trois Mousquetaires* faisait preuve d'une grande modestie en rendant ainsi un hommage presque exclusif à la fortune ; mais tous les millionnaires et les milliardaires d'Amérique ainsi que d'ailleurs, nous enseignent qu'au moyen de la volonté et de l'intelligence les hommes peuvent être les artisans de leur propre sort. En suivant les préceptes de Smiles[71], tous les pouilleux même ne sachant lire ou n'en ayant jamais entendu parler, se sont aidés d'eux-mêmes. Sans posséder le capital de cinq francs du romancier français qui néanmoins avait une certaine intelligence, sans un sous dans la poche, par leur travail ininterrompu, par leur persévérance sans bornes, par leur honnêteté irréprochable surtout, ils sont parvenus à amasser des sommes énormes et à s'apparenter avec le gras Bonheur. Quelle leçon pour moi qui débarquais en Égypte avec cinquante centimes en monnaie française ! La conversion de cette somme en monnaie égyptienne n'aurait pas dû arrêter mon élan, car un quelconque changeur m'aurait donné au moins une piastre et demie pour mes cinquante centimes. À quelle entreprise me serais-je donc attelé ?

La vérité est que je ne me sentais pas le moins du monde capable de traiter une grosse affaire, je préférai donc me rendre auprès d'un ouvrier pour lequel Ponzio m'avait remis une lettre et lui demander où j'aurais pu apporter ma valise. Cet ouvrier était Pietro Vasai[72], celui-là même qui a un buste dans le hall des Secours d'Urgence d'Alexandrie, qu'il a fondés. Il faisait le typographe, gagnait dix piastres par jour et publiait, avec le concours d'amis et de camarades, un hebdomadaire intitulé l'*Operaio*. Un de ses collaborateurs était Roberto d'Angiò[73], vaillant écrivain et auteur entre autres d'une vie d'Angiolillo, le meurtrier de Cánovas[74].

Vasai, un anarchiste qui avait passé la moitié de son existence en prison, était aimé de tout le monde. Il avait une culture insuffisante, mais il était doué d'un grand sens pratique. Aujourd'hui encore, les personnes qui le connurent, de bons bourgeois, des médecins, des avocats, des ouvriers, parlent de lui avec sympathie.

Je restai trois jours seulement à Alexandrie ; puis, adhérant à la proposition de mes nouvelles connaissances, je partis pour le Caire où je reçus un excellent accueil de ceux auxquels j'étais recommandé : un éditeur, plusieurs modestes ouvriers, quelques professionnels.

Les premières semaines s'écoulèrent tranquillement ; on me faisait entrevoir la fondation d'un journal que j'aurais dirigé, et la préparation d'un cycle de conférences que j'aurais tenu sur des questions sociales. Je repris ma correspondance et écrivis aux amis au loin, que j'avais enfin trouvé un peu de paix. Ce fut ces jours-là que me parvint d'Italie une lettre d'un très cher ami, Giuseppe Fasola[75], professeur de Physiologie, aujourd'hui décédé. Il m'exhortait à me présenter auprès d'une famille d'Alexandrie avec laquelle il avait des liens de longue affection, mais c'était trop tard. Si cette lettre m'était parvenue avant, il se peut que mon sort eût été différent…

En attendant, le soir, dans ma chambre – je demeurais auprès de deux dames arméniennes – j'examinais mon vestiaire. Un de mes habits avait beaucoup souffert à la suite du déluge de Bône, de la boue et de tout le reste ; l'autre n'était pas dans de meilleures conditions, en raison de ce que je l'avais toujours porté sur moi pendant mon long séjour dans la grange de Tunis, même lorsque je me jetais sur le matelas pour me reposer, puis pendant le voyage sur le bateau, et il montrait des transparences inquiétantes. Cet examen m'était suggéré par des préoccupations d'ordre économique et en même temps, dirai-je, mondain. En effet, un professeur de passage au Caire m'avait laissé entrevoir la possibilité de le remplacer auprès de certains riches Anglais – le mari, la femme et leur fille – car incessamment il serait reparti pour Constantinople. Il ne s'agissait pas de leçons, mais de conversations, à tenir trois fois par semaine dans leur appartement, dans une luxueuse villa à Hélouan[76], sur l'histoire de la littérature italienne, et en italien, parce que les hôtes, qui entendaient séjourner à Florence, parlaient cette langue. C'étaient des personnes instruites ; quelques commentaires sur les œuvres de Ruskin et de Taine auraient été fort agréables à la jeune miss, qui, disait le professeur, ajoutait à une grande intelligence une merveilleuse sensibilité artistique.

Cette perspective, modeste en apparence, me rapprochait de la vie intellectuelle; cela, à mes yeux, était d'une valeur inestimable. Mais, je le répète, il y avait la question de l'habit. Lorsqu'à la fin, le professeur m'informa qu'il était prêt à m'accompagner à Hélouan pour me présenter, à l'heure du dîner, j'éprouvai une véritable défaillance. Il me fallait le smoking! Pour mes amis, excellentes personnes et précisément pour cela, fort indifférentes en semblables matières, le manque d'un habit spécial ne pouvait pas constituer un obstacle.

– Tu y vas pour donner des leçons, disaient-ils, et non pour faire le muscadin!

Malheureusement, je ne rêvais pas d'imiter l'ineffable Brummell, mais je désirais seulement respecter une coutume. Mes quakers étaient indignés. Néanmoins, la veille de la visite projetée à Hélouan, ils entrèrent dans ma chambre avec un paquet contenant un habit noir et ils voulurent que je l'essaye. Je savais déjà qu'il devait avoir été coupé pour moi, selon l'expression des commis des grands magasins de confection. Les manches m'arrivaient un peu plus bas que le coude et je me sentais serré aux épaules et à la poitrine comme si on m'avait passé une chemise de force*. Les pantalons, s'ils avaient été cinq doigts plus longs, me seraient

* Italianisme (*camicia di forza*) : « comme si on m'avait passé une camisole de force ».

arrivés aux chevilles… Les souliers ? Grand Dieu ! Il fallait aussi des souliers… Il aurait fallu aussi une chemise…

– Cela te va admirablement, s'exclamèrent les quakers extasiés. Regarde-toi à la glace ! Tu es vraiment élégant !

Je me regardai, quoique cela n'eût pas été nécessaire. Le célèbre Ferravilla[77] m'eût envié.

Je laissai le professeur aller dîner tout seul chez les Anglais.

Si je raconte cet épisode, c'est que ma complète rupture avec les marchands d'étoffe et les tailleurs, qui devait durer six années, date de ce moment-là. Non, je n'ai jamais attaché une grande importance à l'habillement, me contentant, même dans mon extrême pauvreté, d'être propre ; mais, habillé comme je l'étais, désormais personne ne m'aurait induit à entrer dans un salon, à rendre une visite ou à accepter une invitation quelconque. Je sentais que je me serais ainsi mis de côté, presque au ban de la société ; mais, n'ignorant pas que les hommes sont jugés d'après l'habit qu'ils portent, du moins très souvent, je voulais m'épargner des humiliations que je n'aurais pas su supporter.

On continuait à parler de la publication du journal, mais les fonds faisaient défaut. Pour le moment nous devions nous contenter d'un hebdomadaire. Seulement, j'avais peur de trop de promesses de collaboration de la part de personnes que j'aurais voulu voir occupées à d'autres besognes.

Par une belle après-midi de décembre, de celles qui sont fréquentes au Caire, je me promenais aux allées de Faggalah[78] en compagnie d'un ami, lorsque celui-ci me demanda si je voulais faire la connaissance d'un homme « extraordinaire ».

L'homme extraordinaire auprès duquel il me conduisit peu après, était un vieil israélite qui tenait un petit atelier de graveur, fort en désordre. Sur le parquet et sur des escabeaux étaient jetés pêle-mêle des instruments, des travaux ébauchés et des dessins. Le vieillard, assis sur un banc, tenant entre ses mains maigres un livre, lisait : son visage aux traits fins, auxquels sa barbe blanche donnait plus de relief, exprimait une grande bonté. Il connaissait plusieurs langues; sa culture était vaste et variée. Il avait quitté la Pologne, son pays natal, pour se rendre à Londres; puis il avait été à Bordeaux, fuyant des climats que son état de santé n'avait pu supporter, et il était enfin venu au Caire. Il vivotait par son travail, auquel il ne s'adonnait que quelques heures et, du reste, il se contentait de peu.

Par la suite je devais connaître de ces hommes extraordinaires, c'est-à-dire de modestes travailleurs à l'esprit cultivé et éclairé. Je me souviens d'un certain Samuel, cigaretier, à l'intelligence très vive, à l'instruction solide, qui abordait des problèmes philosophiques et sociaux avec une impressionnante profondeur de vue. Je ne pouvais pas comparer ces travailleurs à Spinoza et à Jean-Jacques, car le besoin contraignait ces derniers à exercer de modestes métiers. Ici je n'assistais pas à un phénomène de déplacement de la condition sociale, mais à une compréhension de la vie, telle qu'elle ne parvint pas à s'imposer en Occident. Car, s'il est vrai qu'un grand nombre de nos artisans, dans l'Antiquité et au Moyen Âge, furent considérés comme des artistes et des savants, il est tout aussi vrai qu'à de rares exceptions près, ils continuèrent à appartenir à des classes considérées comme inférieures. La compréhension dont je parle peut être résumée ainsi : le métier manuel sert à nous faire gagner notre pain; l'enrichissement de l'esprit n'a rien à voir avec le métier que nous exerçons. Avant Tolstoï cette vérité fut connue en Orient, et moi qui ne voulais pas me faire de trop grandes illusions, je retrouvais au moins les vestiges d'une tradition.

La conversation que j'eus avec Isaac me révéla de suite la noblesse de cet homme. Il avait connu, à Londres, Pierre Kropotkine; nous parlâmes des œuvres de ce dernier, surtout de ses *Mémoires*[79], récemment parues, dans lesquelles, dès les premières pages, le problème moral est présenté du point de vue de la conscience individuelle. Cela nous conduisit aux dispositions primitives de Kant et à l'évolution graduelle de Spencer[80]…

Il était tard quand je m'en allai, avec la promesse que je serais retourné le lendemain matin. Cette nouvelle amitié eut pour résultat que le vieillard qui avait su que je savais dessiner un peu, m'offrit de travailler avec lui : ce qui était un moyen de rester plus longtemps en sa compagnie.

– C'est facile, dit-il. Vous vous appliquerez à ces simples travaux de perforage sur les plaques de cuivre que l'on demande pour les moucharabiehs. Je ne puis pas exécuter ce genre de travaux qui me fatigue trop, mais qui est le seul qui soit demandé actuellement. Puis, je ne resterai pas longtemps ici et si vous le voulez vous pourrez continuer tout seul.

Je lui demandai s'il se proposait de partir.

– Eh non, répondit-il; je suis vieux et je suis malade… Je parle du dernier voyage…

J'appris à manier les petits trépans, les limes et les burins. Le travail n'était pas difficile. Pour les dessins, je m'en tins aux suggestions du vieillard; compliquer les arabesques autant que je le voulais, mais sans hardiesse innovatrice et rien qui rappelât des corps d'animaux; à peine des feuilles de fantaisie. En quinze jours, tout en accordant beaucoup de temps aux conversations avec le maître, mon apprentissage pouvait être considéré comme terminé. Je n'aurais pas voulu recevoir un sou, mais Isaac insista tellement, que je dus accepter une compensation, au moins pour les dessins que j'avais fournis.

Voilà qu'un matin je trouvai fermé l'atelier. Le vieillard, souffrant depuis quelques jours plus que d'habitude, avait-il dû rester la maison? Il était mort pendant la nuit.

Dans la chambrette dégarnie étaient déjà venus, je ne sais d'où, ses héritiers. Ainsi les livres d'Isaac furent disséminés aux quatre vents, de même que les instruments de son atelier.

Peu après fut entreprise la publication de l'hebdomadaire; mais si nul n'en tirait un profit matériel, toute la fatigue m'était réservée. De temps à autre nous changions d'imprimerie et je dus quitter ma chambre meublée. Ma petite famille était venue me rejoindre au Caire[81]. Lorsque, plus loin, je parlerai de douloureuses circonstances, il faut que l'on sache, même si je ne les nommerai pas, que d'autres personnes souffrirent avec moi et que par cela même mes souffrances augmentèrent.

Un coiffeur propriétaire d'un salon, un bonhomme qui était au courant de ma situation, m'offrit de me loger dans une chambre vide, séparée de l'appartement, assez modeste d'ailleurs, qu'il occupait. Ce geste était généreux et celui qui le faisait était extrêmement ému.

Ma nouvelle demeure avait pour le moins l'aspect d'un chenil; mais je devais accepter ce que l'on me donnait. Au début tout alla bien; seulement mon petit homme de protecteur aurait voulu que sa femme, deux fois plus haute que lui, robuste et au teint rosé, continuât à rester renfermée dans ses chambres comme elle avait été depuis qu'il l'avait épousée. Or, cette femme, renfermée depuis des années, réduite à une vie végétative, ne crut pas faire chose malhonnête en venant me trouver de temps en temps, spécialement en compagnie d'une voisine, une jeune femme qui dépérissait dans ce milieu vulgaire et qui, pour la première fois peut-être, pouvait parler de livres, de lecture et de tout autre chose qui ne concernât pas la cuisine ou des chaussettes reprisées.

Quelle fut ma confusion en entendant un soir le coiffeur, à la fin du dîner, crier dans son appartement : « C'est un mort de faim! As-tu compris? Un mort de faim! Je ne veux pas absolument* que tu parles avec lui! »

« Lui », il n'y avait pas à se tromper, c'était moi. Je supposais – parce qu'il est bon d'être un peu indulgent – que le petit homme était ivre. Sa femme resta trois jours sans venir chez moi et lorsque je la revis par hasard elle ne sut cacher son trouble. Je souffrais, en attendant, avec les miens, pour une autre raison : notre repas quotidien, composé de pain – qui parfois manquait – et d'oignons crus, nous avait produit d'atroces dérangements intestinaux.

* Italianisme (*non voglio assolutamente*) : « Je ne veux absolument pas ».

Je me suis permis de relater avec calme certaines vicissitudes de mon séjour au Caire, et je n'emploierai donc pas des expressions que les braves gens qui lisent, trouvent brutales même lorsqu'il s'agit d'un misérable, mais illustre, qui les emploie. Je veux parler de Léon Bloy. Évidemment, en décrivant l'humanité petite bourgeoise du Parc-la-Vallière il oubliait le bon ton[82]. Reste à voir si celui qui est assassiné a le droit de jeter en même temps que son sang une malédiction à la figure de ses assassins. Mais je me rendais compte, peu à peu, d'un fait très commun : c'est-à-dire que la cruauté la plus lâche est une espèce de distraction pour certains hommes. Pouvoir raconter, par exemple, qu'un tel crève de faim dans son taudis, fournir des détails sur ses souliers déchirés, sur la chemise qu'il lave le soir pour pouvoir la mettre le matin d'après ; voilà de quoi faire rire toute une troupe d'amis.

Dans cette maison, où l'on me voyait arriver sans pain, je ne pouvais plus rester. Le coiffeur, repenti de l'hospitalité qu'il m'avait accordée, continuait à torturer sa femme. Heureusement – je dis heureusement –, en fréquentant plusieurs typographies, j'avais connu un jeune ouvrier, un Français d'Alger, du nom de Bruck, qui me suggéra le moyen de rendre la paix au dégénéré figaro. Bruck, instruit et aimable, s'était affectionné à moi ; me souvenant de plusieurs hommes qui, se trouvant dans mes conditions, avaient gagné leur existence en composant à la casse – étant enfant j'avais vu moi-même Benoît Malon[83] occupé à ce travail – il me convainquit de l'utilité de pareil essai. Je devais faire un deuxième apprentissage. Le jeune typographe me procura un modèle de casse afin que je l'apprenne par cœur et me promit, puisqu'il était momentanément libre, de m'accompagner le lendemain dans une petite imprimerie où il m'aurait donné les premières leçons.

Je me mis à composer le jour même et au bout d'une semaine je parvins à fournir en composant, s'entend, avec une lenteur relative, des épreuves sans une seule faute, ce qui compensait la production restreinte. Je commençais à gagner ainsi quelques schellings ; je trouvai une petite avance et je décidai de chercher une petite habitation. Je trouvai deux chambres dans le sous-sol d'une maison au fond du dédale de Darb-el-Zayat au Mousky[84], à un tallari par mois ; j'achetai une couverture qui devait servir pour moi (j'avais un lit pour les miens) et je fus prêt à déménager de chez le coiffeur. Ce dernier m'offrit bientôt l'occasion de le saluer comme je le désirais. Un matin – à cette heure-là il ne pouvait être ivre – je l'entendis qui criait : « Ma maison n'est pas un asile pour les mendiants ! Que ceux qui ne savent pas gagner leur pain en travaillant aillent demander l'aumône dans la rue ! Mais je finirai par avoir recours à la police… »

Je frappai en ce moment à la porte de son appartement. La voix se tut ; on m'ouvrit :

– Épargnez-vous, dis-je au petit homme, cette fatigue ; dans quelques heures je m'en irai.

– Mais pourquoi ? Qu'est-il donc arrivé ?... Je ne comprends pas… Vraiment, je…

– Vous ne comprenez rien, vous ne comprendrez jamais rien, et voilà la raison pour laquelle vous vivez.

Mon nouveau logement recevait la lumière de l'escalier et de trois fenêtres qui donnaient sur un terrain vague, naguère cultivé en verger et près duquel s'élevait l'Hôtel du Nil[85]. Deux arbres étaient restés là ; si tristes et pourtant si nobles. Des chiffons pendaient de leurs branches, mais sur ces arbres les bourgeons continuaient à pousser. En haut, le jardin de l'hôtel, entouré d'une terrasse, était tout fleuri.

Au rez-de-chaussée habitait dans une étroite chambre un certain Katz avec sa femme et une fillette. Il avait servi dans l'armée russe. Tuberculeux, il craignait que sa fillette n'eût hérité la maladie quoiqu'au moment de son mariage il eût été sain : et pour ne pas procréer d'autres malheureux, il obligeait sa femme, jeune, plaisante et forte, à avorter deux ou trois fois par an. Je ne parvins pas à lui faire comprendre quel devait être le devoir d'un homme conscient dans de pareils cas et qu'avec sa prétendue prévoyance il assassinait la malheureuse jeune femme.

D'étranges personnages, des réfugiés pour la plupart, hommes à la barbe en broussaille, aux yeux hallucinés, aux habits qui avaient déteint à travers les pays qu'ils avaient traversés, se réunissaient chez lui, qui parlait le français outre le russe et plus communément le yiddish. Ils arrivaient, faisaient entendre leurs doléances, criaient leurs rancunes et disparaissaient bien vite. L'un d'eux, qui restait, était un vieil avocat grec qui avait fait ses études à Pise et qui à la suite d'une série de malheurs en était réduit à la plus noire misère. Mais il se résignait à vivre parce qu'il devait aider sa mère, âgée de quatre-vingt-dix ans, qui finissait ses jours dans une masure du

Bazar Copte. C'était un homme affable, de grand talent. Un soir Katz m'annonça que l'avocat avait été arrêté comme faux-monnayeur.

La vérité était un peu différente. Le vieillard avait accepté de fausses pièces de demi-piastre que généreusement lui avaient offertes des faux-monnayeurs et il en dépensait, ainsi que cela fut prouvé par la suite au cours du procès, seize seulement par jour, c'est-à-dire autant qu'il lui en fallait pour apporter un peu de nourriture à sa mère et lui acheter les médicaments dont elle avait besoin. Il n'avait pas voulu dénoncer ceux qui, tout en commettant un crime, lui avaient permis de traîner sa misérable existence. Deux francs par jour ! Pas plus que deux francs, jamais ! Comme si l'exiguïté de la somme devait atténuer la faute, en dehors de toute considération d'ordre sentimental. Je ne sais pas si les juges ont tenu compte du motif pour lequel le coupable avait été contraint d'accepter le dangereux cadeau, et de la discrétion avec laquelle il en avait profité ; peut-être que oui : mais il fut condamné à plusieurs années de prison. Ayant mis en circulation de la fausse monnaie, ce fut seulement de cette manière qu'il avait pu vivre ; en tant qu'honnête homme seulement, il serait mort de faim.

Dans cette chambre venait aussi une jeune fille qui demeurait au second étage ; elle voulut me présenter à sa famille et peu après, je devins le répétiteur de son frère adolescent et de ses deux sœurs mineures. Mes revenus s'accrurent de peu, mais dans cette maison d'ouvriers aisés, tenue proprement et en ordre, je trouvai un tout autre réconfort que parmi les fanatiques, les aventuriers et les désespérés que je voyais chez Katz*[86].

Ce fut aussi en ce temps-là que je connus un des nombreux publicistes qui pullulaient au Caire. Je ne l'avais pas oublié : malheureusement ou heureusement, je ne sais, je n'oublie rien – mais un grand nombre d'années après, à Alexandrie, en revoyant son effigie, je ne sus pas faire à moins de me demander si par hasard je ne confondais pas… Mais non, c'était précisément lui, à cheval, en costume boer, entouré d'autres cavaliers portant le même costume : autour d'eux, des arbres ; au fond, une ferme. La revue qui offrait ce tableau intéressant, l'*Illustrazione italiana*, expliquait en marge : « Les Italiens au Transwaal ; notre compatriote Danovaro parmi les ouvriers agricoles de sa ferme modèle »[87].

* N.d.A. Je cite ici les épisodes dans lesquels je jouai un rôle ou qui concernent des personnes que je connus pendant mon séjour au Caire. Je dois passer outre à beaucoup d'observations que je fis pendant ces années-là et qui me révélèrent des milieux, des coutumes, des vices et des héroïsmes aussi, que je crois ignorés ou qui de toutes façons et de propos délibéré n'ont même pas été mentionnés dans les livres qui traitent de l'Égypte moderne et spécialement de sa métropole. Les admirables tableaux de Gérard de Nerval et ceux d'Edmond About, par exemple, servent à nous faire connaître les Égyptiens de naguère et le rare élément européen qui fut quelque peu en contact avec eux ; puis l'élément européen s'est accru ; s'est mêlé à l'élément égyptien ou s'est créé des moyens d'existence particuliers. L'étude de ces changements demanderait un volume ; ou, encore, il faudrait tracer des tableaux dans le genre de ceux que nous ont laissés Hector France dans *Les Va-nus-pieds de Londres* et dans les *Nuits de Londres* et Jack London dans le *Peuple de l'Abîme*, mais avec une ampleur cosmopolite. Le seul quartier de Darb-el-Zayat, dans lequel je vécus, renferme des mystères atroces que je ne pourrai révéler dans ces mémoires sans en avoir prévenu les lecteurs.

Et j'éclatai de rire! Je me trouvai dans un salon près de dames et demoiselles qui, ne comprenant pas les raisons de mon hilarité, me demandèrent ce que je trouvai de ridicule dans cette reproduction photographique. Je racontai.

Ce Danovaro, je le connus dans une imprimerie du Caire. Je faisais l'ouvrier, il faisait le journaliste. Il vient chez moi, me dit que ma place n'était pas à la casse mais au bureau; qu'il regrettait énormément de ne pouvoir m'offrir ce que je méritais pour mon intelligence, etc.; cependant, si je le voulais, je pouvais l'aider dans le travail de rédaction à des appointements modestes, pour le moment; plus tard il m'aurait offert davantage, beaucoup plus. J'acceptai.

Le travail de rédaction consistait à refaire tout ce qu'écrivait Danovaro, à corriger les manuscrits qui lui parvenaient, à corriger les épreuves et à faire la mise en pages; je lui fournissais en outre une rubrique de variété, une note de couleur locale, un peu de chronique. Danovaro était un parfait ignorant mais « un homme d'affaires ». Il était parvenu à soutirer de l'argent à des dizaines d'Italiens en leur promettant un album, qui vit en effet le jour, et contenant leurs biographies et leurs portraits[88]. Il savait faire de l'argent de tout et avec tout : catalogues illustrés, agendas, annuaires, numéros uniques pour les grandes occasions, et il obtenait le concours de chacun. Dans son journal il se mit à défendre l'administration de la Bienfaisance Italienne, qui à cette époque était attaquée par un autre journaliste de sa trempe; mais si ce geste lui valut quelque nouvelle faveur de la part de ceux qu'il appuyait, il attira contre lui l'antipathie de la colonie. Il fut traité de vendu et de canaille. Il paraît que du louche existait dans l'administration visée ; un groupe de notables – médecins et avocats – se rendirent à Rome et obtinrent que l'on ouvrît une enquête, de laquelle résultèrent les responsabilités des dirigeants. Danovaro, désormais sans protection, exhibait des certificats et des lettres de hauts fonctionnaires britanniques aux Indes, où il avait séjourné ; du ministre Zanardelli[89], de plusieurs sous-secrétaires d'État, pour prouver qu'il était un honnête homme. Le public riait, le journaliste son adversaire – pas meilleur que lui – tenta de m'atteindre aussi, pour le fait que j'avais donné une forme, disait-il, aux énormités du très ignorant personnage ; je dus lui adresser une rectification qu'il publia, en la faisant suivre d'un commentaire malpropre… tirée d'un livre de Sernicoli[90] ! Mais s'il ne pouvait rien dire contre moi, qui ne m'occupais pas d'escroqueries et de saletés coloniales, il commença à faire la biographie du biographe des Italiens plus ou moins illustres d'Égypte. Danovaro fut couvert d'ignominies.

Un petit épisode que je racontai aussi dans ce salon, concernait particulièrement les bénéfices que je tirai de la courte reprise, appelons-la ainsi, journalistique avec cet individu. J'étais habitué, à l'imprimerie, à toucher ma modeste paye d'ouvrier à la fin de chaque semaine. En changeant de métier, je demandai à Danovaro un acompte sur les appointements imprécis dont il m'avait parlé. Il me fit patienter quinze jours, après quoi il nota mon adresse et me dit :

– Ce soir vous recevrez chez vous ce que je vous ai promis.

J'attendis. Je manquais de tout. À sept heures un commissionnaire se présenta avec une fiasque de vin.

– Monsieur Danovaro passera plus tard. En attendant il vous envoie ceci…

M. Danovaro ne passa pas. J'allai le chercher le lendemain, mais à sa place je trouvai le propriétaire de l'imprimerie. Il était furibond. Il avait aussi attendu, inutilement, d'être payé. Danovaro s'était caché. Les créanciers surgirent de toutes parts ; les dénonciations s'amassèrent et parmi les autres, il y eut celle d'une grande maison anglaise dont le publiciste avait touché une forte somme…

Enfin, un décret d'expulsion lui fut notifié. La nuit qui précéda son départ il voulut me revoir. Il demeurait à Choubra avec sa femme et la fille de cette dernière dans une petite villa. Cet homme qui avait dupé la moitié du monde, pleurait sur son sort, mais il était particulièrement chagriné de ne pas avoir pu rémunérer mes fatigues, dit-il. C'est pour cela qu'il m'avait appelé : pour s'excuser et pour que je ne lui en garde pas rancune.

Comment lui garder rancune ! Mais en le revoyant à cheval, à la tête de ses agriculteurs, je ne pouvais faire moins que rire !

Et la fiasque de vin, presque symbolique ? Elle a, elle aussi, une histoire. L'ayant débouchée, je n'osai pas goûter le liquide dont se dégageait une odeur d'encre. Je le laissai à la fenêtre croyant en tirer au moins du vinaigre. Trois mois après, le vin devint verdâtre, puis violet, puis jaune. Ce fut une distraction pour moi de suivre jour par jour ces changements de couleur.

J'avais repris le travail d'ouvrier dans un autre atelier. Le propriétaire, jeune, très expert, honnête, me donna à composer un livre de légendes épiques du poète Guémard[91] avec lequel je devais collaborer, plus tard, à la rédaction de l'*Arte*. Guémard, qui vit encore au Caire, est un artiste délicat ; ses vers harmonieux, la noblesse de ses sujets, la recherche d'une simplicité archaïque dans son style, me faisaient penser à Paul Delair dont Sully Prudhomme nous a laissé une brillante biographie[92]. Mon humble travail me procurait ainsi une nouvelle réjouissance.

Un jour le propriétaire me demanda si je voulais publier une revue littéraire. Je n'avais rien de prêt ; mais je me mis à écrire les articles qu'il fallait et je commençai un roman. C'est ainsi que parut le premier numéro de *La Foglia*, élégamment et nettement imprimé. Hélas ! Je vaguais en plein rêve avec les fantômes que j'avais retrouvés ; quelques esprits badins trouvèrent que la revue aurait dû plutôt avoir pour titre « La Follia ». Ces esprits badins avaient raison. Dans ce numéro j'avais réservé une page à de belles strophes sur Venise que m'avait données Émile Bernard[93], libertaire, poète et peintre de valeur. Bernard quitta ensuite la capitale de l'Égypte pour se rendre à Paris où il fut présenté comme un conférencier (en costume persan : pourquoi ?) par Maurice Barrès. Je ne sais pas ce qu'il est devenu… Beaucoup de personnes disparaissent de ce pays et nul ne parle plus d'elles.

Au Caire et à Alexandrie il y avait en ce temps-là une élite de jeunes écrivains ; il n'y a pas à s'étonner si dans un pareil milieu d'affaires – la cabale politique avec ses diplomates, ses « observateurs », ses dames et ses espions constituait un monde à part – ils restèrent presque ignorés. Je ne citerai que José Caneri[94] dont la prose brillante, l'intelligence multiple et la verve devaient dans sa maturité le rapprocher dans une espèce d'affinité élective à Laurent Tailhade ; je rappellerai Louis Fléri[95], un érudit, aimant la clarté qu'il recherchait dans les classiques, spirituel et profond sous son élégant scepticisme. Il est mort trop tôt pour ceux qui l'aimaient et non pour la renommée qu'il n'aurait jamais connue ici. Il y en avait d'autres aussi qui collaboraient à des revues littéraires et qui auraient été hautement appréciés s'ils avaient fourni leur collaboration ailleurs; ici, je le répète, presque personne ne s'apercevait d'eux. Mais du journalisme en Égypte, je parlerai plus loin, plus particulièrement.

La Foglia ne devait pas vivre et je ne tirai pas un sou de sa publication. L'éditeur-propriétaire se trouvait dans la gêne. L'avocat Ferrante[96], directeur de la revue l'*Arte*, qui me connaissait, ayant su, lui aussi, dans quelle situation je me trouvais, me donna alors une preuve d'amitié en me proposant de devenir son secrétaire. C'était pour moi une fortune[*]. Je l'annonçai à l'imprimeur qui en resta déconcerté. Il m'avait aidé comme il l'avait pu, rétribuant mon travail avec quelques schellings et me permettant de « me faire un nom » par la revue; devais-je l'abandonner au moment où il devait consigner[†] un peu de travail et qu'il n'avait pas de quoi payer un autre ouvrier? Je restai donc à la casse. Je ne me vante pas de mon sentiment de reconnaissance, mais je relève un contraste de circonstances favorables et contraires à la fois. Du reste mon geste ne devait pas me concilier le sort. Peu après je fus obligé de chercher du travail parce que malgré toute ma bonne volonté je ne pouvais pas vivre avec les schellings qui m'étaient donnés toujours plus rarement.

Le docteur Enrico Insabato, que je connaissais depuis qu'il était arrivé pour la première fois en Égypte, en 1902, pour le Congrès

* Italianisme (*Era per me una fortuna*) : « C'était une chance pour moi ».

† Italianisme (*doveva consegnare*) : « il devait livrer un peu de travail ».

Médical International, était retourné d'Italie et allait publier un journal, *Il Convito*, qui devint ensuite sous le même titre une revue en langues italienne et arabe[97]. Avec ce jeune médecin, qui surtout s'intéressait aux questions orientales, j'entretins toujours des rapports amicaux. Seulement, la publication du *Convito* ne fut jamais régulière ; tout à coup Insabato partait, restait loin pendant des mois, puis reprenait, à son retour, le travail de rédaction. Chaque fois, depuis le commencement, pour les articles que je lui fournissais et pour mes peines de typographe (ayant désormais appris le métier, je pouvais faire les deux choses à la fois) je reçus de lui une honnête compensation. Il n'est pas à ma connaissance, ainsi qu'on l'affirmait, qu'il ait rempli des missions politiques à l'étranger, pour le compte du gouvernement italien. Ce que je puis affirmer c'est qu'au Caire il sut de suite s'acquérir les sympathies des Égyptiens de tous rangs par son affabilité et par le programme qu'il soutenait. Je l'accompagnai souvent dans des quartiers presqu'ignorés des Européens, habités par des indigènes seulement, et je pus constater que tous le traitaient en ami. Il était en somme devenu populaire dans le meilleur sens du mot. L'intimité qui le liait à Mohamed Eloui Bey[98], premier interprète à la Légation d'Italie, homme très cultivé, lui facilita beaucoup de relations ainsi que l'estime que lui témoignait le vieux cheikh Eleishe[99], auteur de la fatwa rendue sur la demande d'Arabi pacha pendant les événements de 1882.

Concernant son programme, je n'en approuvais pas certains points. Certes, il faut que le monde occidental comprenne le monde islamique et, réciproquement, que celui-ci comprenne celui-là. Mais ni le Coran ni l'Évangile ne peuvent servir d'éléments d'appréciation sur les deux civilisations. En outre, quand la civilisation européenne est représentée d'après son progrès mécanique seulement ou, ce qui pis est, sur la base de la moralité d'hommes d'affaires, d'escrocs ou d'exploiteurs, il est nécessaire d'observer que de semblables personnages abondent aussi dans les pays musulmans. Les éléments de jugement doivent donc être portés sur de plus hautes sphères. Or, en ce temps-là, les aspirations des intellectuels égyptiens, dont Moustapha Kamel[100], l'ami de Pierre Loti et de Madame Juliette Adam, était à la tête, tendaient à libérer le pays de « l'oppression » étrangère et à le réunir politiquement avec l'Empire Ottoman, sous le régime paternel d'Abdul Hamid[101]. Comment Insabato ne se rendait-il pas compte que le triomphe de ce prétendu nationalisme aurait signifié le renouvellement de la vieille et inhumaine puissance des pachas, contraires à toute institution libérale, ennemis de l'étranger non pas parce qu'oppresseur, mais parce que, le cas échéant, innovateur ou concurrent?

Comment ne comprenait-il pas que toute critique contre le matérialisme européen devenait ridicule si à ce matérialisme l'on opposait l'idéal d'une complète sujétion au Sultan rouge?

Je n'approuvais pas, non plus, les campagnes contre les Anglais, devenues systématiques après la question d'Akaba[102] et le triste épisode de Denchaoui[103]. Je discutais sur ces questions avec Insabato mais les divergences entre nous à leur sujet, n'ébranlèrent pas notre amitié.

D'ailleurs, je le répète, son action, du point de vue culturel, me paraissait saine et utile. Insabato devait par la suite modifier plusieurs de ses idées et se faire d'autres conceptions en matière sociale et politique. Je le revis à Alexandrie, député, et nous reprîmes sereinement nos conversations interrompues depuis bien des années, comme si nous nous étions quittés la veille.

À la rédaction du *Convito*, spécialement pour la partie arabe, un personnage peu commun déploya une grande activité. Les journaux relatèrent, en son temps, et plusieurs d'entre eux illustrèrent par des dessins en couleur, l'épisode suivant : pendant que la première corrida avait été annoncée à Paris et que le public se passionnait en faveur ou contre cette barbare nouveauté, un jeune homme étranger demanda à être présenté au torero. Après avoir échangé à peine quelques mots avec lui, l'étranger sortant un revolver de sa poche, blessa le champion au bras droit. Il fut arrêté ; il déclara qu'il n'avait pas voulu tuer cet homme, mais seulement le mettre dans l'impossibilité de continuer à exercer son infâme métier[104].

Le personnage que je voyais souriant pendant qu'il lisait les épreuves du journal (à la maison d'Insabato ou à l'imprimerie) en turban, portant une robe fantaisiste, qui aurait voulu être marocaine, chaussé de grosses bottes et portant un large manteau blanc, était précisément celui qui avait si bruyamment protesté contre une distraction à la mode. C'était un Suédois du nom d'Aguéli[105]. Son aventure avec le torero, fut suivie d'une autre, mais d'un genre différent. Aguéli qui souffrait non seulement pour les spectacles sanglants, mais pour la misère des humbles, fut mêlé dans un procès contre des socialistes. Sorti de prison, il partit pour les Indes britanniques où il se convertit à l'islamisme et prit le nom de Mohamed.

Il me raconta que, de retour en Europe, débarquant à Gênes, il fut indigné contre les agents douaniers. Ceux-ci, ayant aperçu un chat malade qu'il gardait dans un panier et qu'il avait apporté avec lui, pour le soigner, du pays des parias, s'étaient mis à rire.

Insabato l'avait connu à Bologne, puis l'avait revu à Paris et en Égypte. C'était, il est superflu de le dire, un homme singulier, à l'esprit éveillé et d'une extraordinaire faculté d'assimilation. Il connaissait plusieurs langues et il était en train d'apprendre le persan. Un arabiste aurait trouvé à redire sur son style, mais Aguéli ne se souciait pas trop des arabistes. Ce fut aussi par l'entremise d'Insabato que je pus approcher d'autres personnes sympathiques, converser et échanger des idées avec elles. La riche bibliothèque de cet ami me fournit des lectures utiles, pendant lesquelles je pouvais oublier mes soucis : un jeune Français du nom de Dupré[106], une nature d'artiste, dessinateur au Ministère des Travaux Publics, et qui fréquentait, lui aussi, la maison d'Insabato, me prêtait des livres. Ce jeune homme, à l'aspect délicat, à l'âme noble, voulut me relever de mon état et me proposa de devenir dessinateur de plans, comme lui. Cela est facile, me répétait-il : les paroles du vieil Isaac me revenaient à la mémoire. Quoique j'eusse essayé de tracer certains dessins, je ne dis jamais à Dupré la véritable raison pour laquelle la nouvelle perspective ne me disait rien : c'était, je le répète, mon accoutrement de miséreux. Le costume déteint, acheté avec quelques schellings chez le fripier, n'attirait pas l'attention de mes amis intellectuels – parce que c'étaient des intellectuels – mais il m'aurait fait accueillir assez mal par les personnes auxquelles, si j'avais cédé aux pressions du dessinateur français, j'aurais dû me présenter. En somme, à ce sujet, les plus intelligents pouvaient être comparés à ces quakers obtus mais bons au fond, qui auraient voulu m'envoyer à la villa de Hélouan…

Non seulement il me semblait de porter sur moi l'emblème d'une misère sans fin, mais j'avais fini par me considérer comme étant indigne de tout intérêt.

Mais quelqu'un m'estimait capable de quelque chose. Par exemple, un tel qui m'avait été présenté, un gros chevalier qui se disait correspondant du *Corriere della sera*, de la *Tribuna*[107], et de je ne sais plus combien d'autres grands journaux, m'invita à aller le trouver à l'hôtel. Il s'agissait de gagner plusieurs dizaines de livres. Un oncle du chevalier, un homme qui avait fait sa carrière tout seul, qui s'était enrichi à Alexandrie et au Caire, avait composé une brochure qui devait contenir sa biographie. Le journaliste m'en remit le manuscrit.

– C'est écrit, me dit-il, par un âne, et il faut tout recommencer. Je n'ai pas le temps; je vous prie d'en tirer des pages lisibles.

Le lendemain je retournai chez le chevalier pour le prévenir que cette publication aurait déshonoré un bandit. Entre autre, le nouveau riche – chevalier lui aussi – relatait des relations obscènes d'ancien charretier avec une vieille dame d'Alexandrie qui l'avait aidé à quitter son humble métier et à devenir un entrepreneur lui-même.

Je sais! Je sais! s'exclama en riant le journaliste. Mais il n'est pas besoin de remuer la boue! Il suffit que vous me prépariez, pour le moment, plusieurs pages de préface, sans mentionner des détails plus ou moins scabreux… Comprenez-vous? Vous parlerez des hommes qui ont su se frayer leur chemin par leur propre travail… citez des hommes illustres… et laissez-moi faire!

Naturellement, je n'écrivis pas la préface. J'appris ensuite que l'honnête neveu avait reçu en acompte une rondelette somme de l'honnête oncle et qu'il était parti le lendemain de mon entretien avec lui. Mon travail aurait dû lui servir à obtenir encore de l'argent et à continuer à se la couler douce en qualité de… correspondant de grands journaux. Mais si le dégoût m'empêchait de tomber dans de pareils guet-apens, mon inguérissable ingénuité ne me préservait pas contre les tours de plusieurs pillards, disons, littéraires. Au pauvre diable que j'étais, s'adressaient ceux qui avaient des articles à envoyer à des revues, sous leur nom, ou un numéro unique à faire imprimer… Je ne fus jamais récompensé, ou plutôt, une fois, un tel à qui j'avais fourni toute la matière pour une publication pour une grande occasion, m'apporta à la maison une… petite boîte de saumon. Ma boutique d'articles prospérait ainsi, bien davantage que le débit ouvert par Ghislanzoni[108] pour vendre sa marchandise : mais chez le poète de Côme une fillette ne s'était-elle pas rendue au moins une fois, ayant l'argent à la main, pour demander cinq centimes de pâtes alimentaires?

Au cours d'une des plus longues suspensions de la publication de *Il Convito*, alors que je cherchais du travail de typographe, je reçus de la poste, où je me rendais rarement, ayant cessé toute correspondance, une lettre qui contenait ce seul mot : « Courage » et cette signature : « Idéal ». Un mandat poste de cinquante piastres y était inclus. Pendant plusieurs mois « Idéal » continua à m'envoyer sa parole et son cadeau. Je remercie encore l'anonyme, homme ou femme qu'il soit. Pourquoi ne devrais-je pas exprimer aujourd'hui ma reconnaissance ? Léon Bloy, l'illustre pauvre que j'ai cité pour ses écarts dédaigneux, trouva dans la préface du *Désespéré* les accents les plus émouvants pour remercier un autre anonyme qui lui avait envoyé une paire de vieux pantalons[109].

Enfin, j'entrai dans une imprimerie où l'on devait publier un nouveau quotidien. Mon salaire était d'un tallari par jour. Je connaissais de nom et de vue le directeur de ce journal ; je le connaissais aussi par la réputation que le public lui avait faite de publiciste « vaillant et batailleur ».

Avant de continuer, qu'il me soit permis d'exposer ici mes impressions sur le journalisme en Égypte. Il y a trente ans, sous le règne d'Abbas Hilmi[110], l'Égypte connaissait la liberté de la presse, autant et mieux que d'autres pays. Mes amis de Tunis ne m'avaient pas trompé à ce sujet. Avec la liberté de la presse, il y avait, naturellement, celle de réunion, d'association. Gori avait pu tenir des conférences de caractère anarchiste au Caire et à Alexandrie[111] ; à ce propos je me souviens que beaucoup de braves bourgeois s'étaient découverts à l'occasion, des sentiments libertaires dans leur cœur, parce que ce furent précisément eux qui réservèrent l'accueil le plus enthousiaste à l'orateur. Lorsqu'après la rébellion des équipages russes dans la Mer Noire, en 1907, trois marins fuyards furent arrêtés à Alexandrie, des démonstrations de protestation aux cris de « Assassins ! Assassins ! » eurent lieu[112].

Tenons-nous en à la liberté de la presse. L'Angleterre pour de bonnes raisons ne pouvait imposer ici ni des restrictions ni des censures. L'occupation britannique devait être un acheminement vers le régime de liberté, jusqu'à ce que le pays occupé démontrât qu'il était capable de se gouverner tout seul. De plus, la puissance occupante devait respecter les droits de chaque nation. Il est aisé de voir quelle activité aurait été réservée aux journalistes étrangers dans la défense des intérêts de la communauté, dans la critique des systèmes, des organismes et des lois. L'incident du *Bosphore Égyptien* prouvait l'importance qui était attribuée aux prérogatives internationales[113]. Malheureusement l'élément des membres de la presse se composait, en grande partie, de personnes sans instruction et sans dignité, de courtiers marrons et d'escrocs. L'incident du *Bosphore* avait conseillé beaucoup d'aventuriers à se ranger, comme le voulait la mode, contre la politique britannique, de la façon la plus grotesque et la plus ignoble. Les questions vitales pour les communautés qui s'élargissaient, devinrent de misérables prétextes pour la vanité de chauvinisme de clocher. Les journaux-affaires prédominèrent. Comme les rares subsides des Légations et des Consulats ne suffisaient pas pour les faire prospérer – que pouvait-on donner à de misérables feuilles qui révélaient la bassesse et la mauvaise foi de ceux qui les noircissaient ? – leurs propriétaires ou leurs directeurs se livrèrent souvent à des chantages contre des particuliers, se mirent d'accord avec de louches entreprises et propagèrent spécialement de fausses nouvelles en Bourse. C'étaient des escrocs ou des gens bassement asservis. Les rares publicistes honnêtes n'eurent plus qu'un rôle secondaire à remplir.

Pour ce qui concerne la technique, il est à observer que ces journaux, au tirage ne dépassant pas les mille exemplaires, donc apparemment peu productifs, auraient dû néanmoins avoir pour les quatre pages sur lesquelles ils s'imprimaient, un personnel complet de rédaction. Leurs propriétaires se souciaient de bien autre chose. Étant donné qu'en Égypte la propriété littéraire n'est pas reconnue, ils se mirent à saccager les journaux étrangers au fur et à mesure qu'ils arrivaient : des articles politiques, des articles littéraires et de variété ; des contes, des romans, tout ce qu'il fallait pour remplir ces feuilles, pouvait être obtenu gratuitement. Pour le reste, c'est-à-dire pour les nouvelles de chronique locale, on donnait quelques livres à un pauvre diable qui faisait la besogne ; deux autres pauvres diables corrigeaient les épreuves, faisaient des coupures et la mise en pages. Les prétendues « correspondances particulières » étaient, elles aussi, empruntées à d'autres journaux. Les articles de fond, sur des questions égyptiennes, appartenaient à des quotidiens de Paris ou de Londres. Les rédacteurs et collaborateurs improvisés écrivaient par contre prétentieusement sur des problèmes qui demandaient une longue étude, des connaissances spéciales et de l'expérience. D'aucuns affichaient d'être très corsés en matière économique en recopiant le manuel de Baudrillart à l'usage des écoles[114]. D'autres passaient pour critiques d'art parce qu'ils avaient appris par cœur quelques douzaines de noms de peintres, de musiciens ou de sculpteurs. L'érudition littéraire consistait dans une récente recherche dans le dictionnaire. Un imbécile – j'en connus plusieurs – qui prétendait citer l'heure précise, en minutes et secondes, à laquelle était né Wagner, était considéré comme un savant hors ligne.

Tel était le journalisme à cette époque, et sous de nombreux aspects il n'a pas changé depuis. On était propriétaire et directeur d'un journal, comme l'on est propriétaire d'un magasin de souliers ou directeur d'une entreprise de pompes funèbres. Les employés se fatiguent et messieurs les directeurs se la coulent douce. Avec le système des appropriations, des plagiats, des véritables vols, n'importe qui peut imprimer un journal en Égypte : quiconque, même un brosseur de coussins d'automobile.

Plusieurs soirs après mon entrée dans la nouvelle imprimerie, pendant que je me trouvais à la casse avec d'autres ouvriers, le directeur du quotidien intitulé *Il Giornale* entra. Il était accompagné de M. Paul Manse[115], directeur de *l'Égypte*. Comme instruction, Santorelli[116], le personnage avec lequel je devais entrer en relations, était presque au même niveau que Danovaro. Un observateur médiocre ne se serait pas laissé tromper par ses manières qui voulaient singer celles d'un gentilhomme. Il n'avait aucune intelligence, mais il était malin, prêt à tirer un profit personnel de n'importe quelle occasion, sans avoir, on le comprend, aucun scrupule sur les moyens à employer. Je m'aperçus qu'il parlait de moi avec M. Manse : puis à haute voix il dit à son compagnon :

– Vous voyez ici un véritable journaliste... Il veut faire le typographe !

Une présentation suivit cette sorte de compliment ; enfin Santorelli m'invita à me rendre aux bureaux de la rédaction le lendemain matin. Je devinai la proposition qu'il m'aurait faite. La comédie de la fiasque de vin devait-elle recommencer ? C'est pourquoi je parlai franchement ; le métier me procurait du pain, je ne demandais pas plus que mon salaire d'ouvrier, mais j'entendais être réglé à la fin de chaque semaine. En outre je me fis spécifier le genre de travail que je devais fournir.

– Mais voici, répondit Santorelli ; le travail… eh, le travail… Tant que je n'aurai pas monté une rédaction, vous m'aiderez. Je suis seul, vous comprenez ? Je ne prétends pas que vous me donniez des articles l'un derrière l'autre et que vous fassiez tout pour un misérable tallari… Vous m'aiderez seulement. J'ai confiance en vous…

Ainsi rien n'était fixé. Un autre, moins bête que moi, aurait insisté ou mieux, il aurait refusé un emploi d'un genre indéfini. L'aider ! En quoi ? Et ce fut moi qui restai seul à la rédaction. J'apprenais moi aussi, à faire un journal pour les braves gens d'Égypte. Du reste, si même j'avais eu la velléité d'écrire un article, je n'en aurais pas eu le temps. N'ayant pas de reporter, je faisais la chronique en feuilletant les autres journaux ; je traduisais les dépêches des agences, je résumais les articles des journaux étrangers et des revues ; je corrigeais les épreuves ; je faisais la mise en pages… Parfois, en première page paraissait un article, qui était une attaque contre quelque personne, dû au directeur. Souvent les nouvelles locales manquaient. Santorelli m'enseigna ce que je devais faire dans de pareils cas : prendre des vieux journaux de deux, trois ou dix années auparavant (il y en avait des collections), chercher les crimes les plus abominables commis, cela s'entend, par des indigènes, dans des villages éloignés et les servir de nouveau au public.

Le journal parut une fois avec un éloge magnifique de la politique du Khédive Abbas Hilmi, signé de Santorelli. J'étais resté bouche béante en lisant cet article sur l'épreuve. C'était la traduction, mot à mot, de plusieurs pages du livre de D'Harcourt, *L'Égypte et les Égyptiens*[117]. Comment Santorelli osait-il signer de son propre nom une prose qui devait être connue, imaginais-je, d'un très grand nombre de personnes ? Qui voulait-il tromper ? Le Khédive ? Non, parce qu'Abbas Hilmi ne devait pas ignorer ces pages-là.

Mon étonnement s'accrut lorsque je vis arriver à la rédaction Chawky bey[118], poète de la Cour, homme intelligent (il est mort l'année dernière) qui, tendant la main au prétendu auteur de l'article, exclama :

– Bravo ! Merci ! Son Altesse en est restée émue !

J'appris ensuite que cette émotion extraordinaire avait valu à celui qui l'avait provoquée une somme de quatre-vingts livres.

Dieu merci, l'on me promettait des heures joyeuses. Les trucs de Santorelli pour faire de l'argent étaient connus du public de ce temps-là autant que les astuces de Polichinelle… Je veux en rappeler un, avec des détails qui ne furent jamais connus des admirateurs du génial publiciste. Parce que, pour l'histoire de la morale, il faut ajouter que ce fut précisément en raison de ces trucs dans lesquels il apportait beaucoup de naturel et de désinvolture, qu'il s'acquit cette renommée.

Au Caire vivait un dénommé Luciano Perifono[119], Italien naturalisé grec, de profession douteuse. Haut, corpulent, avec de grandes moustaches, toujours armé d'un bâton noueux, c'était le type du palikare[120] dans la signification que l'on donne à cette parole dans la moderne Hellade. Lorsque certains individus avaient besoin de main-forte ils avaient recours à lui qui était la terreur des assidus des tripots, des bars et des maisons malfamées. Voilà le plan que Santorelli imagina d'accord avec le palikare :

Il fit publier dans l'*Égypte* où il avait des amis, quelques lignes de chronique dans lesquelles il était dit que la police aurait bien fait de surveiller un jeune homme, fils d'un riche bey, qui se livrait chaque nuit à des scandales dans les cafés et dans les rues de la ville. La note ayant paru, Perifono accourut avec le fils du bey chez Santorelli.

– Avez-vous lu l'*Égypte* ? C'est une infamie ! Ce jeune homme est mon ami et j'espère, mon cher Santorelli, que vous répondrez ainsi qu'il convient aux insinuations de ce journal !

Santorelli, calme, dit qu'il regrettait beaucoup ce qui arrivait ; qu'il avait cependant aussi été informé des exploits du jeune homme et qu'il avait voulu s'en occuper.

– Comment, interrompit Perifono, vous aussi ?... Mais cela n'est pas possible ! Pourquoi faire du mal à une personne honorée ? Que dira le bey ?

– Il se peut qu'il y ait de l'exagération, reprit le directeur ; je conviens même, puisque c'est vous qui me le dîtes, que ces informations soient fausses. Malheureusement mon journal est déjà imprimé ! Attendez un peu...

Il entra dans l'atelier et retourna, tenant en main une épreuve. Il avait fait composer vingt lignes dans lesquelles, en joignant sa voix à celle de l'*Égypte* pour invoquer l'intervention de la police, il révélait le nom du jeune homme « appartenant à une famille riche et estimée ». La fin était une attaque contre les blancs-becs qui « gaspillent leur patrimoine dans des bas-fonds et traînent dans la boue l'honneur de la famille... »

– Santorelli ! s'écria Perifono, vous ne publierez pas ceci ! Absolument pas !

– Je vous répète que le journal est en machine… Je regrette, mais il est trop tard !

– Il est six heures ! Vous pouvez faire une autre édition…

– Une autre édition ? Qui est-ce qui va la payer ?…

– Ah, si ce n'est que pour l'argent ! N'est-ce pas, mon cher ami ?

Le jeune et cher ami déboursa soixante livres.

Je ne sais pas combien en reçut le compère de l'*Égypte* pour qu'il ne s'occupât plus des aménités du fils du bey.

Encore cette petite histoire qui illustre un de ces plagiats énormes auxquels avait recours le publiciste, conscient de l'ignorance d'autrui autant que de l'utilité de sa propre effronterie. Un brave homme qui, quoique dépourvu de diplôme, exerçait la profession de médecin à Alexandrie, avait été dénoncé aux autorités consulaires italiennes pour exercice illégal de la médecine. Il méritait d'être défendu parce qu'en somme il exerçait son art avec prudence et habileté. Plusieurs de ses amis vinrent expressément d'Alexandrie au Caire pour prier Santorelli d'écrire en faveur du brave homme. Santorelli publia un article vraiment magnifique dans certaines de ses parties, et fort insuffisant dans d'autres. Il lui valut des dons et des félicitations. Mais où avais-je lu cette prose ? Car j'étais certain de l'avoir lue un grand nombre d'années auparavant. Je demandais à deux ou trois connaissances les différents écrits, recueillis en une brochure, de Angelo Brofferio[121]. Elles ne les avaient pas. Un jour, finalement, je découvris au domicile de l'avocat Ferrante les *Actes du Parlement Subalpin* qui contenaient le discours prononcé par l'auteur de *Scene Elleniche*, pour que fût maintenue la dotation du Gouvernement au Théâtre Royal de Turin.

Santorelli avait tiré de ce discours les passages les plus importants qui se référaient à la dignité des nations qui honorent l'Art et les Sciences, et s'en était servi pour remonter d'un humble fait à de sublimes conceptions. Vraiment dignes de lui !

Je passe sur beaucoup d'autres épisodes des moins comiques, parce que je ne veux pas mettre sur la sellette des individus qui, cependant, se servirent du publiciste dans des occasions peu propres, peu honorables ou totalement louches.

Je noterai en passant que deux typographes, l'un Italien et l'autre juif, s'étaient associés pour installer l'imprimerie qui devait servir à la publication du journal de Santorelli. Ils avaient consacré dans cette entreprise leurs épargnes et s'étaient même endettés. Ils n'étaient pas payés, mais ils étaient heureux et fiers de pouvoir collaborer avec celui qui passait pour le plus brillant des journalistes d'Égypte.

Mais si la répétition de pareilles entreprises me fournissait matière à observation et souvent de bonne humeur, le manque d'argent m'affligeait. Au commencement, Santorelli m'avait payé, ainsi qu'il avait été convenu, chaque semaine ; puis il avait renvoyé la paye et à présent il me devait huit livres, somme assez importante pour moi qui avais contracté des dettes. Monsieur le directeur me promit un soir – il venait rarement à la rédaction, c'est-à-dire chez moi – que le matin suivant il m'aurait envoyé ce qu'il me devait, par l'entremise d'un jeune homme, son compagnon d'honnêtes distractions et soi-disant marquis. À dix heures le noble jeune homme vint, en effet, mais pour m'annoncer qu'il n'y avait pas d'argent. Moi, qui suis un plébéien, je prévins le marquis que si, à midi, je n'avais pas reçu les huit livres, j'aurais quitté le travail.

Je le quittai en effet. Il est aisé de comprendre quelle fut ma situation après avoir vécu pendant plus d'un mois sur le crédit de modestes fournisseurs, y compris le boulanger. De Darb-el-Zayat je m'étais transféré au jardin Rosetti[122] où je ne recevais que la visite des deux jeunes filles auxquelles j'avais donné des leçons. Elles étaient en deuil à la suite de la mort de leur sœur que j'avais connue chez Katz. Elle avait épousé, malgré la volonté de ses parents, un jeune exalté, véritable inconscient qui l'abandonna avec un bébé et elle en était morte de crève-cœur.

Les jeunes filles venaient chez moi pour parler d'elle et je tentais de les consoler le mieux que je pouvais.

Ce furent des journées assez tristes, que celles-là. Si de temps en temps l'avocat Ferrante ne m'avait pas secouru, je serais mort de faim. Je ne sais pas s'il avait su le motif pour lequel j'avais refusé le poste qu'il m'avait offert ; il est certain cependant qu'il me témoignait une grande sympathie et de l'affection. Je lui avais envoyé plusieurs articles pour l'*Arte* et enfin il voulut que je m'occupe de sa revue avec le poète Guémard.

L'avocat Ferrante, je l'ai déjà dit, n'était pas seulement un homme probe et libéral, mais il avait une bonne culture. Il n'entendait pas faire de l'*Arte* une publication pour les purs intellectuels et pour les esthètes – il y en avait très peu dans le pays – mais une revue populaire et par conséquent, s'il accueillait avec plaisir les écrits des meilleurs, il ne jetait pas au panier la production médiocre. Mon intransigeance à ce propos le faisait sourire : ce fut précisément pour m'éduquer à l'indulgence qu'il me confia la tâche de retoucher pas mal de proses et de vers. Étant donné que je ne voulais pas « vivre » de mon travail littéraire, je continuai à faire le typographe dans l'imprimerie dans laquelle se publiait l'*Arte*, mais je fus destiné à d'autres travaux ; je chargeai de la composition de cette revue un jeune homme auquel je versais ce que, généreusement, me donnait l'avocat Ferrante. Quel beau bénéfice ! Parce que je ne calculais pour rien mon activité d'écrivain…

L'*Arte* ne vécut pas. Quoique cette revue eût plusieurs centaines d'abonnés, son directeur se rendait compte que le milieu devenait sans cesse plus indifférent aux manifestations littéraires ; un escroc – ce Brigido[123] qui devait ensuite devenir un sbire – que j'avais recommandé à Ferrante comme encaisseur des abonnements s'appropria des fonds et concourut ainsi à hâter sa décision.

L'avocat Ferrante m'avait présenté plusieurs personnes, spécialement ses collègues du barreau et des médecins, et il aurait désiré que je fréquente quelques maisons et quelques cercles. Parmi mes nouvelles connaissances de cette époque il m'est agréable de rappeler la figure originale de l'avocat Isabella[124]. Son énorme veston d'alpaga était légendaire. Il intervenait avec ardeur dans toutes les discussions, et citait des maximes latines qui, pour lui, avaient la valeur d'axiomes. Il était resté mazzinien, et positiviste, disait-il. Lorsque, il y a quelques années, quelque temps avant sa mort il m'envoya une lettre à l'occasion d'une modeste publication à moi je compris combien une foi peut être de réconfort. Il croyait encore, fermement, après la guerre, à l'avènement d'une époque de justice sociale…

Un personnage que j'approchai en ce temps-là, m'exprima le désir d'avoir avec moi un entretien « à part ». De quoi s'agissait-il? Nous eûmes un échange d'idées générales, puis vint la proposition : voulais-je publier un journal antisémite? Le mot, impropre, a une acception qui ne laisse aucun doute. Le milieu, disait ce personnage, est empreint d'un judaïsme rapace; c'aurait été faire une œuvre courageuse et utile, que de combattre une association internationale d'exploiteurs. Un groupe pourvoirait à la vie du journal et j'aurais été largement récompensé de mes peines.

Je demandai si, en même temps que les Juifs, j'aurais pu dénoncer les hommes d'affaires et les négriers chrétiens qui pullulaient en un aussi égal nombre en terre égyptienne et dans plusieurs autres parties du monde. Et puisque ce personnage avait nommé Drumont, je lui fis observer que l'auteur de la *France Juive*[125] n'était pas, lui aussi, très tendre pour la soi-disant aristocratie de son pays et moins que jamais pour la bourgeoisie. Naturellement ce projet tomba à l'eau.

Au retour d'Insabato, après avoir erré d'imprimerie en imprimerie, il fut décidé que le *Convito* s'imprimerait chez le docteur Djeveret[126], qui publiait en turc et en français la revue *Le libre examen*. Ce docteur en médecine venait de Suisse où il s'était réfugié pour échapper à la peine de mort à laquelle il avait été condamné en Turquie, sous le paternel gouvernement d'Abdul Hamid. Un homme de confiance, un homme du peuple, condamné lui aussi à la même peine et qui composait les quelques pages de la revue en langue turque, le suivait. La petite imprimerie de propriété du docteur Djeveret, qu'il avait fait transporter de la Suisse, était pourvue de beaux et bons caractères, de vignettes, etc., mais pendant le voyage tout s'était mélangé. Mon travail consista précisément à remettre les casses en ordre.

Mais je ne procédais pas aussi vite que je l'aurais voulu. Très souvent, Djeveret bey, qui ne se souciait pas beaucoup de sa revue et le moins du monde du *Convito*, m'appelait pour l'entendre réciter quelque poésie de Victor Hugo, son poète préféré, soit parce qu'une idée lui était venue, soit parce qu'il éprouvait le besoin de discuter de politique, d'art, de philosophie. Il ne savait pas rester seul. Pour son bonheur il avait trouvé un camarade qui pour déclamer des vers et prolonger une discussion à l'infini par des paradoxes extraordinaires, n'avait pas son égal.

Ce camarade était Maurice Buscalioni[127]. Les personnes qui me parlèrent de lui pour la première fois, à mon arrivée au Caire, me prévinrent qu'il avait complètement perdu la raison. En effet un jour je le vis gesticuler au milieu d'un groupe avec une si grande véhémence, et je l'entendis prononcer à haute voix, des phrases si rageuses, que le considérai pour le moins pour un exalté dangereux. Mais s'il ne savait pas se maîtriser lorsque la conversation tombait particulièrement sur les « Anglais » ou bien sur le brigandage des nations européennes en général, dans les entretiens habituels il se rendait tout de suite sympathique par sa logique, son acuité et sa bonne humeur.

Pourquoi perdait-il tout son contrôle en parlant des Anglais? Les Anglais furent précisément responsables de l'aventure la plus douloureuse de son existence; mais si cela explique son ressentiment, voire sa haine, il est triste de devoir constater que ce ne sont pas seulement les fonctionnaires d'Albion qui à l'étranger se rendent souvent coupables d'injustices et d'abus qui restent malheureusement impunis.

Le père de Maurice, Charles Michel Buscalioni, disciple de Rosmini, professeur de Philosophie à l'Université de Turin et successeur de Lafarina à la présidence de la Société Nationale Italienne[128], dut souffrir beaucoup lorsqu'il s'aperçut que son fils était bien différent de lui. L'homme qui avait consacré son existence à la Religion Catholique, à la Monarchie, à la Dynastie de Savoie et avait tant fait pour que le Prince Amédée montât sur le trône d'Espagne, était le père de celui qui appelait tyrannique la chrétienté et aurait voulu renverser les trônes ! Les services rendus par le professeur à la « bonne cause » ne sauvèrent pas le jeune libertaire qui, condamné, prit la route de l'exil. Maurice Buscalioni était un mathématicien de valeur, un astronome et un poète. Il vécut à l'étranger, au milieu de privations ; il se réfugia au Venezuela dont il acquit la nationalité et fut nommé directeur de l'Observatoire de Caracas : il retourna en France, sa patrie d'élection. D'abord il fut bien accueilli et honoré à Paris, puis il en fut expulsé. L'astronome, avec sa femme et ses filles, entreprit alors un voyage aux Indes, et fit escale à Aden. C'était en 1895.

Que l'on retienne ce fait : quelque temps avant que Buscalioni n'arrivât dans cette ville, un journaliste italien dénoncé comme débiteur par son propriétaire d'hôtel, italien comme lui, avait été condamné à huit mois de prison. Le journaliste avait prétendu que s'étant occupé de la comptabilité et de la correspondance de l'hôtelier qui exploitait aussi un magasin de produits orientaux, il ne lui devait rien et qu'une altercation qu'il avait eue avec son compatriote avait provoqué la dénonciation. Ce dernier, selon les lois spéciales en vigueur à Aden, aurait pu garder en prison pour toute sa vie le condamné, en s'obligeant seulement à payer sa nourriture quotidienne.

Or, l'astronome alla loger précisément chez cet hôtelier. Il avait de l'argent avec lui; plusieurs milliers de francs, des instruments et des cartes. Pour son malheur, il contracta une maladie; et l'hôtelier après lui avoir volé le plus qu'il pouvait, répéta le truc qui lui avait si bien réussi déjà : c'est-à-dire qu'il le dénonça comme étant son débiteur et, en outre, comme un dangereux révolutionnaire. Buscalioni eut recours au gouverneur d'Aden qui lui répondit : « Pourquoi êtes-vous venu ici? Il fallait ne pas venir ». L'hôtelier, enfin, parvint à s'emparer de tous les instruments de l'astronome et à le conduire en Égypte avec toute sa famille. À Port Saïd sa femme et ses filles disparurent et il ne put jamais savoir ce qu'il advint d'elles. Tous ses manuscrits disparurent aussi.

Si en repensant à sa femme et à ses filles – il y repensait le pauvre homme! – il trouvait des paroles de feu, de « fou », l'on conviendra que beaucoup deviennent fous pour bien moins. Mais sa triste Odyssée n'était pas terminée. Au Caire, pour avoir annoncé l'éclipse solaire du 22 janvier 1898, qui fut observée ensuite, Buscalioni fut renfermé à l'Asile des Aliénés, où il resta quinze jours et d'où il put sortir grâce à un hasard providentiel qui lui permit de communiquer avec un ami. L'ami menaça en effet d'une protestation collective de tous les médecins du Caire et obtint ainsi sa libération. En attendant l'astronome dut payer les quinze jours de pension forcée…

De Galilée à nos jours – disait Buscalioni – « un semblable fait ne s'était plus vérifié ; avec cette différence, cependant, que Galilée fut jugé par des cardinaux, tandis que je fus jugé par des chaouiches ! »

À la mort de son père, survenue en 1885, un sauf-conduit lui avait été refusé – quoiqu'il eût été demandé par l'entremise du Vice-Président du Sénat et d'un Ministre Plénipotentiaire – avec lequel il voulait retourner en Italie. Ainsi, lorsque je le connus, son exil durait depuis trente ans environ. Des autorités étrangères avaient séquestré ses derniers manuscrits, quoiqu'il fût citoyen vénézuélien et qu'il se trouvât alors logé auprès d'un citoyen français. Cet acte arbitraire fut, fort heureusement, blâmé par la presse locale.

Pour peu, un jour, il ne resta pas écrasé sous le landau d'un bey, « un ancien domestique, disait Buscalioni qui avait la répartie féroce, et qui l'est encore parce qu'il est à la tête d'une société hôtelière... ». Il fut heurté, resta le veston pris dans une roue de la voiture et fut traîné ainsi sur une centaine de mètres ; le cocher, un barbarin, essaya de s'échapper et il aurait réduit sa victime en lambeaux si des passants n'avaient arrêté les chevaux. Transporté ni dans un hôpital ni dans une clinique, mais, ainsi que l'on en a l'habitude en Égypte, au caracol[129], l'officier de service, un Anglais malheureusement, donna raison au cocher qui était au service du bey.

Un écrivain français, Armand Belière[130], tira de ces faits monstrueux de quoi faire un roman, *La Victoire des Ténèbres*, qui fut publié dans l'*Arte*.

Buscalioni n'aimait pas l'Égypte. Il citait volontiers cette définition : « Pays ténébreux et inhospitalier, exclu de toute joute intellectuelle, pays qui déshonore celui qui l'habite, en le rendant suspect de crétinisme à tout le genre humain, à cause surtout des étrangers qui, comme autant d'oiseaux de proie, s'y sont introduits pour spéculer sur sa ruine, en dépréciant l'honneur et tout le talent pour n'apprécier que l'or et la vénalité sordide »[131].

Pourquoi l'astronome était-il torturé ici ainsi qu'une bête immonde et féroce ? Qui donc voulait qu'il fût torturé ? C'était un libertaire. Mais pendant les mêmes années où Buscalioni subissait les traitements dont j'ai fait le récit, l'anarchiste Élysée Reclus tenait une chaire à Bruxelles, l'anarchiste Kropotkine publiait ses œuvres à Londres, l'anarchiste individualiste Ibsen était honoré en Norvège et dans tout le monde civilisé ! Le roi Oscar II lui-même avait voulu publiquement exprimer son admiration à l'auteur de *L'ennemi du Peuple*[132].

Une des fenêtres de l'imprimerie du docteur Djeveret donnait sur une petite cour où languissaient quelques arbres et de rares fleurs. Je voyais Buscalioni assis sur un banc, occupé à allumer un bout de cigare avec une loupe.

Tout à coup la voix du docteur, d'une chambre voisine, se faisait entendre :

Ces lieux sont purs, tu les complètes,

Ce bois, loin des sentiers battus…

Et Buscalioni accourait, pour reprendre le quatrain suivant :

L'aurore ressemble à ton âge[133]…

Une fois ils eurent un différend. La voix de Buscalioni, âpre et forte, dominait :

– Je vous dis qu'il est répugnant !

Qui était répugnant? Nicolò Machiavelli! Le docteur était en train de traduire, du français, parce qu'il ne connaissait pas l'italien, *Le Prince*, livre, répétait-il, qui révèle au peuple de quels artifices se servent les tyrans.

– Révèle? pestait l'astronome. Il révèle?... Il enseigne! Et pour la première fois je me déclare d'accord avec un roi : avec Frédéric le Grand[134]! Il est vrai, ajouta-t-il sarcastiquement, que votre Abdul Hamid n'a peut-être pas eu besoin des enseignements de Machiavelli pour vous condamner à mort!

Les Chansons des rues et des bois me plaisaient; l'*Anti-Machiavel* m'intéressait; mais le docteur Djeveret, en m'invitant à prendre part à ces entretiens poétiques et moraux, m'empêchait de remettre en ordre l'imprimerie, de manière que j'étais obligé de travailler le soir à la lumière d'une misérable petite lampe à pétrole... Ce qui est pis, lui qui devait vivre plus de vers que de biftecks, oubliait de me payer. Insabato décida de transporter ailleurs sa revue, dont deux seuls numéros parurent, d'ailleurs; puis il repartit.

Je dois rapporter un trait de bonté à mon égard du directeur du *Convito*. À son retour, et pendant que, comme d'habitude, je travaillais avec lui, il m'offrit de devenir... propriétaire. Le docteur Djeveret vendait son imprimerie : Insabato l'aurait achetée pour moi; j'aurais publié le *Convito* et avec d'autres travaux, j'aurais finalement été en mesure de m'assurer l'existence. Je remerciai l'ami, mais je n'acceptai pas le cadeau. Je n'ai jamais eu aucune capacité pour les affaires quelles qu'elles soient. Administrer une imprimerie était pour moi une chose impossible. Et puis, j'avais déjà vu à quoi servent les capacités commerciales! L'éditeur de

La Foglia, très expérimenté dans l'art typographique, travailleur assidu et qui était en outre au courant des guet-apens des concurrents, n'avait plus un sou !

Ce fut précisément chez lui que je me rendis dans l'espoir qu'en unissant mes efforts aux siens, je lui aurais été utile. Je connaissais assez bien le métier mais je ne savais vaincre la répugnance que m'inspiraient les « patrons », des êtres rudes et ignorants pour la plupart, qui à leur tour, ainsi que les paysans qui deviennent caporaux, voulaient faire payer à l'homme instruit sa supériorité. En Égypte, parmi les autres curiosités anciennes et modernes, existent des propriétaires d'imprimerie qui ne savent pas lire.

Mon ancien éditeur avait à présent un vaste établissement à la rue Mohamed Aly, vers la saillie qui débouche place de la Citadelle[135].

Les machines étaient en bon état, mais la salle réservée à la composition révélait un long abandon. Les casses étaient pleines de refus. Il n'y avait pas de travaux et l'on ne pouvait pas en exécuter. Le propriétaire était tout seul et ce fut lui qui me demanda de l'aider.

L'édifice était immense. Il avait peut-être fait partie d'un corps de bâtiments existants avant que la rue n'eût été élevée. On y entrait en effet, en descendant plusieurs marches : d'un côté se trouvaient les grandes salles d'imprimerie ; de l'autre, séparée par une vaste cour, une construction à un seul étage.

Peu de temps après, j'y fis transporter mes rares effets mobiliers. L'habitation se composait d'une seule et vaste chambre. Aucun bruit ne s'y faisait entendre. La partie de la rue à l'extérieur était tranquille : vis-à-vis de l'imprimerie se trouvait la silencieuse demeure d'Arabi Pacha, « le héros » de la révolte de 1882[136]. J'étais séparé du reste du monde, et cela satisfaisait mes goûts. En outre je ne devais pas payer de loyer : j'étais, c'est-à-dire, libéré d'un cauchemar.

L'on vivotait : je serais resté je ne sais jusqu'à quand dans cette médiocre tranquillité si l'honnête jeune homme qui m'avait accueilli comme un ami et qui partageait avec moi son pain, n'avait pas dû céder l'imprimerie à un nouveau propriétaire. J'ignore de quelle façon le capitaine Georges Nelken Walberg y Souza[137], citoyen de la République étoilée américaine, était parvenu à se procurer la somme nécessaire à l'achat. Il est certain qu'en entendant son titre et son nom, je restai plutôt mal*. Je suis un homme pacifique et je n'ai jamais eu une trop grande admiration pour les guerriers professionnels. À présent, m'imaginais-je, ce capitaine entrera ici sabre au clair, roulant terriblement les yeux, tonnant des commandements… Et avant tout, comment devais-je le saluer ?

Cependant, son nom me rassurait. Ce capitaine devait être le descendant d'intrépides et généreux navigateurs danois et suédois ainsi que de nobles *caballeros* de Castille. Je vis un individu aux traits d'une fouine, le long nez pointu ; mais ses yeux n'avaient pas ce « regard en forme de virgule » caractéristique d'une race, du moins selon Victor Cherbuliez[138], le regard qui en un instant évalue le prix du mobilier d'un appartement, quoique, sous le pince-nez, ils tentassent de sembler dominateurs. Le capitaine faisait penser enfin, à un marchand de vieux habits d'un ghetto quelconque, obsédé de l'idée qu'on le prît pour un yankee authentique, rude, fort et ne reculant devant rien, capable de manier des chevaux

* Italianisme (*ci restai piuttosto male*) : « je ne pris pas bien la chose ».

comme un cow-boy et des affaires comme un Vanderbilt. Pour qu'il n'y eût aucun doute sur son passé militaire, lors des grandes occasions, par exemple lorsqu'un fournisseur lui réclamait ce qui lui était dû, il chargeait son domestique Mohamed d'apporter une photographie ; il y était représenté encadré de soldats armés de fusil et conduit, en bras de chemise, à l'extrême supplice.

– Quand un homme, disait Georges Nelken Walberg y Souza, a été sur le point d'être fusillé, il n'a plus rien à craindre !

Ce qui sans doute était pour satisfaire ses créanciers.

– Ce fut une dénonciation infâme ! expliquait ensuite le capitaine, avec force détails. Ce ne fut qu'au moment où l'officier allait crier « Feu ! » qu'arriva la dépêche du Président qui me graciait !

Une autre photographie servait à confondre les mauvaises têtes, capables pour le moins de soupçonner que tout en étant héroïque soldat, en civil il n'avait pas dû recouvrir de grandes charges. Précisément, la seconde photographie le montrait en habit noir et coiffé d'un gibus sur les marches du Capitole de Washington, au milieu d'Ambassadeurs et de Secrétaires d'État ; seulement ceux-ci, au lieu de paraître honorés de sa présence, le regardaient – à la suite d'un mauvais tour de l'objectif peut-être – indignés comme s'il avait été un vilain intrus. Comme les fidèles regardent un chien dans une église.

Je dois cependant rendre justice au capitaine : il se montra aimable à mon égard, il me paya ponctuellement et me permit d'occuper la grande chambre qui lui appartenait de droit.

– Restez ici, répétait-il : vous me ferez plaisir. Celui-ci est un pays de voleurs*. Sans vous, même le moteur disparaîtrait au bout de quelques jours !

Il était méfiant. L'imprimerie était envahie par une multitude d'individus louches, petits hommes d'affaires et petits escrocs ; mais c'étaient précisément ses nouveaux amis, accourus au bruit qu'il avait fait en ville en annonçant la prochaine parution d'un journal… américain et à l'américaine. Des dollars devaient être jetés de droite et de gauche et il y en avait déjà qui attendaient pour les ramasser. Je ne m'illusionnais ni sur les ressources financières du capitaine, ni sur ses capacités journalistiques, ni, surtout, sur les effets des campagnes qu'il se proposait d'entreprendre. Il lui manquait l'insinuation bonasse d'un Danovaro, la parole douceâtre, le petit sourire mielleux, l'hyperbole adaptée à chaque vanité, avec lesquels le futur pionnier parvenait à soutirer de l'argent à ceux qui étaient le moins disposés à lui en donner ; et il ne possédait pas la désinvolture d'un aventurier de race, l'improvisation moqueuse, la machination ingénieuse grâce auxquelles un Santorelli s'était acquis une renommée non enviable. Dans sa prétendue rudesse, dans ses hardiesses de pochade, le capitaine était d'une cocasserie inégalable.

Il avait appelé pour collaborer à son journal, en français, trois de ses coreligionnaires, un desquels professeur en rupture d'emploi, orgueilleux comme un chameau chamarré, insipide et nul. Les deux autres étaient de pauvres diables, suffisamment instruits et intelligents, mais comme le premier et comme leur directeur

* Italianisme (*Questo è un paese di ladri*) : « C'est un pays de voleurs ».

lui-même, ne possédant aucune notion, même élémentaire, du travail qu'ils allaient entreprendre. Le professeur s'approchait des typographes et après avoir jeté un coup d'œil sur les manuscrits, il s'éloignait en maugréant et en exclamant :

– Comment peut-on laisser publier de pareilles âneries?

Les auteurs des âneries, plus prudents, se confiaient à moi seul :

– Avez-vous vu la bouffonnerie du professeur? C'est une honte! Mais… Silence!

À son tour, l'ancien condamné à mort se lamentait :

– Avec trois tortues de ce genre, l'on ne va pas de l'avant!

Et il suggérait des changements, dictait des corrections et des ajouts qui étaient des horreurs. Alors les trois, atteints dans leur dignité, se sentaient solidaires et s'insurgeaient :

– Un fou! Un ignorant! Une bête!

Je m'amusais énormément. Des nouvelles d'exploits de l'Américain, commençaient à me parvenir, quoique je ne fréquentasse personne. Il avait levé une sorte d'imposition hebdomadaire sur un avocat très connu et très riche de la ville qui, soit pour éviter des ennuis, soit par calcul, acceptait le chantage sous forme d'« appui » publicitaire. Un matin, le capitaine, ayant été toucher ses cinq livres et ayant appris que l'avocat était en voyage, s'adressa au secrétaire du bureau et insista pour être payé. Le secrétaire, un jeune Anglais, au courant de la faiblesse de son patron et indigné de l'impudence de l'individu, lui appliqua sans autre* une gifle accompagnée d'un coup de pied.

* Italianisme (*senz'altro*) : « sans attendre ».

Georges Nelken y Souza, ayant une joue livide et le fond de ses pantalons portant encore l'empreinte du coup de pied, courut au Mahroussa Bar et se mit à proférer les propos les plus atroces de vengeance contre l'avocat et son sportif secrétaire. Santorelli, qui fréquentait le bar, flaira de suite le bénéfice qu'il pouvait tirer de cet incident :

– Vous insultez et vous diffamez des personnes très honorables ! s'écria-t-il et, s'avançant, il administra deux solennelles gifles au héros.

Le jour suivant, naturellement, ce fut lui qui se rendit au cabinet de l'avocat pour toucher quelque chose de plus que les cinq livres qui avaient été refusées à l'Américain.

Il y avait dans la vie du capitaine des épisodes moins grotesques. Ce fut son domestique Mohamed qui me conta les détails odieux d'une autre affaire de chantage dans laquelle il avait été aussi mêlé. Une nuit, sur le tard, tandis que l'Américain rentrait à la maison, suivi de l'Égyptien, il rencontra un indigène qui côtoyait le mur en tenant un baluchon entre les bras. Un vagissement dénonça ce que contenait le baluchon ; le capitaine eut l'intuition qu'il se trouvait en présence d'un drame et s'approchant de l'homme, dit : « Police », parole très bien comprise par les gens du peuple égyptien. La terreur que manifestait l'homme qui pendant ce temps jurait qu'il se rendait auprès d'une nourrice et priait son interlocuteur de l'accompagner pour s'assurer de la véracité de ses assertions, confirma le soupçon du maître-chanteur qui, avec l'aide de son domestique, lui intima de lui indiquer la maison d'où il avait pris le nouveau-né… Pour être court, le lendemain, de bon matin, une famille recevait une lettre qui menaçait d'un scandale au moyen d'un journal si une forte somme n'était versée au porteur. La somme espérée ne vint pas, parce qu'il s'agissait de gens de conditions modestes ; et le capitaine se contenta de vingt livres…

Le directeur du journal de chantages, ainsi qu'il arrive, était parvenu à se faire craindre. Il préparait ses chantages par de courts entrefilets qui, sans ouvertement indiquer au public la personne ou l'institution visée, promettait des révélations d'infamies ; si la personne ou l'institution se hâtaient de « comprendre » ce qu'on voulait d'elles, tout était dit ; si, au contraire, elles ne donnaient pas signe de vie, un second entrefilet, rédigé plus clairement, sollicitait des « explications ». Enfin, ou le silence ou l'article dénonciateur ; la gent qui fréquentait la rédaction se composait d'informateurs.

Si je m'attarde à parler d'un pareil forban, c'est pour mieux illustrer le milieu colonial qui le tolérait, comme il tolérait d'autres forbans de la même espèce. Mais il n'y a pas trop de quoi se scandaliser si l'on pense qu'en ce temps-là un dénommé Costanzo Chauvet[139], plus ignorant et plus effronté que le capitaine ci-dessus, était considéré à Rome comme une éminente personnalité ! Chauvet dura, tandis que l'Américain devait bientôt disparaître de la scène.

Il prit de mire les Frères[140], dans les écoles desquels, prétendait-il, se passaient d'innommables vergognes. Sa gauche avidité était connue : les Frères firent semblant de s'aboucher avec lui par téléphone et ce fut un officier de police qui l'écoutait et qui lui donnait un rendez-vous. La mauvaise bête se trahit bassement, cyniquement.

Un procès fut initié. Deux de ses collaborateurs le quittèrent ; celui qui était resté, pauvre diable, n'était pas malhonnête, mais besogneux. Il aida pendant peu de temps à rédiger un autre journal, en anglais cette fois. Mais, je le répète, c'était fini. Le capitaine, réduit désormais à de petits expédients pour gagner un tallari, donna congé à tout le personnel de l'imprimerie ; puis il me dit de me chercher un autre logement parce que la chambre que j'occupais devait lui servir ainsi qu'à sa famille. Je lui fis observer qu'il me devait de l'argent et que je n'en avais pas pour me procurer n'importe quel local.

Je me trouvais en présence d'un forban, mais, croyais-je, d'un forban avili par ses propres fautes. Il voulut, au contraire, adopter son attitude de brigand d'opérette et alors, avec le plus grand calme, je lui expliquai comment son inguérissable imbécillité l'induisait à se croire capable de faire peur à un homme.

– Il vous manque même, lui dis-je, le physique du rôle. Croyez-moi, il ne vous reste plus qu'à faire le métier de pick-pocket pour lequel vous êtes né.

Je restai dans la grande chambre jusqu'à ce que j'eus trouvé un logement à la Citadelle, à Bab-el-Ouastani[141]. Quant à Nelken Walberg y Souza, voici quelle fut sa fin. Ainsi qu'on l'a vu, c'était un Arétin[142] avorté. Il lui passa par l'esprit, après en avoir voulu aux petits, d'attaquer aussi les grands et il commença par Lord Cromer[143]. Qui le payait ? Qu'espérait-il ? Lord Cromer était traité, dans une brochure, comme un intrigant de bas étage... On lisait entre autres que le Haut Commissaire, sorti du ghetto de Hambourg, avait pu faire fortune par des moyens innommables.

Cette aménité aurait dû sauver le prétendu capitaine. Il était juif, et il dénonçait comme juif un Anglais, dans l'intention de l'amoindrir dans l'estime de ses contemporains et de la postérité. Ah, Disraeli[144] ! Il fut expulsé d'Égypte.

J'étais le seul Européen qui demeurât à Bab-el-Ouastani. C'est-à-dire que, dans une bicoque qui penchait plus que la Tour de Pise, habitait aussi le Suédois Aguéli qui appartenait désormais, à sa façon, au monde islamique.

Le quartier était pauvre, mais ma maison avait un bel aspect, avec les trois étages, sa façade peinte en rouge foncé et ses moucharabiehs. De la véranda, je voyais courir dans le ciel les éperviers, dont quelques-uns, d'un trait, s'abattaient sur les poules qui becquetaient par-ci par-là sur la petite place, puis s'envolaient rapidement en tenant leur proie entre leurs griffes. On entendait alors les cris des femmes qui maudissaient les voleurs. Ce spectacle était profondément instructif. En effet, tandis que les sauvages considèrent les animaux de proie comme de simples concurrents dans la lutte pour l'existence, l'homme civilisé se sent indigné si ces mêmes animaux osent satisfaire leur faim sans leur autorisation.

C'est ainsi qu'est née la légende des mauvaises bêtes. J'assistai aussi à un spectacle plus intéressant. Au dernier étage de la maison située vis-à-vis de la mienne, un peu plus élevée et qui était inhabitée depuis quelque temps, un couple d'éperviers avait fait son nid sous la toiture de la véranda. Un matin un homme ouvrit les volets et avec une longue perche il commença à détruire le nid. Le couple, accouru qui sait d'où, criait rageusement et désespérément, volant autour de la maison ; puis d'autres éperviers apparurent, d'autres encore, une centaine ; le nuage grossissait et paraissait s'écarteler par ces cris. Cette manifestation de solidarité ailée continua pendant trois jours; enfin les vols se firent moins fréquents; les groupes accoururent moins nombreux et le couple disparut à son tour.

Naguère une scène de cette nature m'aurait inspiré des vers. J'aurais cherché à peindre, selon l'expression ingénue que Chateaubriand met dans la bouche de sa sœur Lucile[145], ce drame qui s'était déroulé sous l'azur des cieux. À présent, je sentais la vanité d'une pareille entreprise. Six années de privations, d'humiliations, de misère m'avaient produit dans l'âme des blessures atroces et ce n'était pas la poésie qui pouvait les cicatriser. La poésie! Pour la première fois de ma vie j'en éprouvai de la nausée, comme d'un beau fruit offert parmi les immondices. Voici ce qu'il y avait de neuf! Et cela était horrible et ridicule à la fois.

Je cherchais encore du travail dans les imprimeries. Insabato recommença à publier le *Convito*, et, de nouveau, le pain me fut assuré. Mais pour peu de temps. Après son départ, pour ne pas mourir de faim, je dus accepter des travaux de traduction et de composition à la casse à dix piastres par jour. Le propriétaire du taudis où je m'empoisonnais avec l'antimoine[146], promettait d'améliorer ma situation, mais le refrain était trop vieux. Enfin quelques-unes de mes connaissances que je voyais de temps en temps me conseillèrent d'offrir ma collaboration à un journal italien, l'*Imparziale* dirigé par M. Emilio Arus[147].

L'*Imparziale* avait eu des origines modestes; d'hebdomadaire batailleur, pour la défense de la classe ouvrière, il était devenu quotidien, organe des membres bien pensants de la colonie. Rien de plus orthodoxe. C'était un journal fait en famille. Son beau-frère, sa femme, ses filles et son gendre aidaient en effet Arus à la rédaction et à l'administration. Ils étaient tous actifs, tous capables, ce qui expliquait le bien-être relatif commun, leur existence bourgeoise, digne et sans grands luxes. Cette honnête tranquillité familiale était reflétée dans un style de conversation d'après-midi ; dans les notes polémiques, pleines de points d'interrogation précautionneux et convenablement anodines. Dans les grandes occasions – Statuto, XX septembre, Noël et Nouvel An – l'on employait naturellement des phrases plus fleuries. Quelle différence donc entre les aventuriers que j'avais connus et cette famille de journalistes ! Je ne pouvais d'ailleurs prétendre qu'Arus et les siens devinssent autant de Vallès et autant de Sévérine[148].

Je m'adressai à M. E. Di Pompeo[149], gendre du directeur de l'*Imparziale*. Il me connaissait de vue et je crois aussi de réputation, étant donné que je passais pour être doué d'une certaine intelligence, quoique extrêmement dangereux par mon étrange façon de penser. Il m'accueillit avec courtoisie. Enrico Di Pompeo était jeune alors, comme moi ; il était certainement plus que moi pratique* des embûches qu'on tend en pays de colonie à ceux qui veulent agir d'eux-mêmes, sans esprit de conformisme. Sa nature, joviale et souriante, ne lui rendait difficile alors aucune adaptation. Nous nous mîmes tout de suite d'accord. Je lui aurais donné des articles de variété qu'il m'aurait payés de sa poche, parce que, disait-il, il ne voulait pas trop grever le budget commun. En substance il l'aurait grevé de fort peu. Mes écrits lui plurent : il me pria même

* Italianisme (*pratico di*) : « il était certainement rompu plus que moi aux embûches… ».

de traiter des sujets locaux, de préférence récents le plus possible, afin que l'on comprît que l'écrivain était quelqu'un qui vivait en Égypte… Mais la satisfaction des lecteurs ne pouvait suffire à me nourrir, et je cessai bientôt ma collaboration.

Je travaillai aussi à l'*Imparziale* pendant quelques jours, comme typographe. Je me souviens du prote, un brave homme, âgé, dont j'entendis conter la petite histoire que voici. À Messine paraissaient deux quotidiens. L'un se vendait, l'autre non. L'éditeur de ce dernier, cherchant la raison de cette préférence, remarqua que le journal concurrent faisait la joie des lecteurs par l'énormité des fautes d'impression qu'il contenait. « Si mon journal, se dit-il, parvenait à amuser plus que l'autre, je gagnerais qui sait combien ! » Et il établit une prime pour les ouvriers qui auraient commis les erreurs les plus madornales*. Ce fut alors une course aux quiproquos, aux calembours, aux lignes déplacées, aux néologismes fantaisistes et le journal, qui avait été laissé de côté jusque-là, fut littéralement enlevé…

J'aurais pu rester dans cette imprimerie, mais on me promit mieux et je la quittai. Je tombai plus mal. Je n'avais pas la patience de l'ouvrier-né, la passivité qui fait supporter le patron comme un fait naturel dans l'existence. Dans mon immense ingénuité, je croyais dans la possibilité de rapports humains et civilisés entre homme et homme et un ordre, un geste qui rappelassent à ma

* Italianisme (*errori più madornali*) : « qui auraient commis les erreurs les plus monumentales ».

mémoire le négrier et le garde-chiourme me faisaient l'effet de coups de fouet. J'étais, évidemment, un « mauvais élément ».

Là-haut, à Bab-el-Ouastani, j'allai visiter Aguéli dans son taudis branlant, ou c'était lui qui venait chez moi. Deux misères réunies ne donnent aucun bien-être, mais le Suédois avait une capacité physique de résistance comme la mienne ; en outre il était seul et avec du pain et un peu de marmelade il pouvait vivre. Il avait même une provision de marmelade en pots, et la bonne humeur ne lui manquait pas. C'est pourquoi je m'expliquai comme étant une trouvaille humoristique, au milieu de tant de tristesse, la proposition qu'il me fit, de commencer un travail énorme, qui aurait duré des années, mais qui promettait rien moins que la richesse. Il s'agissait d'un dictionnaire panoramique, dans le genre de celui que devait publier ensuite Palmiro Premoli en Italie[150], mais en six langues et avec des références aux analogies phonétiques et étymologiques. Les nouvelles théories d'Alfredo Trombetti sur la monogénèse des langues[151] avaient enthousiasmé mon ami, qui pour ce qui est des analogies, en trouvait… Même trop.

Néanmoins je m'attelai à ce travail inutile, fou. Je n'avais rien d'autre à faire. Aguéli arrivait le soir, il parlait, naturellement, de la grande œuvre, d'éditeurs, de correspondants dont il attendait des manuscrits d'Allemagne, de France, de Perse, d'Espagne. Il y avait aussi l'Espagne, pays des châteaux ! Puis, si nous parvenions à rassembler quelques piastres, nous descendions au Meidan-el-Souk, pour acheter du poisson du Nil, frit. Les pauvres gens indigènes me regardaient, car j'étais le seul Européen qui se rendait dans ce quartier, et montraient une certaine déférence pour mon compagnon converti. Tous le connaissaient. Le long du chemin, des boutiques, les vendeurs, avec des phrases pompeuses, des salamaleks et des sourires, nous servaient leur marchandise avec abondance. Ces poissons osseux, rendus vitrés par la cuisson, ne valaient pas grand-chose, mais au moins ils coûtaient peu...

Lorsque Aguéli recevait quelques livres, il disparaissait de son habitation. Il était le moins régulier des musulmans. Avec de l'argent en poche, il reprenait ses habitudes nordiques de mangeur de jambon, de buveur de bière et de liqueurs fortes et il consommait ses ressources en peu de jours ensemble avec sa maîtresse, une belle fille indigène du peuple, créature ironique et insouciante qui devait s'amuser un monde* en relatant les étrangetés de son seigneur.

Négligeant un peu le fameux dictionnaire, je faisais des travaux de copie qui se prolongeaient jusqu'à une heure avancée de la nuit, au point qu'en raison de l'insuffisance de la lumière d'une lampe à pétrole, je commençai à souffrir de la vue. J'avais trouvé pendant ce temps un mets moins coûteux que les poissons du Nil ; ce qui s'accordait avec mes ressources. Un Arabe se rendait tous les jours à la caserne anglaise, derrière la Citadelle, et recueillait dans un sac les restes de viande de mouton cuite, de la cuisine des soldats, et il la vendait très bon marché... C'était de la viande excellente. Les armées de S. M. Britannique étaient et sont toujours bien servies comme solde et comme nourriture, au point qu'il peut en rester pour les pauvres gens.

* Italianisme (*divertirsi un mondo*) : « s'amuser beaucoup ».

Je dus bientôt renoncer à cet achat. Je n'y voyais plus ; donc je ne pouvais plus faire de copies. Mes yeux étaient devenus de braise. Je souffrais horriblement et l'eau fraîche ne constituait pas le remède qu'il me fallait. Je me fis accompagner chez un oculiste, assez loin, près d'Ataba el-Khadra[152] et avant qu'il ne m'eût visité, je le prévins que je ne pouvais pas le payer. Mon Dieu ! L'on ne soigne pas seulement les riches. Que me passait-il par l'esprit ?

– Allons, asseyez-vous… Faites voir… Vous souffrez beaucoup, eh !

Ses paroles me faisaient du bien. Plus que le médicament. À la troisième visite, le ton changea :

– Vous me faites perdre un temps précieux ! L'on dirait qu'il n'y a que vous au monde ! Et, franchement, pour ce que vous me donnez…

Il se trouvait devant la chaise haute. Je me levai et appelant l'enfant qui m'accompagnait, je m'acheminai vers la porte. Le docteur avait repris sa bonne voix charitable : « Mais non ! Mais non ! Vous ne devez pas vous en aller comme cela… Je ne vous ai pas offensé… Je n'ai pas voulu vous offenser… »

J'étais décidé à ne rien faire pour ne pas devenir aveugle.

Pendant deux longues journées je ne pus reposer un instant. Le manque de nourriture n'était rien. Je finis par aller chez un médecin que je connaissais pour lui demander un soporifique. Il me donna une recette, mais il me prévint que je devais consulter avant tout un oculiste. Je lui racontai ce qui arrive parfois à celui qui, comme moi, prétend avoir des soins gratuits. Il écrivit un billet à un de ses collègues pour me recommander.

Pour le soporifique je me présentai à un pharmacien qui me le fournit gratuitement. Je n'eus aucun soulagement. Le plus terrible, c'est que dans l'obscurité qui m'entourait, j'avais devant moi des rayons de feu continuels dans lesquels dansaient des lettres de l'alphabet en caractères d'imprimerie. Que je tinsse les paupières ouvertes ou fermées, c'était la même chose. En vain je tentai de penser, d'occuper mon esprit à quelque chose, de parler; les lettres continuaient leur sarabande. Je ne pouvais pas dormir. Je retournai chez le pharmacien; il y avait là des médecins qui semblèrent s'intéresser au phénomène… On me recommanda de prendre un autre soporifique, de faire attention : pas plus d'une petite cuillerée et de répéter le cas échéant, la même dose trois heures après. Je dormis pendant seize heures et lorsque je me réveillai, je sentis que j'allais mieux. Les terribles lettres ne m'obsédaient plus.

Le nouvel oculiste qui devait savoir quelque chose de mes vicissitudes, me soigna avec patience et consciencieusement. Je reprenais la vue. Le médecin cherchait souvent d'acheminer la conversation sur des questions sociales, curieux de savoir ce qu'en pensait un réfractaire de ma trempe. Mais je répondais par monosyllabes. Un jour il s'exclama :

– Ne me prenez pas pour un « bourgeois »… Avec moi vous pouvez parler!

Nous parlâmes. À quoi bon? Puisque après avoir parlé, chacun de nous resta ce qu'il était.

Il me fallut deux mois pour guérir. Je ne saurais dire comment je les passai. En y pensant bien, pendant les six années de mon séjour au Caire, je dus perdre la notion du temps. Des jours, des semaines, des mois, des années s'écoulèrent, toujours égaux, toujours tristes, presque toujours sans le pain nécessaire. Les dimanches, les fêtes, je ne les connaissais plus. Comme un condamné à perpétuité, je me passais du calendrier.

Je ne sais pas, je le répète, comment je pus passer ces deux mois, dépourvu de tout comme je l'étais. J'appartiens à la multitude des pauvres qui m'ont pas d'histoire ; mais je connais pas mal de livres dans lesquels sont relatées les souffrances et les révoltes d'affamés qui furent grands. Je sais encore m'émouvoir pour la triste fin d'un Gilbert ou d'un Chatterton[153] ; je sais comprendre les indignations d'un Bloy et le rire amer d'un Vallès, constater la véracité de la documentation réunie par l'auteur de la *Faim*, Knut Hamsun[154] ; et il me semble dans mon humilité que n'étant pas un grand, et même pas un médiocre écrivain, mais simplement un homme, j'ai souffert autant qu'eux. Est-il peut-être nécessaire de rappeler que les humbles aussi ont une âme ?

Mais dans une chose je me suis rapproché des grands. C'est que comme eux, la misère ne m'a pas rendu plus mauvais. Je n'ai ni rancunes ni haines. Un grand nombre de négriers auxquels dans les jours lointains manquèrent la maison et le pain, croient qu'il leur soit permis, une fois qu'ils se sont enrichis, de se montrer inhumains. Ils souffrirent et il est juste que d'autres souffrent. La faim provoquée systématiquement, l'indifférence pour les douleurs des pauvres gens, la rapacité révoltante qui fait de l'homme une brute insensible, auraient pour genèse la rancœur de la plèbe d'hier, devenue la bourgeoisie d'aujourd'hui. La vérité est que la misère rend très méchant celui qui est déjà méchant, et qu'être riche, également, ne modifie pas la méchanceté naturelle. Cependant, du temps dont je parle, les hommes, en général, étaient encore capables de s'intéresser aux représentations de la *Bohême*, et, même, ce semblait être une attitude élégante que de parodier – sans en faire une maladie – les héros de Murger[155]. C'était une manière délicate de démontrer que les morts de faim exagéraient. Plus tard, presque un quart de siècle après, les hommes devaient inventer la colossale escroquerie appelée *Crise* en raison de laquelle il ne devait y avoir sur terre que des malheureux. Nous sommes tous pauvres à présent. Les sans-pain n'ont plus rien à envier aux millionnaires. Le « chiffre d'affaires » a diminué. Si nous nous amusons encore, c'est pour ne pas perdre une vieille habitude. Celui qui travaille n'ose presque plus réclamer sa paye, quoique réduite. Ce sont, en somme, et c'est justice, les misérables qui doivent « aider » les riches.

Les épisodes que je relate n'ont donc qu'un intérêt rétrospectif. La misère, en raison d'une sensibilité qui n'a pas été tempérée par le tango ou le *shimmy*[156], et surtout à cause des absurdes et exécrables conceptions sur le droit à la vie, semblait une chose sérieuse, douloureuse. Le hasard la rendait, parfois, comique.

Je n'ai pas dit que le propriétaire de la maison où j'habitais à Bab-el-Ouastani ne me réclamait pas, depuis plusieurs mois, le prix du loyer. C'était un indigène qui me connaissait à peine de vue. Qui sait ce que l'on devait penser dans le quartier de cet Européen qui était venu vivre là-haut! Mais je me trouvais au milieu de braves gens. Aguéli, quoique musulman, commettait trop de choses étranges pour s'assurer la sympathie de ces humbles travailleurs.

Au contraire, lorsque je descendais dans la rue, je recevais le salut de l'attar[157] dans la boutique duquel il y avait oui ou non* deux francs de marchandises; les enfants venaient à ma rencontre en souriant, pour recevoir une caresse. Une dame turque qui demeurait au premier étage de mon habitation, s'intéressait beaucoup à moi et aux miens. Elle vivait ensemble avec son frère†, un employé qui gagnait moins qu'il ne lui fallait pour ne pas mourir; malgré cela cette bonne femme s'ingéniait à nous être utile.

Un soir, pendant que je me trouvais dans ma chambre et je tentais d'écrire (je n'étais pas totalement guéri de mon ophtalmie) la dame turque entra; elle tenait quelque chose enveloppé dans une serviette. Puis elle sortit. Cela est difficile à raconter. Voici :

L'homme qui avait cependant su résister à mille tentations, se sentit comme enivré par l'odeur du mets; il tendit avidement la main, s'empara d'une pomme de terre...

Misérable! il ne devait rien toucher...

Le hasard ridicule, n'est-ce pas? de nature à faire éclater de rire mon ancien bienfaiteur le coiffeur, s'était enfin présenté pour mettre un point final à mes tourments.

Je décidai de retourner en Italie. Plusieurs amnisties et sursis avaient rayé plusieurs procès de presse qui pesaient sur moi. Il ne me restait plus qu'une condamnation à dix-huit mois de réclusion qui m'avait été infligée sur plainte d'un tiers; condamnation qui avait fait sursauter, quand il en eut lu les attendus, le commissaire

* Italianisme (*c'erano sì e no*) : « il y avait au mieux... ».

† Italianisme (*assieme a suo fratello*) : « avec son frère ».

de police de Tunis pendant l'interrogatoire que j'ai rapporté. Il s'était exclamé :

– En France, pour un pareil fait, vous auriez été condamné à un franc d'amende !

La justice, dans mon pays, était plus sévère. Cependant, je n'avais pas trop à me féliciter de la justice coloniale française. Mais désormais la prison était préférable aux peines et au dégoût que j'éprouvais. Je commençai à faire les démarches pour mon rapatriement, en m'adressant à un personnage influent qui pouvait m'obtenir gratuitement le passage à bord d'un bateau. Quelques jours plus tard je fus informé qu'une de mes connaissances me cherchait. Elle me proposa de l'accompagner à Alexandrie où elle aurait ouvert une imprimerie pour publier un quotidien. Beau projet ! Cette personne ignorait l'art typographique ; ce n'était pas un journaliste et surtout ce n'était pas un homme d'affaires : donc elle avait toutes les probabilités de réussite. Cette certitude ainsi qu'un secret espoir m'amenèrent à accepter la proposition. On devait tenter encore.

Avant tout, on alla chez Stein[158] où, avec trente francs, que m'avait avancés le futur fondateur du journal sur mes futurs honoraires, je fus habillé d'un « complet » qui, naturellement, avait été « coupé pour moi ». Le commis qui répétait cette phrase ne s'imaginait pas en me voyant sourire – le pauvre – quel était le souvenir qui me venait à l'esprit. Il dut croire que, sorti à peine du bagne, j'étais heureux de réapparaître dans le monde dans une tenue honorable.

À Alexandrie, malgré l'ignorance absolue de mon compagnon, son incapacité à trouver l'argent qu'il lui fallait, son air pataud et prétentieux, je m'aperçus immédiatement qu'il ne serait parvenu à rien faire. Dans mon costume élégant, je me présentais finalement auprès de la famille à laquelle j'avais été recommandé par le cher professeur Fasola et je reçus un accueil tel que j'en restai ébloui. On parla de moi ; on parla de musique, de poésie, de livres ; il me semblait que je renaissais, que je retrouvais mon âme.

Mon homme d'affaires me rappela le soir même à la réalité. Je me dirigeais vers l'ignoble hôtel où nous étions descendus, rue Anastassi[159], lorsqu'il m'arrêta :

– N'y vas pas, me dit-il. Je n'ai pas de quoi payer la chambre et je dois deux journées à l'hôtelier.

Nous passâmes la nuit à nous promener. À l'aube nous rencontrâmes quelqu'un que nous connaissions, qui rentrait chez lui, et qui nous offrit de reposer pendant quelques heures dans un sous-sol.

Au cours de la seconde visite que je rendis à la famille amie, je dus parler de mes affaires mais je n'osai pas dire toute la vérité. Je retournai au Caire dans l'intention de rapatrier et d'en finir. Mais je reçus des lettres de mes amis qui insistaient pour que je m'établisse à Alexandrie ; je pouvais transporter mon mobilier, monter une nouvelle maison et attendre…

Pourquoi un jour plus tranquille ne devait-il pas se lever pour moi aussi ?

Alors je fus obligé d'avouer, dans toute leur horrible vérité, les conditions dans lesquelles je me trouvais. Autre que mobilier à transporter* ! La réponse fut prompte. Elle venait d'un homme de

* Italianisme (*altro che mobili da trasportare*) : « si ce n'était qu'une histoire de meubles à transporter ! ».

cœur, qui avait consacré son existence à l'étude et au bien. J'y lus aussi, entre les lignes, le conseil d'une intelligente dame et l'intérêt d'une aimable demoiselle.

La veille du départ pour Alexandrie, je m'attardai à regarder par la fenêtre l'humble quartier dans lequel j'avais tant souffert et que j'étais sur le point de quitter ; je regardai les minarets élancés de la Mosquée de la Citadelle, vis-à-vis de moi. L'Acropole cairote suscite des images poétiques ; elle ne suggérait pas, je crois, une prière comme celle offerte par Renan à Athéna[160]. Plus que le faste des Babylones anciennes et modernes, nous aimons la raison, la dignité et la liberté.

Je dirigeai de nouveau mon regard en bas. Un « bahar »[161] en haillons allait de maison en maison en répandant le parfum de l'encens. Personne ne lui donnait un sou. Seul le petit attar lui remit un paquet contenant quelques grammes de café. Peu importe : il continuerait d'apporter aux pauvres le cadeau d'un petit nuage blanc parfumé, heureux de l'obole, quand il le recevait, heureux aussi, d'un mot de remerciement. En Europe, pensai-je, une société obtiendrait la concession d'asphyxier des populations entières par la puanteur de quelque refus de laboratoire, ou bien l'État imposerait aux citoyens l'asphyxie obligatoire avec paiement d'une forte taxe.

Ces possibilités puantes me faisaient préférer le pur encens d'Arabie offert gratuitement aux pauvres et me conciliaient avec l'Orient. En effet, lorsque nous, les Occidentaux, parlons de raison, de dignité et de liberté, ne nous amusons-nous pas avec des concepts, des abstractions, avec des fantômes, en somme ?

Sixième partie

Alexandrie

De graves événements se préparaient lorsque j'arrivai à Alexandrie. Ou, du moins, je le crus. Sur les murs je lisais des manifestes* incitant les Italiens à rester compacts, à lutter jusqu'à la fin en « fils non dégénérés de Rome ». Un de ces manifestes disait : « Nos pères versèrent leur sang sur les champs de bataille pour obtenir l'indépendance… ».

Ne pouvant me faire une idée de ce que proposaient les fils non dégénérés de Rome, je demandai des éclaircissements. Je sus ainsi qu'il s'agissait de l'élection de quatre députés des Écoles italiennes de la ville[162].

Le milieu me devint de suite sympathique. Je m'étais imaginé de devoir vivre au milieu d'hommes d'affaires et voici que je retrouvais Tarascon. J'attendais de voir déboucher d'un moment à l'autre, d'une ruelle de l'Attarine[163], les chasseurs de casquettes et Tartarin

* Italianisme (*manifesti*) : « affiches ».

lui-même[164]. Plus tard, on m'indiqua à la Place Mohamed Aly[165] un des candidats à cette patriotique députation. C'était un commerçant, mais aussi un dantiste qui avait depuis peu publié un gros volume de commentaires de la *Divine Comédie*.

Le premier vers du poème prenait finalement un sens précis par cette admirable explication : « Le poète veut dire qu'il était arrivé à mi-chemin de sa vie »[166].

J'appris ensuite, lorsque je fis connaissance de l'Agent consulaire des États-Unis, que le dantiste italien, président de la société Dante Alighieri depuis une année, faisait des démarches pour être naturalisé américain. Ce qui accrut mon plaisir de pouvoir vivre dans une colonie de gens sans gêne.

La famille amie avait cherché une aide pour moi auprès d'autres personnes. Je n'avais plus à craindre la faim, mais il semblait difficile de me trouver un emploi. Malgré la ferveur littéraire dont j'ai parlé, malgré le caractère combatif de mes compatriotes, je n'apercevais qu'une insuffisante manifestation d'activité journalistique. Car il ne fallait même pas songer à me mettre à commenter Jacopone da Todi[167] par exemple ; j'aurais eu l'air de faire la concurrence aux commerçants dantistes.

On publiait alors l'hebdomadaire *L'Unione della Democrazia* ; mais tous les postes étaient occupés. Un jeune homme intelligent, Ugo Farfara[168], ayant une profonde culture et plein d'esprit, en dirigeait le sort et méritait une meilleure chance.

Le quotidien sérieux était le *Messaggero Egiziano*. Il avait été dirigé par le chev. Fabbri, frère du directeur de l'*Unione* de Tunis, qui fut ensuite appelé à la direction de la *Tribuna* de Rome[169]. À présent le journal était acéphale, dans le sens matériel et… spirituel. Pendant de longues années le typographe maltais Debono[170] en avait été le propriétaire. Ce brave homme, complètement ignorant, vendait les feuilles imprimées à peu près comme il aurait vendu n'importe quelle autre marchandise. Mais les Italiens ne payaient pas tous en argent sonnant (les livres sterling en or avaient cours en ce temps-là) et Debono avait dû établir une administration fort compliquée, dans laquelle les acomptes, les prestations en nature, les fournitures de famille se mêlaient aux paiements au comptant, ou étaient défalqués dans la rubrique créances des abonnements. En voici une idée :

Giuseppe Chiodetti : abonnement annuel – Acompte pâte de Gragnano 2 okes P.T. 12 ; vin de Brindisi une fiasque P.T. 6 Total P.T. 18.

Pasquale Trinara : ab. sem. – Acompte ressemelage souliers et empeigne P.T. 40.

Franceschina Borelli : ab. sem. – Facture manteau P.T. 150 – À mon débit P.T. 100 à payer en abonnements ultérieurs.

Debono se mettait à la casse de bon matin en pantoufles et en bras de chemise. Il commençait la composition. Puis venaient les typographes et le pressier, car le journal s'imprimait selon la méthode de Gutenberg. Enfin venaient les rédacteurs : un vieux Piémontais, Godino[171], et un jeune Triestin, Ferruccio Kezek, préposé à la chronique[172]. Le vieux traduisait les dépêches Havas et procédait aux coupures. Tout le *Messaggero* était composé de coupures. L'article de fond commençait ainsi : « Aujourd'hui toute la population de Rome accourut au Pincio pour assister… » ou bien : « Hier nous avons salué l'hon. Giolitti arrivé à Turin… ».

Un matin l'on ne vit pas Debono à l'imprimerie. Il mourut peu de temps après. Je fus informé que le journal avait été acheté par M. E. Di Pompeo et je me rendis chez lui. Ma collaboration, en qualité de rédacteur, fut tout de suite acceptée. Nous changeâmes d'imprimerie et le *Messaggero* sous grand format, composé à la lynotype, fut présenté au public[173].

Dans une médiocre brochure d'un avocat, sur le journalisme en Égypte[174], il est dit que Di Pompeo fut le premier à publier dans son journal des rubriques originales, des articles politiques, littéraires, de variété, des nouvelles, notes du jour… Un peu de mérite de ces écrits me revient. Il est certain que Di Pompeo donna une nouvelle impulsion au journalisme égyptien. Il eut des correspondants à Rome et à Paris, il créa un service télégraphique particulier et il induisit en conséquence les autres propriétaires-directeurs de quotidiens à l'imiter. L'œuvre assidue et intelligente du professeur Vailati[175], un honnête homme, qui reste après tant d'années mon bon ami, profita beaucoup au propriétaire du *Messaggero*, lors de l'installation de l'administration et du renouvellement de la rédaction.

Ce fut depuis l'année 1908 seulement que l'on vérifia un changement dans la presse locale. Le directeur du *Messaggero* aurait fait encore davantage si, heureusement pour lui, il n'avait pas pensé aux limites de rendement d'un journal à modeste tirage comme le sont tous les journaux d'Égypte, et spécialement les journaux de langue italienne.

À la rédaction nous étions Godino, déjà nommé, Kezek et moi. Puis, sur ma prière, un jeune homme fut engagé qui s'était présenté à moi pour demander du travail. Ce n'était pas un journaliste ;

c'était un phénomène. Il se mettait à son bureau et à peine avait-il demandé sur quel sujet il devait écrire – politique de préférence – en quelques minutes il remplissait autant de feuillets qu'il fallait pour deux ou trois colonnes d'imprimé. C'était surprenant. Seulement il fallait tout jeter au panier. En dehors de ce petit inconvénient, sa « collaboration » m'amusait. Me souvenant de mon malheureux manque d'habits au Caire, je lui avais procuré un habit ; au surplus je cachais ses élucubrations au directeur, pour ne pas le faire mettre à la porte. Un jour ce jeune homme disparut. Je sus, après, qu'il ouvrait les lettres qui m'étaient adressées et que par ce moyen d'informations, s'étant rendu à Milan, il s'était présenté à un peintre de ma connaissance pour lui extorquer de l'argent.

Ce beau type connaissait tous les dialectes d'Italie et savait imiter la voix de n'importe quelle personne. Il prenait son déjeuner avec moi à la rédaction. Un jour que j'étais sorti, je trouvai, à mon retour, une table superbement appareillée : une quantité de hors d'œuvre, de salaisons, un poulet, des fromages, des bouteilles de vin rouge ou blanc… Il me dit que c'était là le cadeau d'un ami qui voulait garder l'anonyme*. Nous dévorâmes tout et nous bûmes… J'appris ensuite que, se valant de ses facultés imitatives, il avait téléphoné au rôtisseur bien connu Raffaele Civitelli en feignant d'être Di Pompeo et qu'il s'était fait envoyer toute cette manne.

Petit aventurier, petit escroc. D'autres types du même calibre devaient arriver à la rédaction. En vingt-deux ans que j'ai été avec Di Pompeo j'ai pu en compter une douzaine au moins.

* Italianisme (*restare anonimo*) : « garder l'anonymat ».

Je travaillais beaucoup. L'aide des soi-disant collègues était une chose pour rire. Pendant des mois, ne pouvant pas rembourser, sur mes appointements, un prêt que j'avais contracté avec le directeur, j'écrivis l'article de fond aussi pour l'*Imparziale* du Caire, et ce pendant la nuit, tandis que j'attendais de revoir les pages qui allaient en machine. Mais j'étais tranquille. Je ne dormais plus par terre et je mangeais tous les jours.

Je n'étais parvenu à m'adapter à aucune morale fort facile, ni à me former une quelconque philosophie utilitaire, terre à terre, et à usage personnel. Nul ne peut changer sa nature : cependant l'expérience m'avait enseigné à considérer les hommes, en général, pour ce qu'ils valent, et leurs actions de forbans, si communes, ne m'étonnaient plus. Il fallait rester indifférent ou crever. Mieux : il fallait partager la vie en deux parties; l'une pour les contacts inévitables, l'autre pour soi.

Quelque article un peu vif m'était au fur et à mesure suggéré par les événements, à la grande inquiétude du directeur, qui insistait pour que je devinsse « plus judicieux ». Il me répétait que le public de la colonie avait des susceptibilités particulières et il me citait comme exemple le boycottage de la part d'une colonie entière d'un certain journal paraissant en langue française au Caire, qui avait osé critiquer l'action d'un notable appartenant à cette communauté.

Cela devait arriver, en effet, aussi au *Messaggero*. Après la publication d'un de mes articles dans lequel étaient discutées calmement certaines attitudes des nationalistes égyptiens, un groupe de sectaires se présenta à M. Di Pompeo pour le prévenir que si le journal continuait sur ce ton, il aurait été boycotté. Je commençais à comprendre. Les études de Jean Hess sur la mentalité coloniale[176] ne m'avaient pas instruit suffisamment ; je devais apprendre encore, et beaucoup. Mais un petit incident interrompit mon expérience. Je fus arrêté[177].

J'avais été condamné en Italie, ainsi que je l'ai dit, à dix-huit mois de réclusion, sur plainte d'une tierce personne. J'avais écrit contre une administration, mû par un sentiment humanitaire… Un magistrat d'ici m'avait assuré que je pouvais être tranquille, parce qu'on n'avait jamais entendu qu'un homme fût arrêté à l'étranger pour un article de journal. Un autre magistrat, le comm. Giuseppe Messeri, Conseiller à la Cour de Cassation, mon beau-frère, à son tour, m'avait envoyé une lettre pour me faire savoir que, après tant d'années, les ressentiments ayant cessé, les plaignants eux-mêmes auraient voulu que le jugement fût annulé. Mais une honnête personne qui prenait soin du salut de mon âme prononça un jour, en présence de fonctionnaires, des paroles qui étaient une dénonciation : elle fit, c'est-à-dire, entendre que « j'avais été condamné et que je devais subir ma peine ».

On me fit savoir que l'on devait demander des instructions à Rome à ce sujet. J'écrivis immédiatement à l'hon. Barzilai[178], l'informant de ce qui arrivait et le priai de s'intéresser à mon cas. La réponse du député ne se fit pas attendre : à sa lettre il en joignit une autre, de l'hon. Orlando, par laquelle le Ministre Garde des Sceaux[179] lui promettait qu'il se serait occupé de moi. Une dépêche arriva ensuite, qui ordonnait de suspendre l'exécution du jugement.

Il semblait que tout était fini. En attendant, comme de juste, on recommença à demander à Rome, au Ministère des Affaires

Étrangères, quelles dispositions devaient être prises à mon sujet. Le 2 novembre 1909, jour des morts et des vivants, je fus arrêté. Des prisons du Gabbary[180] je pus envoyer une autre lettre à l'hon. Barzilai, auquel j'exprimai un certain étonnement. Nouvelle réponse, accompagnée, cette fois aussi, d'un billet du ministre Orlando. Celui-ci ignorait l'arrestation qui avait eu lieu, et ne cachant pas son étonnement, il disait qu'il avait immédiatement « fait demander certaines informations télégraphiques au Ministère des Affaires Étrangères ». Ceci à la date du 1er décembre 1909. Ainsi que cela était naturel, ma lettre était arrivée en retard à Rome. Le Ministère Giolitti, dont l'hon. Orlando faisait partie, démissionna le 10 du même mois. Il fallait recommencer de nouveau les démarches, et pour la troisième fois je m'adressai au député Barzilai. J'avais aussi écrit à mes plaignants pour leur demander si en fin de compte ils me considéraient comme un honnête homme ou comme un criminel digne de la prison[181]. En outre, de nombreux citoyens d'Alexandrie et parmi eux M. Di Pompeo, des médecins, des avocats, etc., expédièrent au Ministère des pétitions en ma faveur, et surent intéresser des personnalités influentes et autorisées. À la fin, en janvier 1910, je fus relâché.

Lorsque je sortis de prison, l'on me remit la troisième lettre que j'avais adressée à l'hon. Barzilai. Je ne l'avais pas affranchie et il était juste qu'elle n'eût pas été expédiée. Dans mon ignorance, j'avais cru que les piastres que je possédais au moment de mon arrestation pussent garantir la dépense de cinq millièmes que j'entendais faire, sans grever le fisc de mon pays. C'est incroyable !

J'avais cru même que dans ma condition de détenu, une faveur de ce genre ne m'aurait pas été refusée.

Tout s'était donc passé légalement. Aucun doute à ce sujet. Je laisse que la légalité, dans des cas spécifiques, soit commentée par un homme qui ne peut être pris pour un subversif, car il a été le secrétaire de Francesco Crispi et Ministre d'Italie à Athènes. Dans une de ses *Note Azzurre*, éditées par sa veuve, Carlo Dossi[182], l'auteur de la *Colonia felice*, de *Desinenza in A*, de la *Vita di Alberto Pisani*, etc. – des livres qui ne sont plus lus – écrivait : « Saverio Corrieri, de Modugno, commet un homicide volontaire sans préméditation sur la personne de Vito Cavullo, le 1er juin 1849. Il se réfugie à Corfou où, d'après un certificat du Consul, il mène une vie louable, se forme une honnête famille, etc. Il est condamné par défaut à vingt ans de travaux forcés par verdict de la Cour d'Assises de Trani en date du 13 septembre 1867. Le 5 novembre 1877 il demande la grâce souveraine, observant qu'il a passé vingt-neuf ans d'exil. En réponse, le gouvernement demande au Consul de le surveiller avec opportunité afin de pouvoir l'arrêter aussitôt qu'on le pourra. La chose est très légale, mais autant infâme que gouvernementale ».

Il y a, c'est vrai, une différence entre moi et Saverio Corrieri : c'est que je n'ai jamais assassiné personne. De plus, le gouvernement de mon pays avait ordonné non pas de me surveiller, non pas de m'arrêter, mais de suspendre l'exécution du jugement prononcé à mon encontre. Reste la vie louable : peut-être pouvait-on me reprocher de ne pas être mort de faim au Caire.

Je repris, quelques mois après, ma collaboration au *Messaggero*. La menace de boycottage, dont j'ai parlé, ne m'avait certes pas révélé l'existence d'une nouvelle cabale. J'en savais déjà quelque chose. Mais M. Di Pompeo, qui n'avait pas besoin d'autres expériences, se rendait compte, comme propriétaire, du danger qu'elle constituait. Je ne dis pas qu'il m'en gardât rancune. Il était certain de mon honnêteté, il savait que je n'aurais jamais abusé de la confiance qu'il avait placée en moi, pour compromettre sa propre exploitation, mais il se méfiait des possibles « extravagances » de ma part, comme par exemple, celle de prétendre dire la vérité.

J'ai été pendant vingt-deux ans rédacteur au *Messaggero* ; pendant des mois et des mois, souvent, Di Pompeo s'absentait ; deux ou trois fois par an il partait pour l'Italie ou se rendait dans d'autres pays ; et le journal « continuait à bien marcher ». Néanmoins, j'étais certain que de loin il devait se torturer les méninges en pensant « Qui sait quelles diableries est en train de me combiner mon rédacteur ! » Je ne lui combinais précisément aucune diablerie. Cette inutile préoccupation devait durer, je crois, en raison de la diversité de nos… tempéraments. Je m'attendais à ce que sa perspicacité lui fournît finalement une idée plus précise du dégoût que pouvait provoquer en moi le métier, ainsi que la distinction que je devais faire entre l'homme auquel on limite son métier et le libre écrivain.

Car il y a des moments où il faut oublier le métier pour rester des hommes, simplement ; et si, pour vivre, il est malheureusement nécessaire de souiller de bêtises une feuille de papier, il faut avoir aussi le courage de laisser comprendre au public que l'on lui vend ainsi que le veut la mode, du papier noirci de bêtises.

Ainsi l'on ne trompe personne. En outre l'on donne satisfaction à la plus grande partie des lecteurs, convaincus que toute trouvaille et tout expédient apte à supprimer la pensée s'accorde avec le sublime progrès du siècle. Les membres de cette tribu d'Afrique Équatoriale dont nous parle le capitaine Bauer[183] devaient être du même avis : invités à faire un effort de mémoire ou de réflexion, ils se serraient la tête entre les mains en criant : « Cela me fait mal ! Cela me fait mal ! » Penser, cela fait mal à la tête ; et à l'estomac aussi.

Je disais : dans certaines circonstances il fallait faire attention. Les atténuations n'étaient pas dictées par le régime, qui était encore libéral en Égypte, mais par des susceptibilités spéciales. Et lorsque, d'accord, j'avais atténué, adapté, modifié, dénaturé et ôté sa moelle à un article, Monsieur Di Pompeo était tranquille. Désormais nul ne trouverait rien à y redire. J'attendais. Eh bien, précisément cette fois-là, tous trouvaient à redire, et non peu de chose. Je ne m'en félicitais pas, mais je ne pouvais faire à moins de sourire* de la vanité de tant de soucis et de préoccupations subtiles.

Le défilé des « collègues » qui se suivaient au journal était plus joyeux. Je n'ai jamais eu des relations d'amitié avec eux, mais je garde le meilleur souvenir de quelques jeunes gens qui avant de terminer leurs études universitaires collaborèrent au *Messaggero Egiziano*. Avec ces jeunes, Herbert Bensilum, Leone Acco, Max Terni[184], je retrouvais un peu de ma jeunesse, parce qu'ils savaient rire. Je fréquentais d'autres rares personnes, quoique plusieurs d'entre elles m'eussent exprimé, même publiquement, leur estime et leur sincère amitié.

* Italianisme (*non potevo fare a meno*) : « je ne pouvais m'empêcher de sourire ».

J'eus notamment des rapports quotidiens, pendant des années, avec Enrico Pea[185]. Nous nous trouvions au café « Lord Byron » rue Saleh-el-Dine[186]. Pea n'avait aucune culture littéraire ou artistique ; il ne lisait même pas. Son instruction était moins que rudimentaire ; il ignorait l'orthographe. Mais j'aimais en lui sa vierge précision du sentiment, j'aimais ses jugements ingénus, immédiats, qui avaient pour moi la valeur d'une voix de la nature, parmi les bavardages des pédants et des demi-savants.

Je ne sais pas comment il ait pu devenir écrivain, même fragmentaire. En ce temps-là, avant 1914, quand il quitta l'Égypte pour s'établir à Viareggio, il possédait un langage riche, abondant d'idiotismes et peu grammatical. Ses nouvelles, ses vers, avaient besoin de retouches plus savantes. Aujourd'hui Pea publie un roman dans la *Nuova Antologia* ; et déjà Ugo Ojetti nous donna dans son *Pegaso* un autre conte de lui : *Le serviteur du Diable*[187].

Comme Lorenzo Viani[188], Pea reste en dehors de toute tradition littéraire. Je parle de Viani, parce que pendant ces années, c'étaient des amis intimes. Viani avait illustré la couverture des *Fole*, édité en 1910, et présenté sa première exposition de tableaux et de dessins à Alexandrie[189], dans les bureaux du *Messaggero*, situés alors au Boulevard de Ramleh[190]. Ces figures épouvantables, ces portraits d'hommes, ayant tous des visages d'assassins, et de femmes, toutes aux têtes de mégères, suscitaient de l'étonnement et de la risée. Mais sur ces théories d'êtres monstrueux, aux pieds et aux mains interminables, une idée dominait, une protestation humaine criait. Les pauvres, les déshérités avaient trouvé, eux aussi, un autre de leurs poètes.

L'Unione della Democrazia publia un article de critique démolitrice. Le *Messaggero* répondit par une exaltation des prétendues horreurs, et ce quotidien chargea Giuseppe Ungaretti de soutenir la polémique qui devait s'en suivre.

Alexandrie a ses poètes : F. T. Marinetti[191] et G. Ungaretti[192]. Il ne vaudrait pas la peine de nommer ce dernier ; mais son œuvre est connue et son accession au Parnasse pourrait sembler incroyable à quiconque a lu les mots qu'il appelle des vers et des lyriques*. La fin du livre *Il pastore e la zampogna*[193] est encore plus stupéfiante. Enrico Thovez après en avoir voulu à Carducci et à D'Annunzio reprend un peu espoir sur les destinées de la poésie italienne en citant précisément les… lyriques de Ungaretti ! Il en est ainsi…

Pea et Viani, comme artistes sont incomplets, mais ils sont tous deux pleins d'intelligence. Jusqu'il y a quelque temps, Viani savait écrire moins bien que Pea. J'ai pu lire en effet les lettres qu'il envoyait à Georges Brissimisakis, le « philosophe » dont il parle dans son *Parigi*[194], et j'y ai trouvé bien peu du Viani de ses livres et de ses articles.

Le livre de Pea *Il servitore del diavolo* évoque des souvenirs de la « Casa Rossa » qui existe encore rue Hamam-el-Zahab[195]. C'est là que se réunissaient, dans une salle, des libertaires, des athées, des confusionnaires, pour y tenir d'interminables discussions ; c'est là que se rencontraient de pauvres diables pour se communiquer leur certitude sur le prochain avenir rayonnant, ou de simples curieux qui les écoutaient, étonnés d'une si grande folie.

* Italianisme (*liriche*) : « poèmes ».

Pea habitait dans la même maison; et la paix idyllique qu'il s'était créée près de tant de tapage en vivant avec sa femme, bonne, intelligente et instruite, et avec ses trois enfants, deux fillettes d'une beauté angélique et un garçonnet, offrait un impressionnant contraste. Le scepticisme de l'auteur du livre que j'ai mentionné, vis-à-vis des hommes qu'il connut comme agités et comme agitateurs, n'est pas affecté et il ne vient pas en retard. Pea était un équilibré et sa sensibilité le prévenait contre les erreurs et les exagérations d'autrui. Il voulait se conserver « naturel » et je crois que, pour son bonheur, il est resté tel.

Avec le poète Henri Thuile[196], qui fréquentait Pea, j'eus des relations passagères. Thuile, homme de lettres un peu « précieux » dans les conceptions et dans la forme, avait proposé à Pea, qui s'était passionné pour les sujets hébraïques, de collaborer avec lui à un drame sur Judas, qui avait germé dans l'esprit de Pea même[197]. Les deux n'allèrent pas d'accord[*]. Thuile procédait par des méthodes historiques et stylistiques; l'autre donnait libre cours à sa fantaisie, d'autant plus qu'il croyait que nul ne l'avait précédé. Je crus qu'il était de mon devoir de le prévenir de l'existence au moins des *Mémoires de Judas*, roman de Petruccelli della Gattina[198], mais il ne voulait pas connaître ce qu'avaient écrit les autres. Je continuai à aller à la « Maison Rouge » après le départ de Pea[199] pour m'entretenir avec le polyglotte Condaki. Nous devînmes bientôt des amis. Pour vivre, il s'occupait des modestes affaires laissées par Pea, qui négociait en marbres, et donnait des leçons de mathématiques

* Italianisme (*non andarono d'accordo*) : « Les deux ne s'entendirent pas ».

dans une institution privée. Il consacrait le reste de la journée à ses études préférées de glottologie et passait avec moi quelques heures à la Bibliothèque d'Alexandrie[200].

La tuberculose pulmonaire dont il était affligé ne diminuait pas en Condaki la ferveur du travail. Il s'illusionnait sur la nature de sa maladie et espérait pouvoir guérir bientôt. Il préparait un grand ouvrage sur les migrations des Valaques dans la région des Balkans et sur les destinées de leur langue : ouvrage qu'il se proposait de présenter à l'Académie de Bucarest.

Pour rétablir sa santé, croyait-il, il se rendit sur les monts de l'Épire. Il était accompagné de son épouse, une excellente jeune femme qui, elle, ne se faisait pas d'illusions. Ce voyage fut un désastre. Il retourna*, mais dans quel état ! L'homme qui pendant tant d'années avait été mon ami, était sur le point de mourir ; mais jusqu'à ses derniers instants, devant sa compagne qui ne savait pas comment retenir ses larmes, il ne parlait que de son ouvrage, désormais presque achevé…

– Un de ces jours, aussitôt que j'irai un peu mieux, je me remettrai au travail…

Ainsi qu'on le voit, ma vie mondaine était assez réduite. Je ne recherchais personne. Je n'ai jamais rien demandé à personne, pour moi, quoique parfois j'aie demandé des faveurs pour d'autres. Je crois que ma renommée de publiciste n'a pas franchi de beaucoup le quartier de la Place de la Paille[201] ; je pourrais néanmoins

* Italianisme (*tornò*) : « il revint ».

citer pas mal de noms de personnes qui, par effet de leur bonté, voulurent me féliciter de mon modeste travail.

Dans le milieu journalistique je gardai de courtoises relations avec tout le monde ; une véritable sympathie me lia avec le pauvre Fléri[202], obligé à écrire, disait-il, dans un style d'épicier ; à Umberto Pepe[203], immergé depuis son tout jeune âge, comme un naufragé, dans les feuilles imprimées, mais toujours de bonne humeur, toujours prêt à rendre service ; à l'excellent Nicolas Caravia[204], publiciste de grande valeur que je connaissais depuis le Caire, homme à l'esprit éclairé, cultivé et probe. J'approchai aussi de jeunes rédacteurs de journaux grecs et si je devais me féliciter de leur culture, je ne pouvais faire à moins de les plaindre* en pensant qu'ils gaspillaient leur esprit souvent au profit de certains négriers.

Le vieux Raoul Canivet, directeur de la *Réforme*[205], m'avait dénoncé, au début de la guerre mondiale, comme un « ennemi des alliés ». Je ne lui en gardai pas rancune, parce que j'étais conscient des passions fanatiques de ce moment-là, et je ne voulais pas le juger sur son passé. Ce qui l'absolvait à mes yeux, c'est que dans beaucoup d'occasions et tandis que les autres se taisaient, il levait la voix pour la défense des personnes injustement frappées, contre des actes arbitraires, des oppressions ou des abus. Canivet ne savait pas se rendre compte de certaines susceptibilités de mes compatriotes. Il avait fini par se fixer la règle de conduite suivante : dire

* Italianisme (*non potevo fare a meno*) : « je ne pouvais m'empêcher de les plaindre ».

du bien de tous les Italiens et de tout ce qui est italien, ainsi que de ce qui peut faire plaisir aux Italiens.

Un jour il m'apporta une feuille soi-disant satirique, publiée en Italie et contenant une ignoble caricature. Nous étions dans l'après-guerre.

– Demandez, me dit-il, ce que les Italiens d'Égypte pensent du journal que voici !

Je le demandai. La plèbe indigène s'amassait à la porte d'une librairie s'esclaffant à la vue de la caricature. Je le demandai, et dans l'*Imparziale* du Caire, me répondit un tel, appartenant à cette foule qui a la pratique des principes dont il peut tirer profit, pour me faire entendre que je ne comprenais rien au mouvement qui s'effectuait de par le monde. Je n'étais pas à la page. Di Pompeo se trouvait en Italie et je ne crois pas qu'après avoir lu mon article et la réponse, il m'ait donné tort.

Mais il attendait, précisément, ainsi que beaucoup d'autres, le résultat ou les résultats de ce mouvement mondial. De ce côté-là, je n'attendais plus rien. La guerre m'avait enseigné beaucoup de choses pour que je pusse continuer à m'offrir le réconfort de lointaines perfectibilités humaines.

Il est inutile d'en reparler. J'avais dit à M. Di Pompeo qu'il aurait mieux valu qu'il trouvât un autre rédacteur pour s'occuper des graves questions de la guerre d'après le programme établi dans les divers pays belligérants, y compris l'Égypte, et selon les directives dictées aux journalistes dans ces pays mêmes ; j'ajoutai que s'il me le permettait, j'aurais limité mon activité à écrire sur des arguments de bien moindre importance et ne concernant en rien les exploits épiques du moment. Le directeur consentit et appela un jeune homme qu'il avait aidé à terminer ses études au Lycée Italien d'Alexandrie[206] : Mario Appelius[207], le même qui a dirigé à Buenos Aires le *Mattino d'Italia* et qui s'est fait une renommée en Italie par un grand nombre de récits de voyages recueillis en volume ou parus dans le *Popolo d'Italia*.

Appelius était d'origine allemande. Un brave garçon, au fond, joyeux, bavard, qui s'en croyait, et passablement ignorant. Mais doué d'une imagination fertile et verbeux, il apprit bientôt le métier qui, en ce temps-là surtout, consistait à lancer des mots et des mots contre les ennemis de l'Entente et à affirmer, tous les jours, que la lutte que l'on soutenait était celle de la civilisation contre la barbarie.

Le thème était obligatoire comme un lieu commun. Le jeune homme en sortait en faisant de temps à autre des excursions nocturnes le long du Mahmoudieh[208] où il retrouvait des généraux russes, des conspirateurs bohèmes, des amiraux polonais avec lesquels il avait des entretiens intéressants qu'il rapportait aux lecteurs du *Messaggero*. Ce qui m'étonnait le plus, c'était la rapidité avec laquelle à tout bout de champ il se rendait en Perse, en Arménie ou en Afghanistan et retournait de pays aussi éloignés en passant par le Boulevard de Ramleh…

La guerre terminée et voyant que tant et tant de personnes bien moins intelligentes que lui étaient devenues riches – dans la lutte contre la barbarie – il voulut s'adonner aux affaires commerciales. Ses nouvelles entreprises allèrent mal et il dut quitter l'Égypte.

Je comprenais sans cesse davantage, qu'être à la page signifiait agir avec une grande désinvolture. Tout accepter et s'adapter à tout. C'était la nouvelle supériorité que les multitudes exprimaient par l'aphorisme : « il ne faut pas s'en faire ». Il avait cependant encore des hommes ayant des marottes dans le cerveau et dans le cœur. La censure devait enlever à ces hommes toute illusion sur les limites que peut atteindre le crétinisme organisé.

Je pourrais écrire un gros volume (mais il ne faut pas abuser) sur la Censure en Égypte, pendant et après la guerre. Différemment de ce qui se passait dans les autres pays, ici on ne laissait pas, dans les journaux, des espaces en blanc, pour indiquer que des paroles, des phrases, des périodes ou l'article tout entier avaient été supprimés. Les mots étaient réunis, les périodes les plus distantes étaient reliées, l'article était refait. Je me demandais, parfois, si un pareil système ne constituait pas un hommage à l'intelligence des lecteurs; car sur le papier blanc on peut mettre, idéalement, des paroles mêmes dangereuses, tandis que le papier imprimé dit ce qu'il dit ou ce que l'on veut faire dire.

La vérité est qu'en enlevant de ci, en ajoutant de là, en supprimant ceci et en modifiant cela, l'article était méconnaissable, comme le petit chien auquel l'entreprenante commère Mélanie avait imaginé de couper la queue, puis les oreilles, puis de le tondre, le raser, lui limer les ongles, lui rendre le museau pointu, et de la peau duquel – la pauvre bête étant morte – elle avait fait, enfin, un étui pour son dé[209].

Ce que les censeurs laissaient courir, c'étaient les chiffres. Un indigène, pendant les quatre premiers mois de combat, put calculer que les alliés avaient fait deux millions et demi de prisonniers allemands ; mais il eut la malencontreuse idée de manifester son étonnement en l'écrivant à un journal, et il fut arrêté.

On apprenait alors une histoire fantastique, aux détails curieux, totalement cocasse. On pouvait lire dans le *Messaggero*, par exemple, que André Hofer s'était insurgé contre les Autrichiens et les avait défaits plusieurs fois avec l'aide des Français[210]… Ordre avait été donné à Messieurs les censeurs de ne rien laisser publier qui amoindrît la renommée des guerriers de l'Entente et l'on avait de même imposé, pour des raisons plus subtiles, de ne pas permettre aux journaux de nommer la Turquie, les Turcs et l'Empire Ottoman. Ainsi donc, même une danse turque devenait une danse, une chanson turque une chanson, sans adjectifs. Tous comprenaient merveilleusement, mais les censeurs prouvaient qu'ils avaient compris mieux que n'importe qui.

Les hommes et les choses devenaient « tabou ». Des circonlocutions très compliquées devaient être employées là où naguère un seul mot suffisait. Au langage clair, précis, on avait substitué un jargon que chacun, faute de mieux, feignait de comprendre. *Memoriam quoque ipsam cum voce perdidissemus si tam in nostra potestate esset oblivisci quam tacere*[211].

On en était arrivé à un point tel, lorsque je repris mon poste au journal, que l'idée me vint de proposer au directeur de réaliser une grande économie dans son exploitation. En voyant composer le quotidien, le mettre en pages, puis en machine, et voyant enfin la feuille toute imprimée, je me demandai s'il n'était pas possible de confier toute la tâche aux seuls censeurs, compositeurs et imprimeurs, sans besoin de rédacteurs. Je croyais même que, étant donné la longue habitude, la seule Duplex aurait suffi à la besogne, comme ces machines américaines dans lesquelles on introduit un porc et qui vous donnent des saucisses cuites. Seulement il faut le porc…

À propos : ayant cité une fois, dans un article anodin, « Ce cochon de Monsieur Morin »[212], je me vis la citation supprimée. Les censeurs ignoraient certainement que c'était là le titre d'une nouvelle de Maupassant, ils ignoraient qu'un certain Maupassant eût jamais existé, mais ils durent imaginer que je voulais offenser qui sait quel haut personnage sous le nom de Morin, en l'appelant cochon.

Un peu de sens commun se rétablit néanmoins peu à peu. Nous nous apercevions que l'ancien et honnête langage avait résisté dans la lutte contre cette espèce d'ignoble volapuk que l'on avait tenté d'imposer aux gens. L'on nous comprenait encore, quoiqu'il fallût procéder avec précaution. Les beaux jours étaient passés ; de toutes façons un mot libre pouvait se faire entendre, et il était confortable d'observer que le public l'écoutait.

L'homme s'est créé tant de choses inutiles comme le journal, et tant de métiers ridicules, comme le journalisme, car à l'exercer on perd son temps, de l'air respirable et la vue aussi : mais si l'on ne prend pas des attitudes de celui qui sait tout, si l'on parvient à garder le ton qu'il convient, lorsqu'on exprime des idées médiocres, qui du reste ne servent à rien, l'on peut espérer ne pas se rendre antipathique au public et se faire pardonner par Dieu.

Pendant de longues années, durant lesquelles se produisirent des événements qui ne rentrent pas dans le cadre de ces souvenirs[213], je continuai à donner au journal l'activité qui m'était demandée, relative au temps et au lieu. Je n'ambitionnais pas l'honneur d'éloges, mais j'en eus. Pourquoi devrais-je cacher qu'ils me firent plaisir ? Surtout ceux qui me parvenaient parfois de personnes qui étaient de « l'autre côté », parmi lesquelles des diplomates, car cela constituait au moins une reconnaissance de la sincérité avec laquelle j'exposais des idées peu orthodoxes. Je collaborai aussi dans d'autres journaux et revues, en Égypte et à l'étranger[214] ; je reçus des invitations et des offres… mais je refusai. J'avais besoin de mes heures libres pour les consacrer à de modestes études, pour les passer au milieu des livres, et aussi pour dormir.

Tout à coup, la situation – comme l'on dit dans l'élégant langage journalistique – changea. M. Di Pompeo céda la direction de son journal, en en attribuant la raison à ce qu'il se sentait vieux et qu'il lui semblait juste de laisser la place à un plus jeune que lui.

J'aime les jeunes. J'imaginais que le nouveau directeur aurait apporté avec lui une floraison spirituelle ; et en attendant je craignais que je ne fusse pas à la hauteur de l'œuvre magnifique que l'on était sur le point d'entreprendre. Parce qu'en somme j'étais devenu un pauvre vieux journaliste colonial et mes connaissances étaient assez limitées.

Celui qui assuma la direction du *Messaggero* devenu *Giornale d'Oriente*, était l'urbanité, la gentillesse, l'amabilité en personne[215]. Je ne sais comment à son arrivée à Alexandrie des chœurs de jeunes filles vêtues de blanc, n'ont pas chanté, sur la musique de l'illustre maestro Cordone, « Benedictus, qui venis »,

…fior gittando di sopra e dintorno[216].

Les transformations commencèrent par la mise en pages. Il est vrai que si les nouvelles dispositions typographiques exigeaient de la part des lecteurs des recherches plus soignées que celles que l'on fait pour résoudre des puzzles, pour trouver le commencement et la fin d'un article, en compensation le prote y passait six heures de la nuit.

Le journal précisément – ce fut une autre innovation – était composé pendant la nuit. Les nouvelles les plus importantes, parvenaient par téléphone, vers trois heures du matin. C'était le directeur qui, ne reculant pas devant des sacrifices personnels, du Casino San Stefano[217] fournissait les noms des dames qui y étaient réunies dans un bal ou dans un banquet et donnait les détails sur leur toilette : crêpe satin bleu avec paillettes d'argent; crêpe Georgette avec garnitures et dentelles…

Monsieur le Directeur était en outre, ainsi que je l'entendis dire, un historien d'Art, titre modeste qui fut donné aussi à un certain Winckelmann; et il était… peintre. Que fait le rustre lorsqu'il veut offenser quelqu'un? Il lui salit la porte de la maison. Le Directeur, pour honorer l'Art, contre lequel il n'avait aucune vengeance à assouvir, barbouillait tout simplement des toiles.

Puis, il y avait la musique. On en parlait à tout moment dans la salle de rédaction. Ah! L'Art! J'avais cru qu'il fût composé de beauté et de noblesse. Je l'avais cru lorsque j'étais dans mon village et à présent, naturellement, je le croyais plus que jamais.

J'en avais mal au cœur! Mais tandis que j'admirais, endurci comme je l'étais dans les habitudes les plus vulgaires, casanier, ne prenant part à aucune fête mondaine, je regrettais presque le travail tranquille de naguère. Contradictions de l'esprit humain !

Mais mon peu d'enthousiasme pour les innovations, je dirais presque mon misonéisme, ma paresse mentale, mes tendances au calme au milieu de tant de ferveur d'œuvres de l'intelligence, furent remarqués. Enfin je dus convenir moi-même que, étranger au journalisme de la dernière heure, j'étais indigne de rester au *Giornale d'Oriente*. Ceci se produisit lorsque furent publiés les fameux articles qui eurent un immense retentissement dans toute l'Égypte, le Soudan et la Mer Rouge, sur la nécessité de créer un corps autonome pour les plages de Ramleh[218]...

Qu'avais-je désormais à faire au journal ?

Rien. On me le dit gentiment, poliment, aimablement[219].

Mon aventure africaine devrait prendre fin ici. Mais je suis comme certains spectateurs pauvres qui vont au poulailler et qui, lorsque le rideau est tombé, restent à leur place, attendant que soient éteintes toutes les lumières, que tous les figurants soient sortis, parce qu'il leur semble que c'est ainsi seulement, qu'ils auront mieux dépensé leurs sous.

Je crois avoir payé assez cher mon billet de spectateur de troisième classe dans la vie, pour m'attarder encore, après la sortie des gens de service, et attendre non pas que recommence – Dieu nous protège ! – le même spectacle, mais que l'aurore me réveille.

Achevé d'imprimer le 14 avril 1933

sur les presses

de l'imprimerie du Commerce

B.P. 240

ALEXANDRIE (Égypte)

Liste des corrections effectuées sur le texte de Romolo Garbati

Avant-propos

– « élevés » pour « élévés »

– « si j'eusse » pour « si j'eus »

– « qui, lui » pour « qui lui »

– « sauvage, et » pour « sauvage et »

1re partie – Mon séjour à la Galite

– « Le *Gemma L.* » pour « La *Gemma L.* »

– « demi-siècle » pour « demi siècle »

– « Napoléon", et » pour « Napoléon" et »

– « des idées » pour « les idées »

– « si nous, les » pour « si, nous, les »

– « violent, poussait » pour « violent poussait »

– « entrait » pour « entraient »

– « trente-cinq » pour « trente cinq »

– « inoffensives » pour « inoffensifs »

– « l'autre était » pour « l'autre, était »
– « jusque-là » pour « jusque là »
– « ma harangue » pour « mon harangue »
– « jour-là » pour « jour là »
– « Tant pis » pour « tan pis »
– « amphitryon » pour « Amphytrion »
– « eux aussi, recouverts » pour « eux aussi recouverts »
– « kaftans » pour « kouftans »

2e partie – La vie coloniale à Tunis
– « famille, aurait » pour « famille aurait »
– « souvent, au » pour « souvent au »
– « naturelle, ajoutait » pour « naturelle ajoutait »
– « Occidental » pour « occidental »
– « temps-là » pour « temps là »
– « ministères, réservait » pour « ministères réservait »
– « Théâtre du lycée » pour « Théâtre lycée »
– « Cánovas del Castillo » pour « Canovas del Castillo »
– « polémiquons » pour « polémisons »
– « colonie, si » pour « colonie si »
– « bien-pensants » pour « bien pensants »
– « même, n'a » pour « même n'a »
– « *avanti!...*, dirigé » pour « *avanti!...* dirigé »
– « Sainte-Croix-de-Jérusalem » pour « Sainte Croix de Jérusalem »
– « monde –, je » pour « monde – je »
– « Rien d'autre » pour « Rien autre »
– « geôlier » pour « géôlier »

– « temps-là » pour « temps là »
– « moi-même » pour « moi même »
– « Vanderbilt » pour « Vanderbildt »
– « Rockefeller » pour « Rokefeller »
– « ci-haut » pour « ci haut »
– « camarades, recevait » pour « camarades recevait »
– « Édimbourg » pour « Édinbourg »
– « brûle-pourpoint » pour « brûle pourpoint »
– « Mafia » pour « Maffia »
– « constitué, devrait » pour « constitué devrait »
– « colonies, me » pour « colonies me »
– « Reclus » pour « Réclus »
– « hétérodoxes » pour « étherodoxe »

3e partie – Mon évasion de Bône

– « classe, je » pour « classe je »
– « couvre-chefs » pour « couvre-chef »
– « pu en obtenir » pour « pu obtenir »
– « jour-là » pour « jour là »
– « de-ci de-là » pour « de ci de là »
– « parapet, me » pour « parapet me »
– « chambre, m’appliquer » pour « chambre m’appliquer »
– « m’eut » pour « m’eût »
– « contiguë » pour « contigue »
– « ici, ne » pour « ici ne »
– « traîné, comme » pour « traîné comme »
– « d’en tirer » pour « d’y tirer »

– « blêmir » pour « blémir »
– « déjeuner » pour « déjeûner »
– « desseins » pour « dessins »
– « jour-là » pour « jour là »
– « au-delà » pour « au delà »
– « parcourus » pour « parcouru »
– « véranda » pour « vérandah »
– « luxueuse, devaient » pour « luxueuse devaient »
– « et demi » pour « et demie »
– « déjeuner » pour « déjeûner »
– « qui, eux » pour « qui eux »
– « burnous » pour « bournous »
– « Européens » pour « européens »
– « heure-là » pour « heure là »
– « Eh bien » pour « Et bien »

4e partie – En rupture de ban

– « pas d'allumettes » pour « pas des allumettes »
– « d'allumettes » pour « des allumettes »
– « époque-là » pour « époque là »
– « moment-là » pour « moment là »
– « écurie, je » pour « écurie je »
– « se réduisaient » pour « se réduisait »
– « qu'il fût » pour « qu'il fut »
– « l'expérience, que » pour « l'expérience que »
– « ragoût » pour « ragout »
– « l'indifférence, et » pour « l'indifférence et »

– « Gérard de Nerval, se » pour « Gerard de Nerval se »
– « prévis, au » pour « prévis au »
– « au-dessus » pour « au dessus »
– « arrière-boutique » pour « arrière boutique »
– « Apporte-moi » pour « Apporte moi »
– « Couche-toi » pour « Couche toi »
– « demi-verre » pour « demi verre »
– « personne, que » pour « personne que »
– « cependant, devait » pour « cependant devait »
– « attendez-moi » pour « attendez moi »
– « Dites-moi » pour « Dites moi »
– « Au-dessous » pour « Au dessous »
– « almanachs » pour « almanacs »
– « que je suis » pour « que je sois »
– « vingt-sept » pour « vingt sept »
– « laisse-nous » pour « laisse nous »
– « Français » pour « français »
– « années, disait » pour « années disait »
– « trente-cinq » pour « trente cinq »
– « ne semblait » pour « ne semblaient »
– « Gobineau » pour « De Gobineau »
– « Pour quoi » pour « Pourquoi »
– « Européens » pour « européens »
– « jusque-là » pour « jusque là »
– « Africains, s'aperçut » pour « Africains s'aperçut »
– « maquereau", n'auraient » pour « maquereau" n'auraient »
– « temps-là » pour « temps là »

– « geôles » pour « géôles »
– « assassins, et » pour « assassins et »

5e partie – Dans la ville de Cocagne

– « eux-mêmes » pour « eux mêmes »
– « puis, adhérant » pour « puis adhérant »
– « jours-là » pour « jours là »
– « était suggéré » pour « était suggère »
– « Anglais » pour « anglais »
– « histoire » pour « Histoire »
– « Brummell » pour « Brummel »
– « moment-là » pour « moment là »
– « solide, qui » pour « solide qui »
– « profondeur de vue » pour « profondeur de vues »
– « Jean-Jacques » pour « Jean Jacques »
– « Âge, furent » pour « Âge furent »
– « pages, le » pour « pages le »
– « situation, m'offrit » pour « situation m'offrit »
– « dîner, crier » pour « dîner crier »
– « Français » pour « français »
– « conditions, avaient » pour « conditions avaient »
– « Benoît » pour « Benoit »
– « heure-là » pour « heure là »
– « l'entendis qui criait » pour « l'entendis criait »
– « rez-de-chaussée » pour « rez de chaussée »
– « yiddish » pour « yeddish »
– « faux-monnayeur » pour « faux monnayeur »

– « faux-monnayeurs » pour « faux monnayeurs »
– « exiguïté » pour « exiguité »
– « temps-là » pour « temps là »
– « années-là » pour « années là »
– « révélèrent » pour « révelèrent »
– « ou qui de » pour « ou que de »
– « Égyptiens » pour « égyptiens »
– « encore, il » pour « encore il »
– « que nous ont laissés » pour « que nous ont laissé »
– « et Jack London » pour « et par Jack London »
– « une fiasque » pour « un fiasque »
– « s'amassèrent » pour « s'ammassèrent »
– « la fiasque » pour « le fiasque »
– « Elle a, elle aussi » pour « Il a, lui aussi »
– « débouchée » pour « débouché »
– « Paul Delair » pour « Paul Délair »
– « données » pour « donné »
– « temps-là » pour « temps là »
– « seulement, et » pour « seulement et »
– « fatwa » pour « fetwa »
– « temps-là » pour « temps là »
– « Adam, était » pour « Adam était »
– « pas, non » pour « pas non »
– « n'ébranlèrent » pour « n'ebranlèrent »
– « reprîmes » pour « reprimes »
– « Aguéli » pour « Agueli »
– « relatait des relations » pour « relatait de relations »

– « s'exclama » pour « exclama »
– « de pareils guet-apens » pour « des pareils guet-apens »
– « égyptiennes, appartenaient » pour « égyptiennes appartenaient »
– « Manse, directeur » pour « Manse directeur »
– « de la fiasque » pour « du fiasque »
– « agences, je » pour « agences je »
– « collections), chercher » pour « collections chercher »
– « Hilmi » pour « Hilmy »
– « D'Harcourt » pour « D'Arcourt »
– « temps-là » pour « temps là »
– « morale, il » pour « morale il »
– « Italien » pour « italien »
– « blancs-becs » pour « blancs becs »
– « diplôme, exerçait » pour « diplôme exerçait »
– « si, à » pour « si à »
– « jardin Rosetti » pour « jardin Rossetti »
– « abonnés » pour « abonnes »
– « médecins, et » pour « médecins et »
– « l'avènement » pour « l'avénement »
– « temps-là » pour « temps là »
– « judaïsme » pour « judaisme »
– « Suisse, était » pour « Suisse était »
– « Venezuela » pour « Vénézuela »
– « 1885, un » pour « 1885 un »
– « jour, il » pour « jour il »
– « Élysée Reclus » pour « Élysée Réclus »
– « lui-même » pour « lui-même »

– « j'étais, c'est-à-dire » pour « j'étais c'est-à-dire »
– « américaine, était » pour « américaine était »
– « pince-nez, ils tentassent » pour « pince-nez ils tentaient »
– « on le prît » pour « on le prit »
– « Vanderbilt » pour « Vanderbildt »
– « coreligionnaires » pour « corréligionnaires »
– « ajouts » pour « ajoutes »
– « dignité, se » pour « dignité se »
– « Américain » pour « américain »
– « Anglais » pour « anglais »
– « domestique, lui » pour « domestique lui »
– « temps- là » pour « temps là »
– « croyais-je, d'un » pour « croyais-je d'un »
– « Hambourg, avait » pour « Hambourg avait »
– « Anglais » pour « anglais »
– « Européen » pour « européen »
– « Suédois » pour « suédois »
– « désormais, à » pour « désormais à »
– « véranda » pour « vérandah »
– « par-ci par-là » pour « par ci par là »
– « quelques-unes » pour « quelques unes »
– « beau-frère » pour « beau frère »
– « Enrico Di Pompeo » pour « Enrico di Pompeo »
– « nature, joviale » pour « nature joviale »
– « jusque-là » pour « jusque là »
– « châteaux » pour « chateaux »
– « Européen » pour « européen »

– « Arabe » pour « arabe »
– « soldats, et » pour « soldats et »
– « de copies » pour « des copies »
– « Ataba el-Khadra » pour « Ataba et Khadra »
– « sont » pour « son »
– « comme moi, prétend » pour « comme moi prétend »
– « chacun de nous resta » pour « chacun de nous reste »
– « l'homme » pour « l'omme »
– « les hommes, en » pour « les hommes en »
– « Européen » pour « européen »
– « là-haut » pour « là haut »
– « dix-huit » pour « dix huit »
– « il en eut lu » pour « il en eût lu »
– « me conciliaient » pour « me conciliait »
– « Occidentaux » pour « occidentaux »

6e partie – Alexandrie

– « temps-là » pour « temps là »
– « Debono en » pour « Debono, en »
– « acomptes, les » pour » « acomptes les »
– « une fiasque » pour « un fiasque »
– « Piémontais » pour « piémontais »
– « Triestin » pour « triestin »
– « accourut » pour « accoura »
– « collaboration, en » pour « collaboration en »
– « déjeuner » pour « déjeûner »
– « vingt-deux » pour « vingt deux »

– « discutées » pour « discutés »
– « Jean Hess » pour « Jean Hesse »
– « fonctionnaires, des » pour « fonctionnaires des »
– « Étrangères » pour « étrangères »
– « partie, démissionna » pour « partie démissionna »
– « etc., expédièrent » pour « etc. expédièrent »
– « 1910, je » pour « 1910 je »
– « travaux forcés » pour « travaux forcé »
– « vingt-neuf » pour « vingt neuf »
– « repris, quelques » pour « repris quelques »
– « vingt-deux » pour « vingt deux »
– « autres pays » pour « autre pays »
– « vivre, il » pour « vivre il »
– « années, avec » pour « années avec »
– « temps-là » pour « temps là »
– « avant 1914, quand » pour « avant 1914 quand »
– « idyllique » pour « idylliaque »
– « instruite, et » pour « instruite et »
– « moment-là » pour « moment là »
– « côté-là » pour « côté-là »
– « temps-là » pour « temps là »
– « machine, et » pour « machine et »
– « volapuk » pour « volapuck »
– « crêpe » pour « crèpe »
– « service, et » pour « service et »

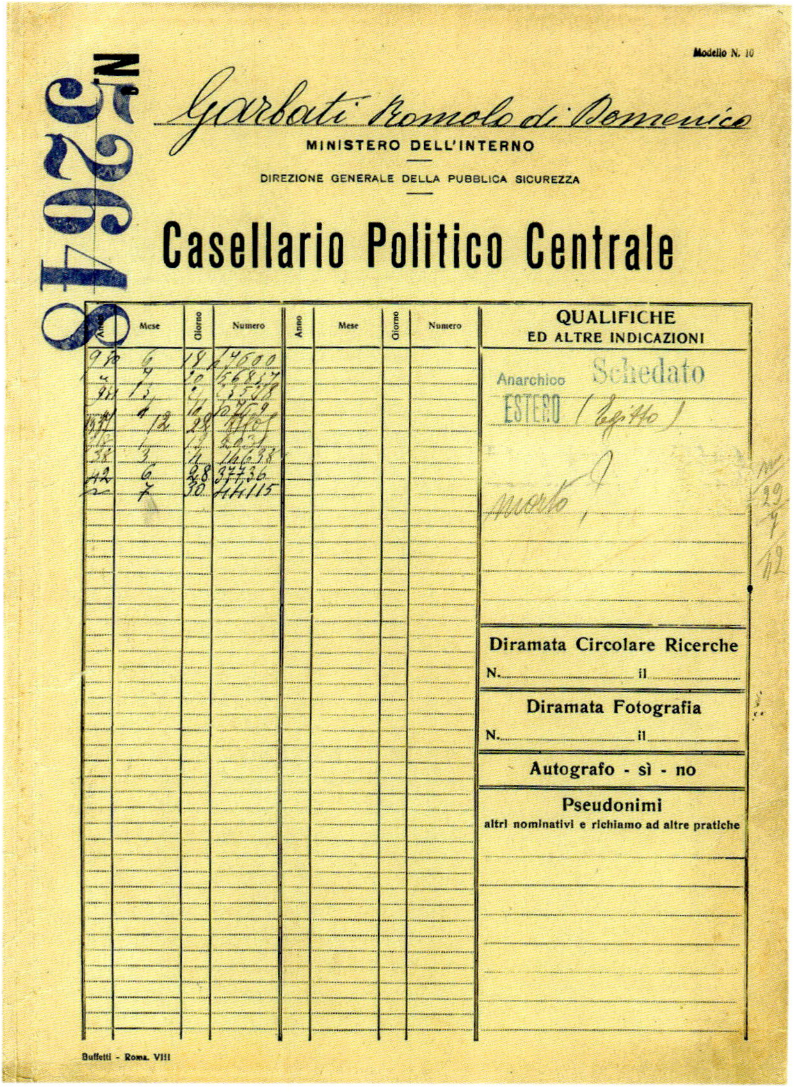

N. 81926

Modello N. 10

Garbati Romolo di Domenico

MINISTERO DELL'INTERNO

DIREZIONE GENERALE DELLA PUBBLICA SICUREZZA

Casellario Politico Centrale

Anno	Mese	Giorno	Numero	Anno	Mese	Giorno	Numero
910	6	18	17600				
"	7	20	56857				
911	12	2	33578				
"	4	16	10749				
1931	12	28	[illegible]				
[illegible]	1	19	2031				
38	3	11	16638				
42	6	28	37736				
"	7	30	44115				

QUALIFICHE ED ALTRE INDICAZIONI

Anarchico Schedato

ESTERO (Egitto)

morto

N. 29/7/42

Diramata Circolare Ricerche

N. .... il ....

Diramata Fotografia

N. .... il ....

Autografo - sì - no

Pseudonimi

altri nominativi e richiamo ad altre pratiche

Buffetti - Roma. VIII

Page de couverture du dossier de Romolo Garbati conservé à Rome dans les archives du Casellario Politico Centrale. © Archivio centrale dello Stato.

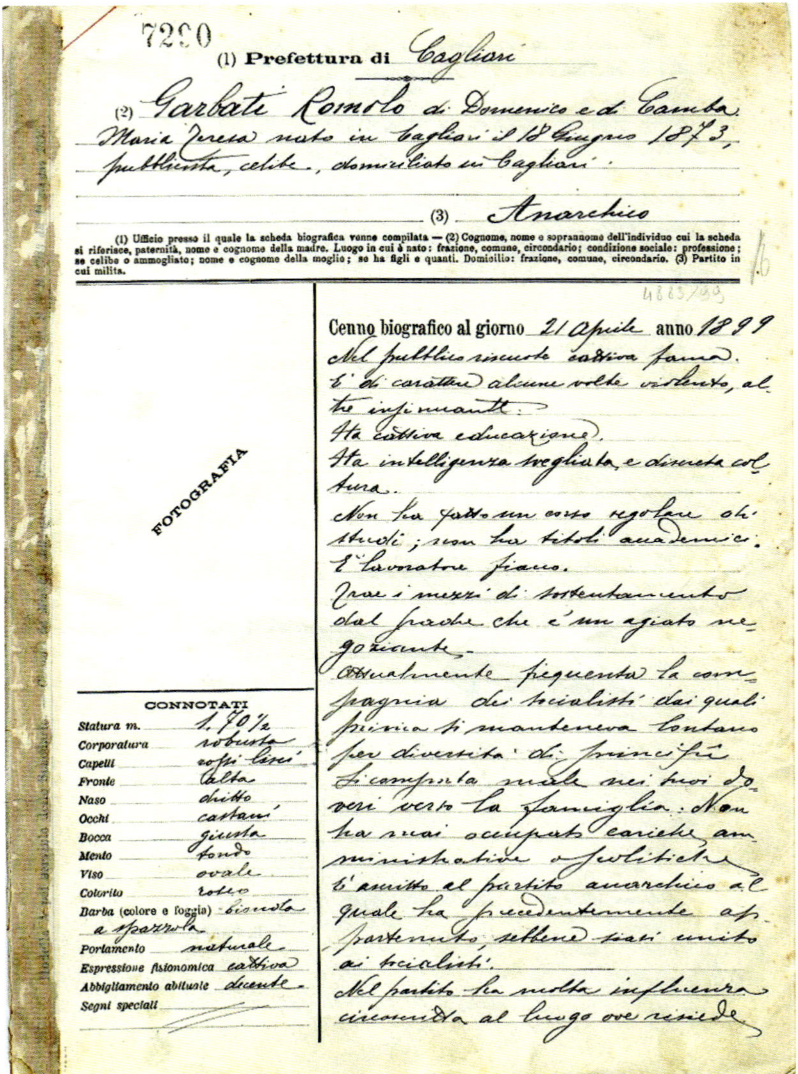
7290

(1) **Prefettura di** Cagliari

(2) Garbati Romolo di Domenico e di Camba Maria Teresa nato in Cagliari il 18 Giugno 1873, pubblicista, celibe, domiciliato in Cagliari.

(3) Anarchico

(1) Ufficio presso il quale la scheda biografica venne compilata — (2) Cognome, nome e soprannome dell'individuo cui la scheda si riferisce, paternità, nome e cognome della madre. Luogo in cui è nato: frazione, comune, circondario; condizione sociale: professione; se celibe o ammogliato; nome e cognome della moglie; se ha figli e quanti. Domicilio: frazione, comune, circondario. (3) Partito in cui milita.

4883/99

FOTOGRAFIA

CONNOTATI

Statura m.	1.70 ½
Corporatura	robusta
Capelli	rossi lisci
Fronte	alta
Naso	diritto
Occhi	castani
Bocca	giusta
Mento	tondo
Viso	ovale
Colorito	rosso
Barba (colore e foggia)	bionda a spazzola
Portamento	naturale
Espressione fisionomica	cattiva
Abbigliamento abituale	decente
Segni speciali	

Cenno biografico al giorno 21 Aprile anno 1899

Nel pubblico riscuote cattiva fama. È di carattere alcune volte violento, altre insinuante. Ha cattiva educazione. Ha intelligenza svegliata, e discreta coltura. Non ha fatto un corso regolare di studi; non ha titoli accademici. È lavoratore fiacco. Trae i mezzi di sostentamento dal padre che è un agiato negoziante. Attualmente frequenta la compagnia dei socialisti dai quali prima si manteneva lontano per diversità di principî. Si comporta male nei suoi doveri verso la famiglia. Non ha mai occupato cariche amministrative o politiche. È ascritto al partito anarchico al quale ha precedentemente appartenuto, sebbene siasi unito ai socialisti. Nel partito ha molta influenza circoscritta al luogo ove risiede.

Page initiale du dossier du CPC (21 avril 1899), avec fiche signalétique et description des activités. © Archivio centrale dello Stato.

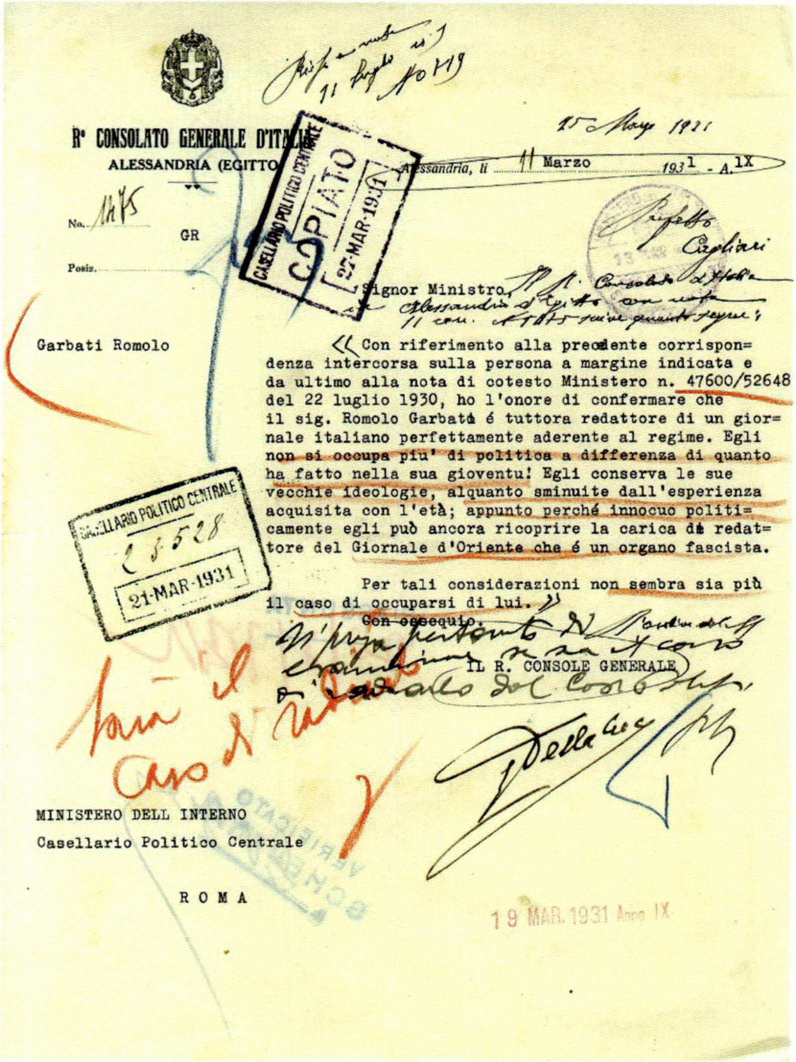

Rº CONSOLATO GENERALE D'ITALIA
ALESSANDRIA (EGITTO)

No. 1475
GR
Posiz.

Alessandria, li 11 Marzo 1931 - A. IX

15 Maggio 1931

Prefetto Cagliari

CASELLARIO POLITICO CENTRALE
COPIATO
27-MAR-1931

Garbati Romolo

Signor Ministro,

« Con riferimento alla precedente corrispondenza intercorsa sulla persona a margine indicata e da ultimo alla nota di cotesto Ministero n. 47600/52648 del 22 luglio 1930, ho l'onore di confermare che il sig. Romolo Garbati é tuttora redattore di un giornale italiano perfettamente aderente al regime. Egli non si occupa piu' di politica a differenza di quanto ha fatto nella sua gioventu! Egli conserva le sue vecchie ideologie, alquanto sminuite dall'esperienza acquisita con l'età; appunto perché innocuo politicamente egli può ancora ricoprire la carica di redattore del Giornale d'Oriente che é un organo fascista.

Per tali considerazioni non sembra sia più il caso di occuparsi di lui. »

Con ossequio.

IL R. CONSOLE GENERALE

CASELLARIO POLITICO CENTRALE
23528
21-MAR-1931

MINISTERO DELL INTERNO
Casellario Politico Centrale

ROMA

19 MAR. 1931 Anno IX

Courrier du Consulat italien d'Alexandrie (11 mars 1931) conservé dans le dossier du CPC, portant sur l'éventualité d'une radiation. © Archivio centrale dello Stato.

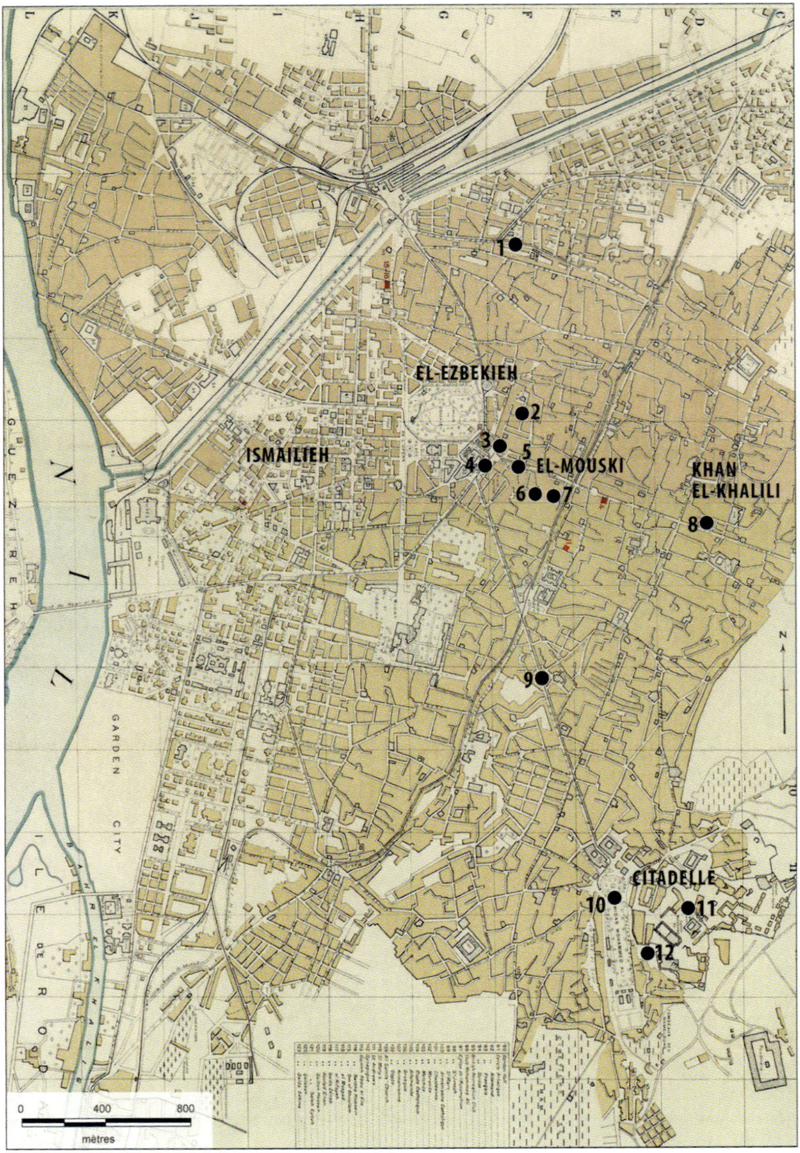
EL-EZBEKIEH
ISMAILIEH
EL-MOUSKI
KHAN
EL-KHALILI
CITADELLE
1
2
3
4
5
6
7
8
9
10
11
12
N I L
GUEZIREH
GARDEN CITY
ILE DE RODA
0
400
800
mètres

Carte postale du début du siècle, non datée : vue de la place Ataba el-Khadra au Caire. Fonds J.-Y. Empereur, © Archives CEAlex/Cnrs.

Plan du Caire tiré de l'*Egyptian Directory* 1913 avec les principaux lieux cités par l'auteur dans le texte. DAO C. Shaalan, © CEAlex/Cnrs.

1. Allées de Faggalah
2. Jardins Rosetti
3. Magasins Stein
4. Place Ataba el-Khadra
5. Rue el-Mouski
6. Darb el-Zayat
7. Hôtel du Nil
8. Bazar copte (Khan el-Khalili)
9. Rue Mohamed Ali
10. Place de la Citadelle
11. Bab el-Wastani
12. Midan el-Souk

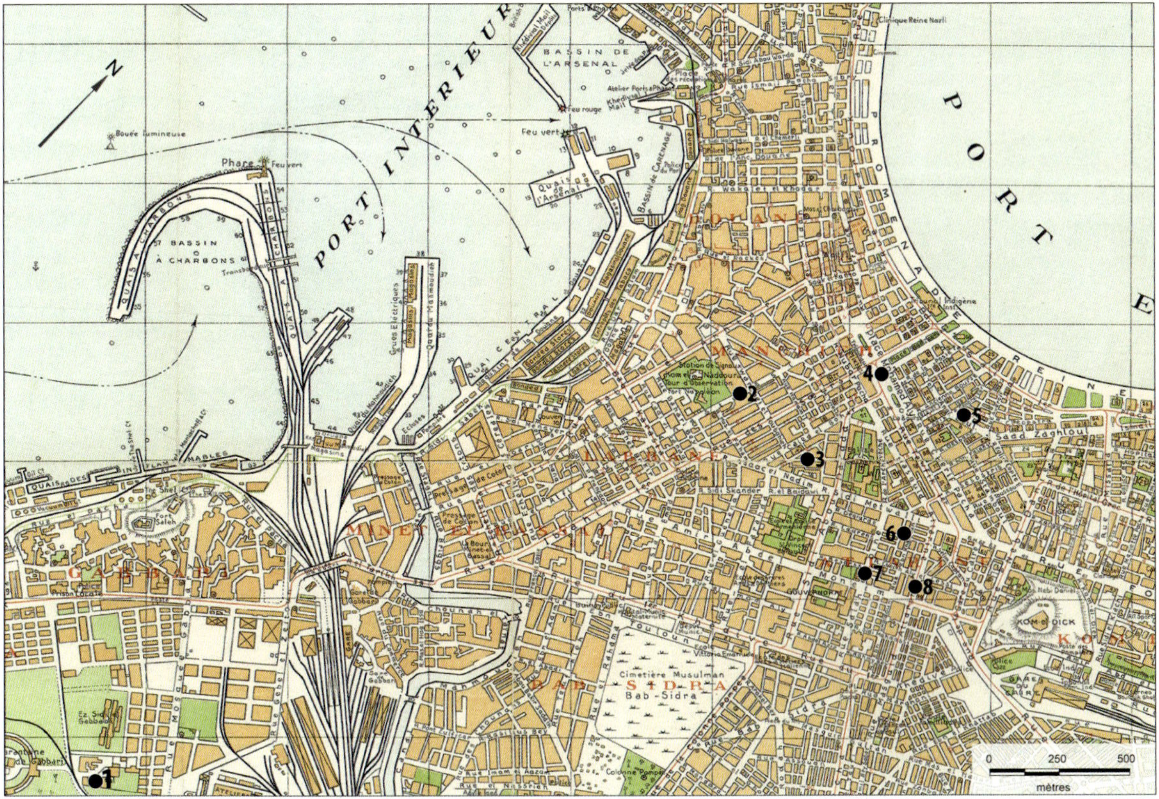

PORT EST
PROMENADE REINE
PORT INTERIEUR
BASSIN DE L'ARSENAL
Feu rouge
Feu vert
Quais de l'Arsenal
Bassin de Carénage
Bouée lumineuse
Phare
Feu vert
BASSIN À CHARBONS
QUAIS À CHARBONS
Quai du Mahmoudieh
Grues Électriques
Magasins
Écluses
QUAI CENTRAL
N
Clinique Reine Nazli
Tribunal Indigène
Station de Signaux Kom el Nadoura Tour d'Observation
MANCHIEH
LABBANE
MINET EL BASSAL
GABBARI
Fort Saleh
Cimetière Musulman Bab-Sidra
BAB SIDRA
KOM-EL-DICK
ATTARINE
Colonne Pompée
Ez Sidi Gabbari
Sadd Zaghloul
1
2
3
4
5
6
7
8
0
250
500
mètres

Carte postale du début du siècle, avec message manuscrit daté du 27 avril 1909 : vue de la rue Attarine à Alexandrie. Fonds J.-Y Empereur, © Archives CEAlex/Cnrs.

Plan d'Alexandrie de 1930 (*Plan général d'Alexandrie avec ses embellissements récents*, A. Nicohosoff) avec les principaux lieux cités par l'auteur dans le texte. DAO C. Shaalan, © CEAlex/Cnrs.

1. Prison de Gabbari
2. Rue Anastassi
3. Place de la Paille (quartier italien)
4. Place Mohamed Ali
5. Siège du *Messaggero Egiziano* en 1910
6. Rue Hamam-el-Zahab
7. Rue Saleh-el-Dine
8. Rue Attarine

Cimetière latin de Terra Santa : sépulture de Romolo Garbati. Cliché Ph. Soubias, © Archives CEAlex/Cnrs.

Notes explicatives

Avant-Propos

1. L'auteur fait ici allusion à son départ précipité d'Italie (raconté dans la première partie de cet ouvrage, « Mon séjour à la Galite »), pendant l'été 1902.
2. La *Valorcana*, ou *Valle Orcana*, est une vallée située dans les Préalpes italiennes, au pied du massif des Dolomites.
3. Le temple de Canova est une église néoclassique située dans le bourg de Possagno, non loin de Bassano del Grappa, à peu de distance de la *Valle Orcana*. Cet édifice a été conçu au début du XIXe siècle par le célèbre architecte et sculpteur Antonio Canova.
4. La villa Chilesotti, située à Romano d'Ezzelino, fut dans les premières années du XXe siècle un lieu de rencontre entre artistes, intellectuels et musiciens, animé par la « donna Loredana » citée par Romolo Garbati (Loredana Bianco Chilesotti). La présence de l'auteur parmi les invités de la Villa Chilesotti peut surprendre, mais il est déjà, en 1913, rédacteur au *Messaggero Egiziano*, premier quotidien en langue italienne d'Égypte, et il a su conserver, depuis son installation à Alexandrie, de nombreux contacts avec l'Italie.

5. Ce traducteur de Schopenhauer, musicologue et mélomane – reconnu internationalement comme un spécialiste des instruments à corde de la Renaissance – est Oscar Chilesotti (1848-1916), époux de Loredana Bianco.
6. L'auteur ne reviendra que fugitivement, dans les pages qui suivent, sur les journaux « engagés » auxquels il collabora en Italie avant 1902 : *La Volontà* (Cagliari), *La Battaglia* (Cagliari), *La Lega* (Cagliari), *L'Agitazione* (Ancône)... Certains de ces périodiques, comme *La Battaglia* (un seul numéro), eurent une durée de vie très éphémère.
7. Référence à une citation de Stendhal présente dans les *Mémoires d'un touriste* (1838) : « Au lieu de haïr le petit libraire du bourg voisin qui vend l'*Almanach populaire*, [...] appliquez-lui le remède indiqué par le célèbre Cuvier : *traitez-le comme un insecte*. Cherchez quels sont ses moyens de subsistance; essayez de deviner ses manières de faire l'amour. »

Première partie – Mon séjour à la Galite

8. L'île de San Pietro appartient à l'archipel des Sulcis, situé immédiatement au sud-ouest de la Sardaigne, à quelques kilomètres de la côte sarde.
9. Allusion au procès qui, en Italie, a mis en cause Romolo Garbati et l'a obligé à quitter la Sardaigne en 1902 : à la suite d'une série d'articles publiés dans l'hebdomadaire *La Lega* – dénonçant l'insalubrité de l'habitat populaire dans la ville de Cagliari, ainsi que les conditions de travail au sein de l'*Ospedale Civile* – Garbati se retrouve attaqué en justice pour « diffamation à l'encontre de l'administration de l'Hôpital Civil de Cagliari ». Il décide de « changer d'air » en s'éloignant d'Italie. Il sera finalement condamné par la Cour d'Appel du tribunal de Cagliari, le 29 juillet 1902, à

18 mois de réclusion et 2 000 lires d'amende pour « diffamation et injure par voie de presse » (source : CPC).

10. Le médecin et homme politique Giuseppe Cavallera (1873-1952) fait figure de pionnier dans la diffusion du socialisme en Sardaigne. Son amitié avec Romolo Garbati n'a rien de surprenant au vu de ses sympathies politiques.

11. Romolo Garbati fait référence aux prises de position répétées du romancier et journaliste Alphonse Karr (1808-1890), dans sa revue satirique *Les Guêpes*, contre l'éloquence facile des avocats et les plaidoiries injurieuses à l'égard des prévenus (*cf.* par exemple *Les Guêpes*, décembre 1839, ou janvier 1847).

12. Stefano Canzio (1837-1909) est un patriote et militaire italien, héros de l'indépendance nationale et proche de Garibaldi. Une fois acquise l'Unité de l'Italie, Canzio exploita sa renommée de général pour se lancer dans la carrière politique : son engagement est marqué par un idéal à la fois progressiste et patriotique. Nommé directeur des salines de Sardaigne, il fit de fréquents voyages à Cagliari, et publia même un ouvrage consacré à la relance de l'économie sarde, *Provvedimenti per l'isola di Sardegna* (1892). C'est sans doute dans ce contexte qu'il connut le jeune Romolo Garbati. À la fin de sa carrière, une fois revenu à Gênes, Canzio collabora à l'administration du port et manifesta une grande attention pour la classe ouvrière.

13. Expression empruntée à une lettre de Lord Byron (8 décembre 1821), dans laquelle il déclare ne vouloir échanger pour rien au monde la prière que lui adresse une jeune femme mourante avec « toute la gloire d'Homère, de César et de Napoléon ».

14. Allusion à *La Lega*, hebdomadaire socialiste imprimé à Cagliari, et dirigé par Romolo Garbati, dont le premier numéro vit le jour le 22 septembre

1901. Sur ce périodique, voir Giuseppina FOIS, Elisabetta PILIA, *I Giornali sardi, 1900-1940. Catalogo*, Cagliari, Edizioni Della Torre, 1976, p. 228-229.

15. « L'homme est plein de besoins. Il n'aime que ceux qui peuvent les remplir tous. C'est un bon mathématicien dira-t-on, mais je n'ai que faire de mathématique ; il me prendrait pour une proposition. C'est un bon guerrier : il me prendrait pour une place assiégée. Il faut donc un honnête homme qui puisse s'accommoder à tous mes besoins généralement. » (Pascal, *Pensées*, Br. 36, Laf. 605, Sel. 502).

16. *La Rana* et *Il Pappagallo* sont deux journaux satiriques édités à Bologne entre la fin du XIXe et le début du XXe siècle, dont les caricatures – réalisées entre autres par Augusto Grossi – jouissaient d'une grande popularité en Italie.

17. Il s'agit de la loi du 17 mars 1861, qui étend le « statuto albertino » à tous les territoires du royaume d'Italie et pose les fondements de la monarchie constitutionnelle : ce texte est considéré comme l'acte de naissance législatif de l'État italien.

18. Allusion probable à une lettre ouverte, signée par Stefano Canzio lors des déboires judiciaires de Romolo Garbati, et parue dans le journal *La Lega*.

19. Comme on le voit, la communauté des pêcheurs de l'île de San Pietro alimente une rêverie quasi fouriériste sur l'harmonie sociale possible dans des petits groupes humains (à l'opposé de l'immoralité à l'œuvre dans les grandes villes coloniales).

20. Peintre et photographe, proche du poète Gabriele D'Annunzio, Francesco Paolo Michetti (1851-1929) représenta à plusieurs reprises, dans ses œuvres, des bergères ou paysannes de la région montagneuse des Abruzzes. Ces figures sont hissées par le peintre au rang d'icônes d'une féminité primitive et fascinante.

21. Bien oublié de nos jours, le *digiunatore* Giovanni Succi fut une curiosité médicale à la fin du XIXe siècle : de Paris à Milan, ce « fakir » italien prétendait rester plus de trente jours sans rien ingurgiter, sinon quelques gorgées par jour d'une mystérieuse potion reconstituante.
22. Pour son rôle dans l'insurrection des Napolitains contre les Espagnols, le révolutionnaire Masaniello (1620-1647) inspira au XIXe siècle une abondante littérature, notamment plusieurs opéras à succès, dont *La Muette de Portici*, composée par Auber sur un livret de Scribe.

Deuxième partie – La vie coloniale à Tunis

23. Le journal *L'Unione*, imprimé à Tunis, fut l'un des principaux titres de presse en langue italienne disponibles en Tunisie : fondé en 1886, il devint quotidien en 1896 et subsista jusqu'en 1943. Ce quotidien modéré – qui reflète, sur plus d'un demi-siècle, l'évolution de la bourgeoisie italienne établie en Tunisie – fut dirigé par le « cavaliere » Cesare Fabbri pendant presque vingt ans.
24. Séverine (1855-1929), pseudonyme de Caroline Rémy, fut une journaliste prolifique et une redoutable polémiste. Proche de Jules Vallès, socialiste, dreyfusarde, puis féministe engagée, elle publia des articles savoureux dans de multiples journaux, depuis *Le Cri du peuple* jusqu'à *L'Écho de Paris*.
25. Journaliste très en vue dans le milieu parisien, Henri Harduin (1846-1908) collabora principalement au *Figaro* et au *Matin* : ses chroniques publiées dans *Le Matin* sous le titre « Propos d'un parisien » lui offraient une tribune quotidienne d'une quarantaine de lignes.

26. Pamphlétaire et homme politique appartenant à la gauche radicale, signant parfois du pseudonyme de Jean Libre, Henri Maret (1837-1917) fut une des grandes voix de la contestation libertaire pendant la IIIe République. Il collabora entre autres au *Mot d'Ordre*, à *La Vérité*, au *Radical*, et publia ses « Carnets d'un sauvage » dans *Le Journal*.
27. Le journaliste et romancier Octave Mirbeau (1848-1917) collabora à la fin du siècle à *La France*, au *Gaulois*, au *Matin*, au *Gil Blas*, au *Figaro* ou à *L'Écho de Paris*. Pendant une dizaine d'années, à partir de l'automne 1892, il écrivit au *Journal*, en défendant des positions souvent en porte-à-faux par rapport à la ligne éditoriale du quotidien.
28. Allusion à un article au vitriol de Séverine sur l'attentat du *Gran Teatre del Liceu*, à Barcelone : en novembre 1893, l'anarchiste Santiago Salvador avait lancé une bombe sur le parterre du *Liceu*, causant plus de vingt morts. Dans *Le Journal*, Séverine publia un texte intitulé « Leur pitié ! », en s'emportant contre les indignations sélectives des lecteurs bien-pensants et en justifiant la révolte anarchiste.
29. Vincenzo Morello (1860-1933) signa de nombreux articles virulents dans le quotidien de Rome *La Tribuna* – un des journaux les plus lus dans le Centre et dans le Sud de l'Italie – sous le pseudonyme de Rastignac. En 1897, l'un de ces articles tenta de comprendre les raisons qui avaient poussé l'anarchiste italien Michele Angiolillo à assassiner l'homme politique espagnol Cánovas del Castillo.
30. Allusion aux deux fêtes nationales italiennes au début du XXe siècle : la *Festa dello statuto* (célébration de l'unité conquise par le pays sous l'égide du roi de Piémont-Sardaigne) et le *Venti settembre* (célébration de la prise de Rome, en 1870, que l'on peut considérer comme le dernier acte du

Risorgimento). Si la première fait encore partie des festivités officielles de nos jours, la seconde fut abolie en 1930, à la suite des accords du Latran.

31. Rappelons que Giuseppe Mazzini (1805-1872) est le modèle par excellence du patriote libéral italien, et l'un des « pères » de l'unité du pays.

32. *Le Promeneur*, dirigé par Georges Candas, était un quotidien nationaliste en langue française imprimé à Tunis, qui fusionna en 1904 avec *La Tunisie française*.

33. Patriote, mercenaire et militant anarchiste italien, Amilcare Cipriani (1843-1918) mena une vie pittoresque entre l'Italie, la France, la Grèce, l'Égypte et l'Angleterre. Ayant participé à la Commune, il fut déporté en Nouvelle-Calédonie en 1870, puis arrêté en 1881, à son retour en Italie, pour son activité subversive. Libéré en 1888, il participe le 1er mai 1891 aux émeutes de *Piazza Santa Croce in Gerusalemme* à Rome et est à nouveau arrêté. Cesare Fabbri fait référence à cette dernière arrestation, qui suscita un certain émoi dans l'opinion.

34. Niccolò Converti (1855-1939), journaliste et militant socialiste, est l'une des personnalités les plus influentes du journalisme italien en Tunisie. Formé à Naples, condamné par la justice en 1885 pour sa collaboration à un journal anarchiste, il trouve refuge d'abord en France, puis en Corse, enfin en Tunisie : établi à Tunis en 1887, où il exerce en tant que médecin dans différents hôpitaux, il fonde *L'Operaio*. Sa signature apparaît dans de nombreux journaux socialistes ou anarchistes imprimés en Tunisie, mais également en Sicile ou en France. À son sujet, voir Maurizio ANTONIOLI, Giampietro BERTI, Santi FEDELE, Pasquale IUSO (dir.), *Dizionario biografico degli anarchici italiani*, Pise, BFS edizioni, vol. 1, 2003, p. 439-442.

35. L'hebdomadaire anarchiste *Sempre avanti!...* était imprimé à la fin du siècle à Livourne, haut lieu du mouvement ouvrier dans la péninsule italienne. Sa publication fut assez irrégulière ; l'avocat et militant Pietro Gori (1865-1911) participa à la naissance – ou plus exactement renaissance – du titre en 1892. Nul doute que les « événements » liés aux émeutes du 1er mai y furent commentés.

36. Le 17 novembre 1878, lors d'une visite à Naples, le roi Humbert Ier et son épouse, la reine Marguerite, sont agressés par le militant anarchiste Giovanni Passannante : cet attentat manqué contre le roi d'Italie marque les esprits, et offre au gouvernement un excellent prétexte pour mener des actions répressives contre les militants internationalistes et républicains dans les principales villes d'Italie.

37. Comme on le sait, ce sera chose faite en 1911 : le premier ministre Giovanni Giolitti ordonne en octobre 1911 l'envoi massif de troupes italiennes dans cette province de l'Empire ottoman. Un an plus tard, le Traité de Lausanne accorde à l'Italie la souveraineté sur les régions de la Tripolitaine et de la Cyrénaïque.

38. Homme d'affaires et aventurier, le marquis de Morès (1858-1896) avait déjà tenté en 1896 de soulever des tribus nomades d'Afrique contre le pouvoir ottoman, pour servir les intérêts de la France : il sera piteusement assassiné à la frontière de la Tunisie et de la Libye. Le député Jules Delahaye tentera de faire la lumière sur les circonstances de sa mort.

39. Allusion au prétexte avancé par le gouvernement français, au moment de la conquête de la Tunisie : en avril 1881, sur ordre du Président du Conseil Jules Ferry, un corps expéditionnaire est envoyé en Tunisie au motif de mettre au pas les montagnards kroumirs qui sèment le trouble à la frontière algéro-tunisienne.

40. Le *rotolo*, ou *rotoli*, est une unité de mesure traditionnellement utilisée en Sicile, à Malte et dans certains pays du Sud de la Méditerranée, correspondant environ à une livre ou à un demi-kilogramme.

41. Terme de marine utilisé essentiellement en Méditerranée, désignant le prix du transport d'une cargaison par un navire de commerce.

42. Cornelius Vanderbilt (1794-1877) et John Davison Rockefeller (1839-1937) sont cités ici, on l'aura deviné, comme les modèles par excellence de la « grande fortune » à l'américaine.

43. Il ne nous a pas été possible de retrouver la trace de cet article qui aurait donc été signé en Italie par Romolo Garbati en défense du jeune homme.

44. À nouveau, il ne nous a pas été possible de retrouver la trace de cet article de N. Converti qui aurait été publié (probablement en 1902) dans *Il Secolo*, principal journal de Milan.

45. Le *tallari* ou *talari* (dérivé du *Thaler* allemand) est une unité monétaire en vigueur dans tout le pourtour méditerranéen : la somme évoquée par l'auteur, un demi *tallari*, ne correspond pas, pour l'époque considérée (*circa* 1910) à un montant très élevé.

46. Gustave Macé (1835-1904) fut le directeur du Service de la Sûreté de 1879 à 1884. Ses mémoires publiées en plusieurs volumes – dont *Mon premier crime* (1885) et *Un joli monde* (1887), cités par Garbati – évoquent, de l'intérieur, les rouages de la police nationale.

47. Nicolò (?) Ponzio fut un négociant italien installé à Tunis. Son nom est parfois cité dans les gazettes tunisiennes de l'époque. Ponzio figure également parmi ceux qui, en 1899, auraient facilité l'accueil en Tunisie du révolutionnaire italien Errico Malatesta (1853-1932). Sur le parcours international de ce dernier, voir Giampietro BERTI, *Errico Malatesta e il movimento anarchico italiano e internazionale, 1872-1932*, Milan, Franco Angeli, 2003.

48. Rappelons que le personnage de Sir John Falstaff, créé par Shakespeare, est le type même du gentilhomme bon vivant et roublard, susceptible de se tirer de toutes les mauvaises situations et de circonvenir ses interlocuteurs. Le personnage gagnera encore en popularité en devenant le protagoniste du dernier opéra de Verdi (1893), sur un livret d'Arrigo Boito.
49. Bernardino Verro (1866-1915) fut un syndicaliste et homme politique sicilien : il participa à partir de 1892 au mouvement des *Fasci*, en devenant le chef des Faisceaux de sa ville natale, Corleone. Après la dissolution de l'organisation et l'arrestation des meneurs, il fut condamné à une peine de seize ans de prison à la suite de la répression ordonnée par le Président du Conseil Francesco Crispi. Libéré en 1896, Verro reprit aussitôt son engagement politique en Sicile. Ses initiatives lui valurent de nouvelles poursuites judiciaires et lui imposèrent – entre autres péripéties – un séjour en Tunisie. Revenu en Italie, il fut élu maire de Corleone en 1914; opposé aux grands propriétaires terriens, il fut assassiné par la mafia un an plus tard.
50. Contrairement à ce qu'affirme Romolo Garbati, les « événements de Sicile » qui aboutirent à la condamnation de Bernardino Verro ne se produisirent pas en 1890, mais en 1892-1894. En novembre 1893, le ministre de l'Intérieur Giovanni Giolitti sera d'ailleurs poussé à la démission, précisément du fait de son incapacité à réprimer la révolte des *Fasci* siciliens.
51. Romolo Garbati cite deux piliers du socialisme en Sicile, directement impliqués, à la fin du XIXe siècle, dans le mouvement des *Fasci* siciliens. Médecin et homme politique, Nicola Barbato (1856-1923) est nommé en 1894, avec Bernardino Verro, au Comité Central de la province de Palerme : il jouera un rôle fondamental dans l'organisation des Faisceaux de Piana degli Albanesi. Juriste et député, Giuseppe De Felice (1859-1920)

participa également aux Faisceaux, et subit de plein fouet la répression du gouvernement réactionnaire dirigé par Francesco Crispi.

52. Francesco Crispi (1819-1901) fut Président du Conseil de 1887 à 1891, puis de 1893 à 1896. Antonio di Rudinì (1839-1908) fut Président du Conseil de 1891 à 1892 et de 1896 à 1898. C'est lors de son deuxième passage au pouvoir que di Rudinì fit libérer Bernardino Verro après deux années d'emprisonnement.

53. *Le Promeneur* de Georges Candas est en effet un journal nationaliste, qui défend ouvertement les intérêts des Français en Tunisie. *La Dépêche tunisienne*, fondée en 1889 par Edmond Lecore-Carpentier, est moins marquée politiquement ; mais ce quotidien est bien, lui aussi, l'une des voix de la Régence et de l'administration coloniale. Il conservera ce statut pendant de longues années.

54. Émule de Kropotkine, défenseur d'une forme de communisme libertaire, le journaliste et militant Jean Grave (1854-1939) fonda la revue *Les Temps nouveaux*, qu'il dirigea de 1895 à 1914.

55. On aura reconnu cinq grandes figures de la pensée socialiste ou anarchiste : les théoriciens allemands Karl Marx (1818-1883) et Ferdinand Lassalle (1825-1864), les anarchistes Mikhaïl Bakounine (1814-1876) et Pierre Kropotkine (1842-1921), et le libertaire français Élisée Reclus (1830-1905).

56. Publié en 1892, en français, avec une préface d'Élisée Reclus, *La Conquête du pain* est un essai politique du théoricien du collectivisme Pierre Kropotkine dont le succès fut considérable dans toute l'Europe. Cet ouvrage, qui interroge la possibilité d'un nouveau modèle social fondé sur l'entraide et la coopération, fit de Kropotkine une des figures les plus influentes du mouvement anarchiste international.

57. Ouvrier et militant anarchiste, François Claudius Kœnigstein, dit Ravachol (1859-1892), organisa plusieurs attentats spectaculaires à Paris, avant d'être arrêté, jugé et guillotiné. Sa personnalité alimentera, après sa mort, un véritable mythe parmi ses compagnons : il fait figure jusqu'à la Première Guerre mondiale de héros de l'anarchisme.
58. Les jugements d'Octave Mirbeau sur le milieu journalistique, qu'il a longuement fréquenté, sont célèbres et pour le moins tranchés : cette « littérature rapetissée aux mesures marchandes du comptoir » (*Le Gaulois*, 8 septembre 1884) se transforme à la fin du siècle, « sous l'empire de la peur, en police qui traque, en tribunal qui condamne, en bourreau qui exécute » ; « Car il souffle, vraiment, sur la presse, "un esprit nouveau". La délation s'y étale avec toutes ses lâchetés ; la dénonciation y triomphe avec toutes les impudeurs. C'est à vous soulever le cœur de dégoût » (*Le Journal*, 11 mars 1894).
59. Le polémiste Henri Rochefort (1831-1913), connu pour ses positions politiques radicales qui lui vaudront de multiples procès, fut de 1880 à 1905 le rédacteur en chef de *L'Intransigeant*, quotidien nationaliste, boulangiste et antidreyfusard imprimé à Paris.
60. Les documents du CPC permettent de dater le départ de Romolo Garbati : c'est le 18 octobre 1902 que lui a été adressée une injonction à quitter le sol tunisien.

Quatrième partie – En rupture de ban

61. On aura reconnu ici une référence au comte Ugolino cité dans la *Divine comédie* de Dante (*Enfer*, chant XXXIII) : à la suite d'une trahison, Ugolino se trouve enfermé dans une tour par son ennemi l'archevêque Ruggieri, et condamné à mourir de faim avec ses enfants.

62. Le nom de Gérard de Nerval – le plus « orientaliste » des romantiques français – est cité ici pour les *Promenades et souvenirs* (1854-1855), bref récit ancré dans un cadre francilien et teinté de mélancolie. La mention de ce titre peut surprendre dans ce contexte où l'on attendrait plutôt une référence au *Voyage en Orient* (1851). Mais Garbati se présente volontiers comme un lecteur touche-à-tout, fin connaisseur de « perles rares ». Nerval sera également mentionné dans une note de l'auteur au sein de la cinquième partie, sur la représentation de l'Égypte dans la littérature du XIXe siècle.
63. Romolo Garbati fait manifestement allusion aux affres du supplicié enfermé dans sa cellule par les bourreaux de l'Inquisition espagnole, dans *The Pit and the Pendulum* (1842) d'Edgar Allan Poe – nouvelle « gothique » par excellence.
64. *Il Vestaverde* et *Il Pescatore di Chiaravalle* sont deux almanachs largement diffusés dans les campagnes italiennes, depuis le début du XIXe siècle. Ces gros ouvrages où se mêlent des informations diverses sur la vie locale, les fêtes de village, le calendrier agricole, sont évidemment cités avec une pointe d'ironie par Ponzio, car on ne saurait en faire des modèles en termes de journalisme.
65. Le récit de voyage *Trois ans en Asie* (1859) de Joseph Arthur de Gobineau (1816-1882) relate, avec une grande sensibilité, le périple qui mena l'auteur jusqu'en Perse en passant par Malte, l'Égypte et les pays de la péninsule arabique. Si l'essentiel de l'ouvrage est consacré au séjour de Gobineau en Perse, la première partie du texte évoque effectivement les étapes méditerranéennes de son voyage – en particulier sa découverte de Malte.
66. La *melaya* est un voile de grandes dimensions, généralement de couleur sombre, que les femmes égyptiennes enroulaient autour de leur corps en guise de manteau.

67. Un *chaouiche* est, en Égypte, un sergent de police. Cette figure locale, chargée du maintien de l'ordre, est souvent tourné en dérision dans les vignettes des caricaturistes d'Alexandrie ou du Caire.

68. L'ouvrier mécanicien Jean-Baptiste Troppmann (1849-1870), qui assassina les huit membres d'une même famille, fut au centre d'une des affaires criminelles les plus commentées par la presse du Second Empire (le « massacre de Pantin »). Il fut guillotiné à Paris le 19 janvier 1870.

69. Un document du Consulat italien au Caire nous confirme l'arrivée de Romolo Garbati à Alexandrie, le 29 novembre 1902, « en provenance de Tunisie (*via* Malte) », « sans passeport », mais avec une attestation des services accomplis (*congedo militare*) établie à Vercelli le 19 décembre 1896, montrant qu'il est en règle pour ce qui est de ses devoirs militaires (source : CPC).

Cinquième partie – Dans la ville de Cocagne

70. L'anecdote citée ici est sans doute quelque peu déformée. Dans le deuxième tome de ses *Mémoires*, qui évoque sa montée à Paris en 1822, Alexandre Dumas raconte son départ à l'aventure, avec à peine « cinquante francs et sa voiture payée » (tome II, chapitre LXX). Un souvenir de son fils – relaté par Henry Blaze de Bury dans le recueil d'anecdotes *Alexandre Dumas, sa vie, son temps, ses œuvres* (1885) – mentionne la somme de « cinquante-trois francs », déjà en elle-même fort modeste.

71. L'homme politique écossais Samuel Smiles (1812-1904) se rendit célèbre par son ouvrage *Self-Help* (1859), qui encourageait l'initiative individuelle et faisait l'apologie de l'esprit d'entreprise. Ce titre peut être considéré comme le bréviaire du libéralisme victorien.

72. Un courrier adressé au Ministre de l'Intérieur par le Consul italien du Caire, en date du 26 décembre 1902, confirme que Romolo Garbati, « à peine débarqué [en Égypte], est allé à la recherche du fameux anarchiste Vasai, auquel il a remis une lettre de recommandation ». Le florentin Pietro Vasai (1866-1916) fut à partir de 1898 un pivot de l'anarchisme en Égypte. Si son nom est associé à de nombreuses actions militantes menées à Alexandrie et au Caire, il semble surtout avoir eu un rôle d'organisateur et de point d'équilibre entre des tendances parfois antagonistes de la pensée anarchiste : c'est à lui que l'on doit, en 1901, la fondation de l'Université Populaire Libre, qui fut un lieu de conférences gratuites, mais également de rencontre et d'échange entre expatriés alexandrins, ou la création, en 1902, de l'Association Internationale des Secours d'Urgence, au moment d'une grave épidémie de choléra. Pietro Vasai fonda également plusieurs journaux, comme l'hebdomadaire franco-italien *La Tribuna libera/La Tribune libre* (1901), *L'Operaio* (1902-1903) et *Lux* (1903), basés à Alexandrie, ou encore *Libera Tribuna* (1913) et *L'Unione* (1913-1914), imprimés au Caire. Au sujet de cet anarchiste « malade d'altruisme et de phtisie », décrit avec affection par Enrico Pea (*Vita in Egitto*), voir Maurizio ANTONIOLI, Giampietro BERTI, Santi FEDELE, Pasquale IUSO (dir.), *Dizionario biografico degli anarchici italiani*, Pise, BFS edizioni, vol. II, 2004, p. 658-659.
73. Entre 1901 et 1905, le militant Roberto d'Angiò (1871-1923) participa à la mouvance anarchiste italo-égyptienne, en collaborant notamment avec Pietro Vasai et Icilio Ugo Parrini. Son départ d'Italie, en 1901, est lié à diverses prises de position politiques, notamment à sa défense de Michele Angiolillo, assassin du premier ministre espagnol en 1897, dans un article du quotidien romain *La Tribuna*. Après son séjour égyptien, Roberto d'Angiò fera un bref passage en Amérique du Sud (1905-1907), avant de

s'établir à nouveau en Italie. Sur le parcours mouvementé de Roberto d'Angiò, voir Maurizio ANTONIOLI, Giampietro BERTI, Santi FEDELE, Pasquale IUSO (dir.), *Dizionario biografico degli anarchici italiani*, Pise, BFS edizioni, vol. I, 2003, p. 489-490.

74. Le 8 août 1897, dans une station balnéaire du Pays basque, Michele Angiolillo (1871-1897) avait tué de quatre coups de révolver le président du Conseil espagnol, Antonio Cánovas del Castillo, responsable de la torture et de l'exécution sommaire des anarchistes emprisonnés à Montjuïc. Angiolillo sera condamné à mort le 20 août 1897.

75. Professeur de physiologie expérimentale à l'université de Cagliari, Giuseppe Fasola est régulièrement cité dans la presse médicale du début du siècle pour ses travaux, notamment dans le domaine neurologique.

76. Située au sud du Caire, au bord du Nil, la ville d'Hélouan – parfois nommée, à l'européenne, Hélouan-les-Bains – rassemble au début du siècle des villas cossues : c'est un lieu de repos et de villégiature pour la bourgeoisie cairote.

77. Véritable *star* du théâtre et du cinéma muet, Edoardo Ferravilla (1846-1915) se rendit célèbre, dans le nord de l'Italie, par ses rôles comiques.

78. Le quartier de Faggalah, situé non loin de la gare du Caire, rassemble au début du siècle des lotissements de construction récente : ses allées arborées, tirées au cordeau, sont à l'époque un lieu de promenade. On y trouve encore de nos jours l'imposant Collège de la Sainte Famille.

79. Pierre Kropotkine (1842-1921) – l'auteur de la *Conquête du pain* (1892), déjà cité par Garbati – publia ses mémoires en 1898, à Londres, sous le titre *Autour d'une vie. Mémoires d'un révolutionnaire*. Cet ouvrage qui revient sur un demi-siècle d'engagement politique connut de multiples rééditions au début du XXe siècle.

80. Le philosophe de la loi morale (Kant) et le théoricien du rapport entre individu et organisation sociale (Spencer) figurent parmi les références intellectuelles de Kropotkine et, plus largement, des penseurs de l'anarchisme.

81. Un courrier adressé au Ministre de l'Intérieur par le Consul italien au Caire, en date du 18 février 1903, nous informe en effet que Raffaela Sabbatini, née à Cagliari le 12 avril 1877, couturière de profession, a quitté la Sardaigne pour l'Égypte en compagnie de son fils Antonio, âgé de deux ans, afin de rejoindre son « amant » Romolo Garbati (source : CPC). Dans un autre document du CPC (8 novembre 1937), Antonio, né à Cagliari le 29 octobre 1900, apparaît sous le prénom de Lucio. Notons qu'on pouvait repérer le nom de Raffaela Sabbatini, « sarta a donna », parmi les encarts publicitaires du journal *La Volontà*, dirigé par Romolo Garbati en 1899.

82. Allusion au roman *La Femme pauvre* (1897) de Léon Bloy, qui évoque dans une écriture sans fard l'humanité misérable des faubourgs de Paris, notamment la banlieue « banale et morose » de Parc-la-Vallière, mise en scène sans indulgence par le narrateur.

83. Ouvrier typographe et journaliste, Benoît Malon (1841-1893) joua un rôle de premier plan dans l'essor du mouvement ouvrier. Sa participation à la Commune et ses engagements politiques lui valurent de longues années d'exil, notamment en Suisse (Lugano) et en Italie (Turin, Milan, Palerme), où Garbati l'a probablement rencontré.

84. El-Mouski, au Caire, était au début du XXe siècle un quartier populaire et marchand composé d'étroites ruelles, non loin de la place Ataba el-Khadra. Darb el-Zayat désigne un réseau de petites venelles qui s'étendent au sud du quartier. Les travaux d'urbanisme menés dans l'entre-deux-guerres modifieront sensiblement sa physionomie – et sa sociologie – en ouvrant de larges artères dans l'ancien tissu urbain.

85. Brochures touristiques et cartes postales anciennes montrent encore la façade de l'Hôtel du Nil, avec sa terrasse et son jardin arboré, dont l'une des entrées donnait précisément sur la rue el-Mouski.
86. À la fin du XIXe siècle, les enquêtes sociologiques et les reportages « en immersion » dans les quartiers populaires des grandes métropoles (Londres, Paris, New York) se multiplient pour un public bourgeois curieux de connaître les bas-fonds des capitales alors en pleine expansion. Londres occupe une place de choix dans ces évocations, dont Garbati cite, dans la « Note de l'Auteur », trois exemples. Romancier et journaliste, Hector France publia dans cette veine *Les Va-nu-pieds de Londres* (1883) et *La Pudique Albion. Les Nuits de Londres* (1885). S'il touche au même sujet, *The People of the Abyss* (1903) de Jack London, écrit après avoir vécu plusieurs mois dans le quartier malfamé de l'East End, est d'une tout autre teneur. Pour Garbati, Le Caire n'a pas encore eu son Hector France ou son Jack London pour chanter le petit peuple des faubourgs – mais le grand romancier égyptien de langue française Albert Cossery (1913-2008) ne tardera pas, dès 1941, à en faire la matière de ses récits.
87. Il est possible qu'une représentation du pittoresque Danovaro ait été publiée vers 1910 dans l'*Illustrazione italiana*, mais c'est dans une page de *La Domenica del Corriere* (hebdomadaire illustré concurrent du précédent) que nous avons trouvé la trace de ce qu'évoque Garbati : le numéro 20 (17-24 mai 1908) contient sur une demi-page un article intitulé « Gli italiani all'estero : una colonia nell'Africa Australe, in Rhodesia – direttore G. B. Danovaro ». Une photographie montre « Il sig. G. B. Danovaro, direttore », une autre « L'edificio centrale della colonia italiana nel sud della Rhodesia », une troisième « La fattoria italiana che è forse la prima fattoria della Rhodesia ».

88. L'ouvrage en question, qui occupe plus de trois-cents pages richement illustrées, avec une préface de Luigi Antonio Balboni, s'intitule *L'Égypte à l'aurore du XX*e *siècle* (Alexandrie, Lagoudakis, 1901). Cette sorte de *Who's Who* – écrit dans un style pompeux et flagorneur – prend la forme d'une édition bilingue (le texte est disposé en deux colonnes, l'une en français et l'autre en italien). C'est une source précieuse d'informations sur les « personnalités » (principalement françaises et italiennes) installées en Égypte au début du siècle.

89. Plusieurs fois ministre à la fin du siècle, et même Président du Conseil entre 1892 et 1894, l'homme politique Giuseppe Zanardelli (1926-1903) est une figure éminente de la gauche progressiste italienne.

90. Probable allusion à Ettore Sernicoli, fonctionnaire de police zélé et proche conseiller de Crispi, qui publia diverses analyses du phénomène anarchiste à la fin du siècle (notamment *L'Anarchia e gli anarchici. Studio storico e politico*, 1894, et *I Delinquenti dell'anarchia. Nuovo studio storico e politico*, 1899). Le citer à la fin d'un article de Romolo Garbati tient du tour de force…

91. Avocat au Caire, Gabriel Guémard (1878-1937) publia en Égypte deux recueils de poèmes (*Sonnets et poèmes*, 1904, et *Soirées d'Orient*, 1907), ainsi qu'un « poème symbolique en cinq chants », *La Chanson de l'Antéchrist* (1914), avant de se passionner pour la culture orientale : on lui doit plusieurs ouvrages érudits sur l'histoire égyptienne, de l'expédition de Bonaparte au début du XXe siècle.

92. Poète, romancier et dramaturge, Paul Delair (1842-1894) est à la fin de sa vie un auteur renommé, dont les pièces sont jouées sur les scènes parisiennes. Sully Prudhomme lui consacre une longue note biographique en tête du *Testament poétique*, recueil de vers publié en 1895, peu après sa mort.

93. Le peintre et écrivain Émile Bernard (1868-1941) – dont Garbati regrette, dans les lignes suivantes, la quasi « disparition » – a fort heureusement survécu à l'oubli : ses affinités avec Van Gogh, Gauguin ou Cézanne sont bien connues, ainsi que son rôle dans les avant-gardes picturales de la fin du XIXe siècle. Rappelons qu'Émile Bernard a vécu en Égypte de 1893 à 1904, comme en témoignent un certain nombre de toiles « orientalistes » peintes pendant cette décennie. En 1898, il prit même la direction de la section française de *L'Arte*, hebdomadaire bilingue édité par l'avocat Giovanni Ferrante. Bernard y publia deux romans en feuilleton ainsi qu'une quantité importante de poèmes et d'articles critiques : il est l'auteur de la plupart des textes publiés dans la section française de la revue, sous divers pseudonymes (El Wazzan, le Peseur d'or, Armand Bélière). Outre les travaux de Jean-Jacques Luthi publiés sur l'artiste, on consultera l'étude approfondie de Fred Leeman, *Émile Bernard*, Paris, Citadelles & Mazenod, 2013.
94. Avocat de formation, José Caneri fut un poète, un journaliste et un animateur culturel de premier plan dans le champ de la francophonie égyptienne. Cette figure charismatique de l'entre-deux-guerres reste associée à la revue l'*Égypte nouvelle* (1922-1941), dont il fut le fondateur et le rédacteur en chef.
95. Directeur du quotidien *La Réforme*, Louis Fléri (1882-1918) publia au Caire des poèmes symbolistes dans de précieuses plaquettes imprimées à des tirages confidentiels. Dans son anthologie *Poètes en Égypte* (1955), Jean Moscatelli évoque un homme « dont le souvenir est vénéré comme celui d'un maître » par la jeune génération, et « un des précurseurs de la pure poésie de langue française en Égypte ».
96. L'avocat et auteur dramatique Giovanni Ferrante (1858-1945), figure respectable de la communauté italienne du Caire, installé en Égypte de

1883 à sa mort, a dirigé l'hebdomadaire bilingue *L'Arte*, « Revue égyptienne artistique, scientifique, littéraire, sportive, commerciale, financière », probablement de 1898 à 1908. Cette publication franco-italienne avait été fondée à Alexandrie, en 1878, par Francesco Cini, avant d'être dirigée par Gustavo Cenci puis – au Caire – par Giovanni Ferrante. Le tome XXVII du *Bulletin de l'Institut d'Égypte* (Le Caire, Imprimerie de l'IFAO, 1946) contient une « Notice nécrologique sur M. Giovanni Ferrante » signée par Alberto Lusena qui évoque les grandes étapes de son existence, de sa jeunesse dans les Pouilles à sa mort au Caire (p. 152-166).

97. On doit en effet à Enrico Insabato, médecin de formation, une des initiatives journalistiques les plus originales du début du siècle : la publication, à partir de mai 1904, de la revue *Il Convito/al-Nâdi*. *Il Convito* (c'est-à-dire « le banquet », que traduit *al-Nâdi* en arabe) fut un hebdomadaire de quatre pages, dont deux en italien et deux en arabe. Deux pages en langue turque s'ajoutèrent au journal dès la première année, à compter du numéro de novembre 1904. Une deuxième série, mensuelle, fut lancée en 1907, mais sans la partie en langue turque. *Il Convito* entendait offrir au lecteur une information très vaste sur le monde musulman : tous les aspects de l'Islam – religion, mœurs, société, mais également médecine, justice, politique, droits des femmes, place des minorités – étaient abordés par la revue, de façon précise et documentée. Pour Insabato, l'Italie avait tout à gagner d'un rapprochement avec les pays de culture islamique, car elle était restée à l'écart du jeu colonial mené par les grandes puissances européennes, dont il critiquait ouvertement la politique. La dimension militante de la revue valut à Insabato des expulsions entre 1907 et 1910 environ, sous la pression des autorités britanniques. Sur le sujet, voir en particulier Carlo GOTTI PORCINARI, *Rapporti italo-arabi (1902-1930). Dai documenti di Enrico Insabato*, Rome, E.S.P., 1965.

98. Traducteur auprès de l'ambassade italienne, bien introduit dans les milieux religieux, Mohamed Eloui Bey joua un rôle d'intermédiaire essentiel entre Enrico Insabato et la puissante confrérie des Senoussis.

99. Le cheikh « Eleishe » auquel fait référence Romolo Garbati est Abder-Rahman Elîsh El-Kebîr, fils du cheikh Muhammad Elîsh, l'un des guides spirituels les plus respectés en Égypte (en tant que chef du madhab malékite à l'université al-Azhar). Une fatwa publiée conjointement par le père et le fils, en 1882, aurait encouragé la révolte nationaliste menée par Orabi Pacha en 1882, et causé, en représailles, le bombardement d'Alexandrie par la flotte britannique. Emprisonné, gracié, puis exilé, Abder-Rahman reviendra en Égypte à la fin de sa vie, et sera réintégré dans ses fonctions religieuses.

100. L'avocat égyptien Moustapha Kamel (1874-1908) fut un journaliste et militant nationaliste dont l'audience fut remarquable aussi bien en Égypte qu'en France ou en Angleterre. Ses discours sur l'indépendance de l'Égypte visaient aussi bien à convaincre les masses égyptiennes qu'à créer un mouvement favorable dans les opinions publiques européennes.

101. Abdul Hamid, ou plus exactement Abdülhamid II (1842-1918), fut sultan de l'Empire ottoman de 1876 à 1909. L'allusion de Garbati à son régime « paternel » est ironique : surnommé le « sultan rouge », Abdülhamid II se rendit célèbre par sa politique répressive, notamment par son traitement « énergique » des révoltes arméniennes (1894-1896).

102. L'incident d'Aqaba – crise diplomatique opposant l'Empire ottoman à la Grande-Bretagne – s'étend de mai à octobre 1906 : les Britanniques considéraient que le tracé du chemin de fer du Hedjaz projeté par les Ottomans, avec une branche prévue jusqu'au port d'Aqaba, sur la mer Rouge, pouvait constituer une menace pour l'Égypte et le canal de Suez. Le risque d'une action navale, évoqué par le Royaume-Uni pour préserver ses intérêts dans la région, fit finalement céder les Ottomans, qui se contentèrent d'une voie directe Damas-Médine.

103. En juin 1906, des émeutes éclatèrent à Denchaoui (Dinshaway, dans le Delta) à la suite d'une altercation entre des officiers britanniques venus chasser le pigeon et des paysans locaux. Le bilan fut d'un mort et de plusieurs blessés, mais la justice s'en prit seulement aux Égyptiens, en exonérant les Britanniques de toute responsabilité. Cet incident, largement relayé dans la presse, émut durablement l'opinion égyptienne et la dressa contre l'occupation anglaise.

104. Allusion approximative à un fait divers relaté par la presse parisienne, en juin 1900 : lors d'une corrida donnée à Deuil, en région parisienne, le Suédois Ivan Aguéli attaqua deux matadors à coups de revolver au nom de son opposition à la tauromachie. L'un d'eux fut blessé au bras sans gravité, et le spectacle fut interrompu. À la suite de cette attaque, l'agresseur, Ivan Aguéli, fit un séjour en prison de quelques semaines à la prison de Pontoise. Sur le sujet, voir Denis ANDRO, « Une page de la lutte contre la tauromachie à la Belle Époque : l'attentat de Deuil du 4 juin 1900 », *Gavroche* 159, juillet-septembre 2009, p. 36-39.

105. Ivan Aguéli (1869-1917), le « Suédois mahométan » évoqué par Guillaume Apollinaire dans une chronique du *Mercure de France* (septembre 1912), est l'une des figures les plus singulières de l'intelligentsia cairote du début du siècle. Cet intellectuel itinérant, peintre, traducteur, touche-à-tout et polyglotte, sillonna l'Europe et voyagea jusqu'aux Indes avant de s'établir durablement en Égypte : c'est là qu'il se convertit à l'Islam, apprit l'arabe littéraire, et devint l'un des spécialistes d'Ibn Arabi. Sa collaboration à la revue *Il Convito/al-Nâdi* fondée par Enrico Insabato fut très précieuse pour la partie arabe de la publication, où l'on retrouve sa signature sous divers pseudonymes, comme Abdul Hâdi el-Maghrabi. Romolo Garbati souligne qu'Aguéli, désormais orientalisé, n'apparaît plus que coiffé d'un turban et « portant une robe fantaisiste, qui aurait voulu être marocaine » : plusieurs photographies prises pendant ses années égyptiennes le montrent effectivement en costume traditionnel musulman. À sa mort en 1917, Ivan Aguéli laisse derrière lui une œuvre remarquable de journaliste, de théologien et de peintre.

106. Ce « dessinateur au Ministère des Travaux Publics », Eugène Dupré, fut un mystique passionné, proche d'Insabato et d'Aguéli. Il participa avec le Grec Démétrius Platon Sémélas, rencontré vers 1910, à l'implantation de l'ordre martiniste en Égypte ; il fonda également vers 1914-1915 l'Ordre du Lys et de l'Aigle, sorte de société initiatique d'inspiration gnostique. De retour en France, il anima, entre autres, la revue spiritualiste *Éon* (1920-1925). Sa mort est attestée à la fin de la Deuxième Guerre mondiale.

107. Rappelons que *Il Corriere della sera* (Milan) et *La Tribuna* (Rome) sont les deux quotidiens italiens les plus prestigieux du début du siècle.

108. Probable allusion à une anecdote racontée par l'écrivain, poète et librettiste Antonio Ghislanzoni (1824-1893).

109. Ce « remerciement » n'apparaît pas dans la publication originale (1886), ni dans la préface rédigée par Bloy pour la réédition du *Désespéré* en 1913.

110. Au pouvoir de 1892 à 1914, Abbas II Hilmi (1874-1944) fut le dernier Khédive d'Égypte. Son règne coïncida avec une période de (relatif) libéralisme institutionnel et d'essor économique. Comme le souligne Romolo Garbati, la presse en langue italienne, française, grecque ou anglaise se développa sans retenue dans ce moment faste : de nombreux journaux furent fondés au sein des communautés étrangères du Caire ou d'Alexandrie, avec facilité mais non sans un certain amateurisme.

111. L'avocat et activiste italien Pietro Gori (1865-1911) défendit la cause de l'anarchisme dans de nombreux pays, notamment en Suisse, au Royaume-Uni et en Argentine. En février et mars 1904, il prononça une série de conférences en Égypte, bien documentées par la presse locale. Sur la figure de Pietro Gori, infatigable militant internationaliste, voir Maurizio ANTONIOLI, Franco BERTOLUCCI, Roberto GIULIANELLI (dir.), *Nostra patria è il mondo intero. Pietro Gori nel movimento operaio e libertario italiano e internazionale*, Pise, BFS, 2012.

112. Romolo Garbati évoque ici l'une des conséquences de la mutinerie du cuirassé Potemkine et des « événements d'Odessa » (1905) : la surveillance accrue des réfugiés russes installés dans les grands ports méditerranéens de la part de l'*okhrana*, la police secrète du Tsar. En 1907, trois Russes accusés de propagande anarchiste furent effectivement arrêtés sans ambages à Alexandrie, et remis à leur consulat dans des circonstances pour le moins floues, au prétexte qu'ils préparaient l'attaque d'un navire russe. Leur sort provoqua un mouvement de sympathie, dont témoigne entre autres un libelle de protestation de 16 pages, publié peu après les faits, en français (*L'Arrestation des trois Russes en Égypte*, Alexandrie, 1907).

113. Romolo Garbati fait référence aux positions ouvertement anti-anglaises du journal *Le Bosphore égyptien* – né à Port Saïd puis transféré au Caire – qui prit position contre l'« occupant » britannique à compter de 1882 : les éditoriaux polémiques devinrent sa marque de fabrique, au point de provoquer de véritables tensions diplomatiques entre la France et le Royaume-Uni, et de susciter, en retour, une surveillance particulière de la part des autorités égyptiennes.

114. Allusion au *Manuel d'économie politique* (1857) signé par Henri Baudrillart (1821-1894) : cet ouvrage – sans cesse réédité au fil du XIXe siècle – se présente comme une initiation aux grands principes de l'économie politique.

115. Le journaliste Paul Manse a participé activement à la presse francophone d'Égypte : son nom est associé au journal *Les Pyramides*, lancé en 1900 ; il est également le rédacteur en chef du quotidien *L'Égypte*. Son portrait figure en bonne place dans le tableau que G. B. Danovaro consacre en 1901 aux « journalistes d'aujourd'hui », dans *L'Égypte à l'aurore du XXe siècle* (*cit.*, p. 140).

116. Le nom de Francesco Santorelli, originaire de Naples, apparaît à plusieurs reprises comme rédacteur de journaux et de périodiques égyptiens, aussi bien au Caire qu'à Alexandrie, et comme correspondant en Égypte de quotidiens italiens. Dans *L'Égypte à l'aurore du XXe siècle* (*cit.*, p. 140), G. B. Danovaro le qualifie de « rude polémiste » et de « travailleur acharné », avant d'évoquer sa prolixité avec une pointe d'ironie : « on ne sait comment il peut s'y prendre pour remplir journellement deux ou trois colonnes du *Corriere* et collaborer à de nombreux journaux d'Italie »… *Il Giornale*, cité par Garbati, semble avoir connu une carrière chaotique : son premier numéro est annoncé par *L'Imparziale* une première fois le 24 juin 1902, une seconde fois le 3 novembre 1904 (probablement après une interruption des publications). Plusieurs procédures judiciaires avaient également été engagées contre Santorelli, auprès du tribunal consulaire ou des tribunaux mixtes. On découvre également le patronyme de Santorelli sur la couverture d'un volume intitulé *L'Italia in Egitto* (Le Caire, 1894).

117. L'essai du duc d'Harcourt, *L'Égypte et les Égyptiens* (Paris, Plon, 1893) eut une large audience à la fin du siècle. Il développe une pensée essentialiste sur le « peuple égyptien », sur sa docilité millénaire, et sur les défis d'une modernisation du pays sous la houlette anglaise.
118. Le poète et dramaturge égyptien Ahmed Chawqi, ou Ahmed Chawky Bey (1868-1932), est en effet considéré comme une figure centrale de la littérature arabe moderne. Proche du khédive Abbas II Hilmi, grand admirateur de la civilisation française, il eut un rôle non négligeable dans la politique culturelle égyptienne, et fut couronné « Prince des poètes » en 1927.
119. Il n'a guère été possible de retrouver des éléments précis sur le peu recommandable Luciano Perifono évoqué par Garbati : la *Gazette des Tribunaux mixtes d'Égypte* (année 1922, volume 13, p. 140) évoque des démêlés judiciaires d'un Luciano Perifano qui pourrait correspondre au « palikare » dépeint par l'auteur.
120. L'ancien terme servant à désigner les mercenaires au service des pachas turcs – encore utilisé en grec moderne pour désigner un garçon robuste et bien bâti – est manifestement utilisé ici par l'auteur pour désigner un homme de main peu scrupuleux !
121. Angelo Brofferio (1802-1866) fut un poète, dramaturge et homme politique piémontais qui participa activement à l'aventure du *Risorgimento*. Célèbre pour son éloquence et son intransigeance, il a laissé des écrits riches d'envolées lyriques, sans doute aisés à pasticher et à plagier.
122. Situé entre les beaux quartiers et le dédale de rues du Mouski, le jardin Rosetti est fréquenté par la petite bourgeoisie européenne du Caire. Plus qu'un jardin, c'est un assemblage de parcelles de forme irrégulière, qui sera totalement urbanisé quelques années après le passage de Romolo

Garbati au Caire. L'expression « jardin Rosetti » renvoie ici, par extension, aux îlots d'habitation adjacents.

123. Le personnage de Brigido a déjà été évoqué par l'auteur dans la deuxième partie, « La vie coloniale à Tunis ».

124. Nous n'avons pas d'informations sur cet « avocat Isabella » proche de Giovanni Ferrante, et réputé au Caire pour son « énorme veston d'alpaga ».

125. *La France Juive* (Paris, Flammarion, 1886) d'Édouard Drumont (1844-1917) est, comme on sait, l'un des monuments de l'antisémitisme de la fin du XIXe siècle. Grand admirateur des polémistes de tous bords (quelle que soit leur couleur politique), Romolo Garbati semble avoir été un lecteur attentif de Drumont. Dans un numéro de la revue néo-hellénique *Grammata* (vol. 4, n° 37, 1917, p. 143-145), un article nécrologique consacré au polémiste, traduit en grec, porte sa signature.

126. Le « docteur Djeveret » évoqué ici par Garbati est Abdullah Cevdet (1869-1932) : médecin de formation, cet homme politique kurde fut également poète, philosophe, traducteur, journaliste et éditeur. Ses prises de position réformatrices face au pouvoir ottoman et sa proximité avec le mouvement des Jeunes-Turcs lui valurent de nombreuses condamnations : il mena une vie errante entre la Libye, la France, l'Autriche, la Suisse et l'Égypte à partir de 1896. Sa présence au Caire est attestée entre 1905 et 1911, date de son retour à Istanbul. Romolo Garbati fait référence dans la suite du texte au titre français de la revue *Ictihâd* (« le libre examen »), périodique littéraire et intellectuel dédié à la défense des libertés d'opinion, auquel Cevdet consacra toute son énergie – et une bonne part de sa fortune – pendant près de trente ans, entre la Suisse, l'Égypte et la Turquie. Sur l'œuvre de traducteur de Cevdet, évoquée quelques lignes plus tard par Garbati, on pourra consulter les matériaux réunis par Sevda

Ayluçtarhan dans *Abdullah Cevdet's translations (1908-1910). The making of a westernist culture repertoire in a resistant Ottoman context*, Sarrebruck, LAP, 2011.

127. Astronome, naturaliste et mathématicien, l'Italien Maurizio Buscalioni eut effectivement une vie aventureuse, mais fort mal documentée : on sait qu'il résida quelque temps au Venezuela, où il dirigea l'observatoire astronomique de Caracas (entre 1890 et 1895 environ), mais également qu'il fréquenta la France, voyagea en mer Rouge et s'installa assez longuement en Égypte, en ayant acquis la nationalité vénézuélienne.

128. Carlo Michele Buscalioni (1824-1885), père de Maurizio Buscalioni, fut un homme politique piémontais. Disciple du prêtre et philosophe Antonio Rosmini (1797-1855), il fit ses premiers pas en politique dans l'ombre de Giuseppe La Farina (1815-1863), député et ministre dans les premières années de l'Unité italienne.

129. Le *caracol* est un mot turc désignant un bureau de police et d'administration (équivalent d'un commissariat de quartier) dans le monde ottoman.

130. Armand Bélière est le pseudonyme du peintre Émile Bernard, déjà cité par Garbati, qui collabora effectivement à la revue *L'Arte* de Giovanni Ferrante. De ce roman, intitulé *La victoire des ténèbres* – et manifestement publié en feuilleton dans la revue – il ne nous reste aucune trace.

131. Il ne nous a pas été possible de retrouver l'origine de cette citation, peut-être tirée d'une tribune signée par Buscalioni dans la presse égyptienne, ou du seul ouvrage qu'on lui connaisse, un opuscule intitulé *Brigandages politiques*, publié à Paris en 1906.

132. Allusion à l'admiration que le roi de Suède Oscar II (jusqu'en 1905, également roi de Norvège) éprouvait pour l'auteur dramatique Henrik

Ibsen, dont la pièce *Un Ennemi du peuple* (1883) compte parmi les plus célèbres. Garbati fait probablement allusion au dîner officiel qui fut organisé en 1898 en l'honneur d'Ibsen au Palais Royal de Stockholm.

133. On aura reconnu le poème « À Jeanne », tiré des *Chansons des rues et des bois* (1865) de Victor Hugo.

134. Référence à l'*Anti-Machiavel*, essai politique signé par Frédéric II de Prusse – et diffusé dans l'Europe des Lumières avec l'appui de Voltaire – dont les thèses prennent à revers les propos de l'auteur du *Prince*.

135. Cette rue tracée au XIXe siècle à travers les vieux quartiers du Caire, célèbre pour ses arcades, menait de la place Ataba el-Khadra jusqu'au pied de la Citadelle : elle faisait figure d'avenue « moderne » dans le contexte urbain de l'époque.

136. Le général Ahmed Urabi (1841-1911), ou Orabi Pacha, a marqué l'histoire égyptienne de la fin du XIXe siècle : la fameuse révolte d'Orabi Pacha (1881-1882) – que l'on peut interpréter comme un mouvement indépendantiste, dirigé contre l'ingérence occidentale dans la politique intérieure égyptienne – amena une réaction immédiate des puissances européennes. Le bombardement du port d'Alexandrie par la flotte britannique en juillet 1882, avant la reprise du contrôle du pays, en est l'épisode central. Capturé, jugé et condamné à l'exil pendant près de vingt ans, Ahmed Urabi finira sa vie dans l'isolement au Caire.

137. Il s'agit de Jorge Nelken y Waldberg, aventurier né en Argentine et naturalisé américain en 1888. Ce capitaine peu scrupuleux, qui fit fortune en monnayant ses services au moment de la guerre hispano-américaine (1898), s'installa à Constantinople puis au Caire, où il vécut de pratiques à la limite de la légalité. Jorge Nelken y Waldberg fait l'objet d'échanges diplomatiques entre le consulat américain au Caire et le Département d'État à Washington entre 1906 et 1907, regroupés dans les fascicules des *Foreign Relations of the United States*. Un courrier daté du 26 novembre 1906 évoque notamment l'activité journalistique douteuse de Nelken y Waldberg (dénigrement systématique et pratique avérée du chantage), qui met à mal l'image des États-Unis. Garbati évoque dans la suite du texte son expulsion d'Égypte, qui semble en effet fort probable. Pendant l'année 1910, la presse américaine relate par ailleurs qu'une procédure de déchéance de sa nationalité américaine est engagée contre lui (voir par exemple *The Evening Star*, 29 juin 1910). Un ouvrage de souvenirs du journaliste allemand Harry Stuermer (*Deux ans de guerre à Constantinople*, Paris, Payot, 1917) laisse entendre qu'après cette expulsion d'Égypte il se serait établi à nouveau à Constantinople sous le nom de Mehmed Zekki. Harry Stuermer en fait un portrait peu flatteur : il apparaît comme un personnage louche, entre le publiciste et le proxénète, passé au service des intérêts allemands pendant la Première Guerre mondiale. Reste que Jorge Nelken y Waldberg aurait relaté ses quelques années passées au Caire, sous le titre *Mes Mémoires en Égypte* (Londres, s. n., 1908, 405 p.) : nous n'avons à ce jour pas retrouvé la trace de cet ouvrage.

138. Allusion au romancier et essayiste Victor Cherbuliez (1829-1899), honnête faiseur de récits et académicien, dont l'une des gloires est d'avoir été éreinté par Maupassant dans une chronique de *Gil Blas* (1883).

139. Les méthodes de Costanzo Chauvet (1844-1918), journaliste amateur de scandales et maître-chanteur occasionnel, devinrent célèbres à Rome au début du XXe siècle : directeur du *Popolo Romano* (1875-1918) pendant plus de quarante ans, Chauvet ne s'embarrassait guère de scrupules pour appâter les lecteurs.

140. La congrégation laïque masculine des Frères des écoles chrétiennes – ou Lasalliens – est vouée depuis la fin du XVIIe siècle à l'enseignement et à la formation des enfants. Les établissements scolaires gérés par les Frères des écoles chrétiennes connurent une expansion géographique remarquable au XIXe siècle, notamment en Égypte (dès 1847). En 1903, on dénombre 24 écoles de Frères : 9 à Alexandrie, 5 au Caire, 4 en Haute-Égypte et 6 dans le Delta et la zone du canal de Suez.

141. Bab-el-Ouastani, ou Bab el-Westani (la « porte du milieu »), est l'une des portes de la Citadelle du Caire, au sud-est de la ville. Au début du siècle, des quartiers très populaires – fort peu fréquentés par les Européens – sont intégrés dans l'enceinte même de l'ancienne citadelle.

142. On l'aura compris, c'est moins en tant qu'esprit frondeur, galant et libertin que comme courtisan, mercenaire et maître chanteur que l'écrivain Pietro Aretino (1492-1556) est mentionné ici par Romolo Garbati.

143. Diplomate et homme politique anglais, Evelyn Baring (1841-1917), comte de Cromer, fut Consul général et Ministre plénipotentiaire du Royaume-Uni en Égypte de 1883 à 1907. À la tête de l'administration anglaise, Lord Cromer eut une importance politique considérable, et un rôle déterminant dans la modernisation de l'Égypte.

144. L'écrivain et homme politique Benjamin Disraeli (1804-1881), premier ministre à deux reprises (en 1868 et entre 1874 et 1880) fut l'un des piliers du Parti conservateur anglais. Si son ascendance juive fut parfois évoquée par ses opposants, il fit lui-même de la « race sémite » un sujet de réflexion et de spéculation dans certaines de ses œuvres romanesques, avant d'accéder au pouvoir.

145. Dans ses *Mémoires d'outre-tombe*, François-René de Chateaubriand évoque avec émotion sa sœur Lucile, et son aspiration candide à l'absolu

(« Mais le cœur de Lucile ne pouvait battre que dans un air fait exprès pour elle, et qui n'avait point été respiré »).

146. Rappelons que dans les ateliers d'imprimerie, ce que l'on appelle le plomb typographique, servant à la fabrication des caractères et des poinçons, est un alliage de plomb, d'étain et d'antimoine. Le caractère toxique et irritant de la poussière d'antimoine est connu des typographes depuis le XIXe siècle.

147. Fondé par Emilio Arus en 1892, le journal *L'Imparziale*, imprimé au Caire, eut une longue carrière : ce quotidien modéré, géré comme une petite entreprise familiale, finit par fusionner en 1930 avec le *Messaggero Egiziano*, sous le nom de *Giornale d'Oriente*, et survécut jusqu'au déclenchement de la Deuxième Guerre mondiale.

148. Comme on le devine, Jules Vallès et Séverine – déjà évoqués par Garbati au fil de ses pages – sont ici pris pour modèles d'un journalisme exigeant, engagé dans « la cause du peuple ». Ce qu'à l'évidence *L'Imparziale* n'était pas… Sa dernière hypostase, le *Giornale d'Oriente*, aura même des sympathies affichées pour le fascisme italien.

149. Correspondant du quotidien romain *Il Giornale*, rédacteur de *L'Imparziale* fondé par Emilio Arus, Enrico Di Pompeo deviendra après 1910 une figure de premier plan du journalisme en Égypte, et une personnalité incontournable de la communauté italienne. Si la collaboration évoquée ici, autour de *L'Imparziale*, ne semble guère avoir été concluante, la coopération entre Di Pompeo et Garbati connaîtra un nouveau développement quelque temps plus tard à Alexandrie, comme le raconte l'auteur dans les pages qui suivent. L'élément décisif sera la reprise par Di Pompeo, en 1908, du *Messaggero Egiziano*, et la nomination de Romolo Garbati au poste de rédacteur, ce qui permettra aux deux hommes d'introduire dans la presse égyptienne les méthodes du journalisme moderne.

150. Le publiciste et lexicographe Palmiro Premoli (1856-1917) doit sa renommée, en Italie, aux nombreuses encyclopédies dont il dirigea la publication. Son nom reste notamment associé au *Vocabolario nomenclatore* (1909-1912), dont les entrées sont classées, de façon fort originale, par affinités thématiques.

151. Dans des essais tels que *L'Unità d'origine del linguaggio* (1905), le linguiste Alfredo Trombetti (1866-1929) développa des théories audacieuses sur l'unité originelle des langues humaines : à ses yeux les langues parlées dérivaient d'un modèle unique, semblable à une racine primitive (pouvant être retrouvée par le biais d'une étude de linguistique comparée).

152. Il s'agit de la place Ataba el-Khadra, sur laquelle débouche la rue el-Mouski. La présence d'un marché et de grands magasins fait de cette place, au début du siècle, l'un des carrefours les plus animés de la ville.

153. Par leur triste fin, les poètes Nicolas Gilbert (1750-1780) et Thomas Chatterton (1752-1770) furent considérés dès l'époque romantique comme les modèles par excellence des génies incompris.

154. *Faim* (1890), du romancier norvégien Knut Hamsun (1859-1952), raconte à la première personne la vie errante d'un apprenti-écrivain sans le sou, tenaillé par la faim. Reconnu comme un chef d'œuvre, traduit en français dès 1895, ce roman autobiographique connut une large diffusion en Europe.

155. Allusion aux *Scènes de la vie de Bohème* (1851) de Henry Murger (1822-1861), adapté à l'opéra en 1896 par Giacomo Puccini, dans ce qui fut l'un des plus grands succès de l'histoire de l'art lyrique.

156. Le *shimmy* est une danse venue des États-Unis – pratiquée en autres par Gilda Gray et Mae West – dont la mode se répandit dans les *dancings* d'Europe dans l'entre-deux-guerres.

157. En dialecte égyptien, l'*attar* (au pluriel, *attarin*) est l'épicier de quartier.

158. Les Grands magasins Stein, spécialisés dans l'habillement, étaient situés place Ataba el-Khadra. Leur façade imposante se reconnaît dans bon nombre de photographies anciennes du Caire : les propriétaires, d'origine autrichienne, avaient fait figurer sur la façade l'aigle à deux têtes des Habsbourg.

159. La rue Anastassi est au début du siècle une rue populaire d'Alexandrie, dans le quartier de Labbane, fréquenté en particulier par des Grecs et des Maltais.

160. Garbati fait référence à la *Prière sur l'Acropole* d'Ernest Renan, qui prend place dans le deuxième chapitre de ses *Souvenirs d'enfance et de jeunesse* (1883), et raconte sa découverte émerveillée de la Grèce.

161. Adepte du bahaïsme, forme de spiritualité syncrétique et monothéiste, dérivée de l'Islam, ayant pris naissance en Perse au XIXe siècle et ayant connu une certaine diffusion en Palestine et au Moyen-Orient.

Sixième partie – Alexandrie

162. Allusion probable au fonctionnement des *Regie scuole italiane all'estero*, situées dans le quartier des écoles, où étaient rassemblés de nombreux établissements (Frères des écoles chrétiennes, école allemande, école arménienne, institut Don Bosco…), autour de la rue Abou el-Dardaa. L'anecdote racontée par Romolo Garbati fait sourire, mais chaque communauté était impliquée dans la vie de la municipalité et l'enseignement était un enjeu essentiel pour les populations étrangères d'Alexandrie. Sur l'état d'esprit de la communauté italienne à Alexandrie, voir Anouchka Lazarev, « Italiens, italianité et fascisme », *in* Robert ILBERT, Ilios YANNAKAKIS (dir.), *Alexandrie 1860-1960, un modèle éphémère de convivialité. Communautés et identité cosmopolite*, Paris, Autrement, 1992, p. 92-104.

163. Le quartier de l'Attarine, composé de boutiques d'artisans, d'antiquaires et d'épiciers, s'étend au cœur d'Alexandrie, au sud de la mosquée du même nom. C'est au début du XXe siècle un quartier sociologiquement mélangé, qui accueille une forte proportion d'habitants d'origine européenne.

164. Rappelons que le personnage de Tartarin de Tarascon, mis en scène par Alphonse Daudet dans trois romans, entre 1872 et 1890, est l'archétype du Don Quichotte provençal, à la fois crédule et vantard.

165. La place des Consuls, ou place Mohamed Ali (aujourd'hui place el-Tahrir), est le carrefour central de la ville : on y trouve à l'époque plusieurs consulats, ainsi que la Bourse du Coton. Cette esplanade vaste et aérée, ornée d'une statue équestre de Mohamed Ali réalisée par Jacquemart, est l'un des sites les plus représentés dans les gravures et les cartes postales, car il symbolise le renouveau urbanistique d'Alexandrie.

166. On l'aura deviné, cette « explication » n'éclaire guère le premier vers de la *Divine comédie*, « Nel mezzo del cammin di nostra vita… » Notons que la communauté italienne pouvait effectivement se vanter, au début du XXe siècle, d'animer à Alexandrie une antenne de la Società Dante Alighieri très active : les gazettes évoquent régulièrement les conférences, lectures publiques, festivités, organisées par la « Dante ». En 1907-1908, une polémique se développe autour du projet de certains « dantistes » qui entendaient offrir au Conseil Municipal une statue de l'auteur, à installer dans un lieu public du quartier italien. L'idée sera abandonnée face aux réticences des autorités religieuses musulmanes.

167. Remarque malicieuse dirigée contre ces commerçants alexandrins qui se piquent de littérature : poète franciscain de la fin du XIIIe siècle, auteur d'une centaine de poèmes religieux dont l'interprétation est parfois complexe, Jacopone da Todi est un illustre contemporain de Dante.

168. L'intellectuel italien Ugo Farfara, figure éminente du milieu alexandrin, traducteur du suédois et de l'allemand, fut le directeur du périodique anarchiste *L'Unione della Democrazia*, auquel collabora, entre autres, le jeune poète italien Giuseppe Ungaretti; Ugo Farfara participa également à l'initiative de l'Université Populaire Libre d'Alexandrie, fondée par Pietro Vasai.

169. Il s'agit de Federico Fabbri, frère du directeur de *L'Unione* Cesare Fabbri (croisé dans la deuxième partie de l'ouvrage, « La vie coloniale à Tunis ») et fondateur avec Enrico Debono, vers 1876, du *Messaggero Egiziano* (journal publié d'abord sous le titre *Il Lloyd Egiziano*, puis *Messaggiere Egiziano*). Federico Fabbri fut un collaborateur du grand quotidien romain *La Tribuna*, mais il ne fit qu'un passage-éclair à la direction du journal, pendant l'année 1900, avant de fonder et de diriger, toujours à Rome, le quotidien libéral *La Patria* (1900-1906).

170. Les informations sur ce « typographe maltais », Enrico Debono – fondateur historique du *Messaggero Egiziano*, et propriétaire du journal jusqu'en 1908 – sont pour le moins lacunaires, mais d'après les anecdotes racontées par Romolo Garbati, on peut effectivement imaginer une gestion assez artisanale du quotidien par ce journaliste autodidacte. Dans *L'Égypte à l'aurore du XXe siècle* (*cit.*, p. 140), G.B. Danovaro le présente comme un vétéran du journalisme, « toujours pacifique et toujours content ».

171. Le « vieux Piémontais » Eugenio Godino a été le rédacteur en chef du *Messaggero Egiziano* sous la direction de Debono (probablement entre 1900 et 1908). Dans *L'Égypte à l'aurore du XX*[e] *siècle* de G.B. Danovaro, il apparaît comme « un des plus vieux membres de la presse italienne en Égypte », « l'âme même du journal » (*cit.*, p. 141).
172. La carrière journalistique de Ferruccio Kezek, d'une autre génération que Debono ou Godino, est mieux documentée : collaborateur à *L'Imparziale* et au *Messaggero Egiziano*, mais également à *La Bourse égyptienne* et à *La Réforme*, Kezek fonda en 1909 le *Journal du Commerce et de la Marine*, qui sera pendant près un demi-siècle le principal organe d'information en matière économique et commerciale.
173. Les années 1908-1909 marquent une rupture dans l'histoire du *Messaggero Egiziano* – et dans celle de toute la presse italienne en Égypte. Racheté par Emilio Arus et dirigé par Enrico Di Pompeo, qui place Romolo Garbati à la rédaction, le journal est transformé de fond en comble. Les modifications concernent non seulement le format, la police de caractères, l'apparence typographique, mais la ligne éditoriale et l'ambition du *Messaggero* : ce journal, basé jusqu'à cette date sur le recyclage de coupures de presse et sur la diffusion de nouvelles commerciales, devient en quelques mois un quotidien d'information généraliste, avec des rubriques clairement identifiées, des pages locales, des correspondants à l'étranger. De fait, le *Messaggero* deviendra, en Égypte, une des grandes références en matière de journalisme, ce qui explique sa durée de vie de plus d'un demi-siècle (sur le sujet, voir notamment Vittorio BRIANI, *La Stampa Italiana all'estero dalle origini ai nostri giorni*, Roma, Istituto Poligrafico dello Stato, 1977, p. 167-168).

174. Probable allusion à l'opuscule rédigé en 1911 par l'avocat Edoardo Bigiavi, *Noi e l'Egitto* (Livourne, 1911), qui contient un inventaire raisonné des journaux en langue italienne publiés en Égypte, sous le titre « Elenco dei giornali italiani che si pubblicano attualmente in Egitto ».

175. Si Romolo Garbati lui rend un hommage appuyé, il est difficile de préciser le rôle exact qu'eut Alfredo Vailati – employé dans la principale école élémentaire en langue italienne d'Alexandrie, la *Scuola elementare maschile* de la rue Abou el-Dardaa dirigée par Lorenzo Poggetti – dans l'aventure du *Messaggero Egiziano*.

176. Journaliste et explorateur français, fondateur en 1901 de la revue *Le Magasin colonial et des voyages*, Jean Hess (1862-1926) développa au fil de ses ouvrages – *L'Âme nègre* (1898), *La question du Maroc* (1903), La *Vérité sur l'Algérie* (1905) – une vision critique de la politique coloniale française.

177. L'épisode relaté dans les lignes qui suivent prend place entre novembre 1909 et janvier 1910. Il s'agit du dernier aléa judiciaire dans l'affaire de la condamnation de Romolo Garbati pour « diffamation et injures par voie de presse » : si la peine de prison prononcée presque dix ans plus tôt par la Cour d'Appel de Cagliari avait été réduite le 17 octobre 1909 de 18 mois à un an de réclusion, elle n'avait pas été effacée. La condamnation sera définitivement annulée le 19 janvier 1910.

178. Salvatore Barzilai (1860-1939) fut un avocat et un homme politique influent, proche de l'extrême gauche et membre actif de la franc-maçonnerie. Élu à plusieurs reprises à l'assemblée sous l'étiquette du Partito Repubblicano Italiano, il sera ministre sans portefeuille en 1915-1916 et sénateur dans l'entre-deux-guerres.

179. Juriste de formation, Vittorio Emanuele Orlando (1860-1952) est une personnalité essentielle dans l'histoire politique de l'Italie : tour à tour ministre de l'Éducation Nationale et de la Justice sous Giolitti, Président du Conseil pendant la Grande Guerre, représentant de l'Italie pendant les négociations du Traité de Versailles, membre de l'assemblée Constituante italienne qui assurera, à la fin du fascisme, la transition entre régime monarchique et République, Orlando fait figure, pendant un demi-siècle, d'autorité morale et de garant des institutions.

180. Situé dans la partie occidentale de la ville, à l'ouest du canal Mahmoudieh, le quartier de Gabbari correspond à une zone de voies ferrées et d'entrepôts liés à l'activité portuaire d'Alexandrie. Les cartes d'Alexandrie établies par le *Survey of Egypt* font apparaître un édifice légendé « Mixed Prison » à proximité de la Quarantaine et de la mosquée de Gabbari (voir planche III.III, 1912). On peut supposer que c'est là que s'est effectuée la détention de Romolo Garbati.

181. Le dossier du *Casellario Politico Centrale* contient en effet la copie d'une missive adressée début novembre 1909 par Romolo Garbati, depuis sa prison, à l'administration de l'Hôpital Civil de Cagliari, afin de lui demander d'intercéder en sa faveur : « Votre pardon généreux, après mes longues années d'exil, n'a pas suffi à me sauver de la prison. [...] Vous fûtes bons avec moi : ne voudriez-vous pas l'être une fois encore, et encore plus, honorables Messieurs, en envoyant par vous-mêmes à S. M. une demande pour qu'elle daigne m'accorder une grâce complète ? ».

182. Écrivain, homme politique et diplomate, Carlo Dossi (1849-1910) développa dans son journal intime (publié après sa mort sous le titre *Note azzurre*) une écriture souvent ironique et cinglante. Le fragment consacré aux infortunes de Saverio Corrieri, cité ici par Garbati, en offre une excellente illustration.

183. Référence probable à l'expédition allemande menée par Fritz Bauer entre le Niger et le lac Tchad (1902- 1903), dont le récit fut publié en 1904 à Berlin.
184. Nous n'avons guère d'informations sur le premier collaborateur cité par Romolo Garbati, Herbert Bensilum. Quant à Leone Acco, il appartient au milieu du journalisme alexandrin : on retrouve notamment son nom en 1941, aux côtés de Romolo Garbati, parmi les rédacteurs du journal antifasciste *Corriere d'Italia*. Enfin, Max Terni fera carrière à Alexandrie comme avocat et deviendra une figure influente de la communauté italienne.
185. Enrico Pea (1881-1958) est l'un des écrivains en langue italienne les plus singuliers du début du XXe siècle. Auteur autodidacte, né en Toscane dans une famille de modestes conditions, il rejoint l'Égypte en 1896 : il passera une vingtaine d'années dans ce pays, en exerçant diverses activités : importateur de marbre, menuisier, négociant en vin – et animateur de réunions anarchistes à ses heures perdues. Il s'établira à Viareggio en 1914, après avoir publié un recueil remarqué, *Fole* (1910), avec l'aide de son ami Giuseppe Ungaretti (l'ouvrage pourra d'ailleurs compter sur une recension positive, signée par Garbati, dans le *Messaggero*). Ses souvenirs, publiés en 1949 sous le titre *Vita in Egitto*, sont une source essentielle d'informations sur le monde des faubourgs d'Alexandrie, loin du centre-ville cosmopolite, et sur les premiers pas du poète Giuseppe Ungaretti, dont Pea sera un ami proche. Comme le remarque Romolo Garbati, sa langue quelque peu hirsute et son style marqué par l'oralité donnent une saveur particulière à ses ouvrages.
186. La petite rue Saleh el-Dine (500 m environ) est située dans le quartier Attarine, où résidait Enrico Pea.

187. Allusion au roman *Il Forestiero*, publié pendant l'automne 1932 par Enrico Pea dans l'honorable revue *Nuova Antologia*, fondée en 1866, et au roman *Il Servitore del Diavolo*, édité trois ans plus tôt dans la revue *Pegaso* dirigée par l'intellectuel italien Ugo Ojetti. Romolo Garbati cite à dessein ces deux revues plutôt conservatrices, dont les choix éditoriaux tranchent avec le caractère et la formation de Pea.

188. Peintre, graveur, écrivain, Lorenzo Viani (1882-1936) fut effectivement un ami proche d'Enrico Pea, qui le sollicita pour illustrer la couverture de son premier ouvrage, *Fole* (1910), et deux ans plus tard pour celle de *Montignoso* (1912). Au contact avec les avant-gardes parisiennes et la bohème artiste de ces années, Viani – originaire de Viareggio comme Pea – est un excellent connaisseur du monde de l'art au début du siècle : il en livrera un portrait caustique dans son roman autobiographique *Parigi*, en 1925.

189. Référence à l'exposition organisée en 1910 par Enrico Pea et Giuseppe Ungaretti à Alexandrie, dans les locaux du *Messaggero Egiziano*. Ungaretti prit la défense de Viani dans un article intitulé « Abbozzi e sgorbi ? », publié dans les pages du *Messaggero Egiziano* (1-2 août 1910). Ce texte polémique fut rédigé en réponse à une tribune publiée quelques jours plus tôt dans l'*Unione della Democrazia* par un certain « Fiorentino », qui présentait les œuvres de Viani comme des « brouillons » et des « gribouillages ».

190. Le très cossu Boulevard de Ramleh, bordé d'immeubles à l'européenne, est l'une des artères les plus fréquentées d'Alexandrie (aujourd'hui rue Saad Zaghloul). On y trouve des grands magasins et des librairies, comme le fameux Moscato. En 1910, le siège de la rédaction du *Messaggero Egiziano*, indiqué sur la première page du journal, se trouve au numèro 5 (« 5, Via della stazione di Ramleh »).

191. Le poète et fondateur du futurisme Filippo Tommaso Marinetti (1876-1944) est effectivement originaire d'Alexandrie, où il a passé son enfance et son adolescence, jusqu'en 1893. Né dans une famille aisée, élevé par une nourrice soudanaise dont le souvenir traverse certains de ses écrits, il fit ses études au collège des Jésuites Saint-François-Xavier et reçut une éducation parfaitement bilingue, avant de s'installer à Paris puis à Milan. Marinetti reviendra brièvement en Égypte et racontera son voyage dans des chroniques du quotidien turinois *La Gazzetta del Popolo* (1930-1931), qui seront ensuite rassemblées en volume sous le titre *Il Fascino dell'Egitto* (1933).

192. Auteur de tout premier plan, associé à la naissance de la poésie moderne en Europe, Giuseppe Ungaretti (1888-1970) passa comme Marinetti son enfance et sa jeunesse à Alexandrie (ce n'est qu'en 1912 qu'il quittera l'Égypte, à l'âge de 24 ans). Ses débuts littéraires, encore tâtonnants, datent des années 1909-1912. Le jugement cinglant de Romolo Garbati à son égard peut surprendre, car Ungaretti fut justement un collaborateur régulier du *Messaggero Egiziano* : on a dénombré 17 collaborations au quotidien, retrouvées grâce à Luciano Rebay, entre le 27 novembre 1909 et le 14 janvier 1912, sur les sujets les plus divers : recensions d'ouvrages, traductions, commentaires de l'actualité, réflexions littéraires. Dans ses dernières années, Ungaretti confia (en resongeant précisément à l'exposition consacrée en 1910 à Lorenzo Viani, dans les locaux du *Messaggero Egiziano*) que ce journal était dirigé par Enrico Di Pompeo, « une personne cultivée qui ne décourageait aucune audace » (*Lorenzo Viani, Viareggio, dal 21 giugno al 5 luglio 1970, scritti di G. Ungaretti e G. Cesetti*, Viareggio, Galleria d'arte moderna La Nuova Navicella, 1970, p. 5-7). L'entente fut manifestement moins bonne avec le rédacteur en chef du journal… Romolo Garbati avait déjà manifesté son hostilité à la poésie dense et laconique développée par Giuseppe Ungaretti dans un article publié en grec dans le n° 37 de la revue *Grammata*, daté de janvier-février 1917, sous le titre « Poésie nouvelle » (p. 150).

193. *Il gregge, il pastore e la zampogna* est un essai publié en 1910 par le poète turinois Enrico Thovez (1869-1925), qui règle ses comptes avec une certaine poésie symboliste, incarnée par Gabriele D'Annunzio e Giosuè Carducci. Giuseppe Ungaretti n'y est pas cité, pour la simple raison qu'il se trouve encore en Égypte et n'a pas fait son entrée en littérature (son premier recueil, *Il Porto sepolto*, date de 1916). En revanche, c'est dans les pages consacrées à la « poésie de demain » de l'essai *L'Arco di Ulisse*, rédigé quelques années plus tard (1921), que Thovez s'intéresse au jeune Ungaretti et juge ses poésies prometteuses (malgré une évidente réticence devant son style fragmentaire).

194. Allusion au roman *Parigi* (1925), signé par Lorenzo Viani, qui relate ses aventures dans la capitale des avant-gardes. Le personnage de Georgios Vrisimitsakis (Giorgio Brissimisakis), connu à Paris, apparaît en effet dans le texte et fait l'objet d'anecdotes savoureuses : Viani fut très proche de cet écrivain, philosophe et diplomate lié au milieu alexandrin, dont le nom figure parmi les premiers critiques de Constantin Cavafis. Pour une excellente synthèse sur le parcours parisien de Viani, nous renvoyons à l'édition française de l'ouvrage : Lorenzo VIANI, *Un hiver à Paris. Souvenir d'un peintre toscan, 1908-1912*, Paris-Lausanne, L'Âge d'homme, 2013.

195. La « casa rossa », ou plus exactement « baracca rossa », était la demeure et le quartier général d'Enrico Pea : ce dernier avait fait de son entrepôt de la rue Hamman el-Zahab un lieu d'échange et de réunion fréquenté par des socialistes, des anarchistes et des utopistes de toutes les origines. Dans *Vita in Egitto*, Pea décrit cette « baraque rouge » comme un

« repaire tumultueux de gens de toutes sortes et de toutes nations ». C'est probablement là que s'est nouée l'amitié entre Enrico Pea et le jeune Giuseppe Ungaretti. L'*Egyptian Directory* 1913 donne l'adresse précise de l'entrepôt : « Pea, Enrico & J. Brissimizakis, marbres et pierres, r. Hammam el-Zahab, 3 (Salah el-Dine). » (p. 873).

196. La mention du poète et ingénieur français Henri Thuile (1885-1960), installé à Alexandrie et auteur de recueils poétiques comme *La Lampe de terre* (1913) et d'essais comme *Littérature et Orient* (1921), n'est guère surprenante ici : son amitié avec Ungaretti et Pea a été déterminante, et le rapprochement des trois noms paraît naturel. La demeure d'Henri Thuile, au Mex, était un lieu de réunion pour les écrivains et les intellectuels d'Alexandrie, fréquenté non seulement par Ungaretti et Pea, mais également par des auteurs francophones comme Grégoire Sarkissian, Agostino J. Sinadino, Alec Scouffi, José Caneri, Louis Fléri, Elian J. Finbert ou Valentine de Saint-Point. Le souvenir de ces salons littéraires, où l'on causait littérature et où l'on pouvait lire les derniers numéros du *Mercure de France* et de *Vers et Prose*, est évoqué avec une certaine nostalgie par Ungaretti (*Il deserto e dopo*) et Pea (*Vita in Egitto*). Après plus de trente ans passés en Égypte, dans sa demeure isolée du Mex, Henri Thuile rentrera en France en 1927. Sur ce poète-ingénieur oublié, et sur son principal essai, voir en particulier Henri Thuile, *Littérature et Orient*, préface de François Livi, notes et dossier par Paul-André Claudel, Grenoble, ELLUG, 2013.

197. Romolo Garbati confond manifestement Henri avec son frère Jean-Léon (1887-1970), lui-même écrivain, auteur de deux romans écrits en Égypte et publiés en France, *Le Trio des damnés* (1911) et *L'Eudémoniste* (1913). Henri comme Jean-Léon vivaient au Mex autour de 1910. Dans sa *Vita in Egitto*, Pea évoque son amitié avec les deux frères, et relate de façon très vivante son souhait d'écrire une pièce de théâtre consacrée à la figure de Judas en collaboration avec Jean-Léon. Mais les différences entre leur tempérament et leur approche du sujet rendent impossible la réalisation de ce projet à quatre mains : Pea écrira finalement seul son *Giuda*, mis en scène le 18 août 1918 en Italie, puis renié après sa conversion au catholicisme. De la pièce de Jean-Léon Thuile il ne nous reste que quelques fragments manuscrits. Sur le triangle Ungaretti-Pea-Thuile, nous renvoyons aux travaux fondateurs de François Livi, notamment *Ungaretti, Pea e altri. Lettere agli amici* « egiziani ». *Carteggi inediti con Jean-Léon e Henri Thuile*, Naples-Rome, Edizioni Scientifiche Italiane, 1988.

198. Le journaliste et homme politique Ferdinando Petruccelli della Gattina (1815-1890) publia effectivement en 1867 un roman libertaire intitulé *Les Mémoires de Judas*, publié peu après en Italie sous le titre *Memorie di Giuda* : prenant ses aises avec l'intertexte biblique, Petruccelli présente Judas comme un révolutionnaire avant la lettre, qui lutte pour libérer les juifs du joug romain.

199. Rappelons que Pea quitte l'Égypte en 1914, deux ans après Ungaretti, pour s'établir à Viareggio.

200. Nous n'avons pas d'informations sur ce « polyglotte » Condaki, probablement d'origine grecque, faisant partie des habitués de la « baracca rossa ». Parmi les visiteurs de sa demeure, Pea évoque, dans sa *Vita in Egitto*, des marginaux de toutes origines, Français, Italiens, Grecs ou Bulgares… Quant à la « bibliothèque » citée par la suite par Romolo Garbati, il s'agit évidemment de la Bibliothèque municipale d'Alexandrie.

201. Au début du siècle, Piazza della Paglia (Place de la Paille) était le cœur du quartier italien d'Alexandrie, grouillant de boutiques et de petits commerces, non loin de l'église Sainte-Catherine.

202. Déjà cité par Garbati (voir note 95), l'écrivain et journaliste Louis Fléri (1882-1918) collabora avec divers journaux francophones d'Égypte, notamment *La Réforme*. Il est également l'auteur de recueils poétiques d'inspiration symboliste, écrits dans un style dense et sophistiqué.
203. Nous n'avons guère d'éléments sur cet Umberto Pepe, appartenant manifestement au milieu journalistique d'Alexandrie. G. B. Danovaro l'évoque brièvement dans son ouvrage, sous le nom de « E. U. Pepe » : il le dépeint comme un « brave jeune homme, toujours content… même quand il n'a pas le sou », chroniqueur pour le *Phare d'Alexandrie* et pour la *Réforme* (*L'Égypte à l'aurore du XXe siècle*, *cit.*, p. 147).
204. Auteur et journaliste d'origine grecque, Nicolas Caravia publia aussi bien dans des revues francophones que dans la presse hellénophone. Marié à l'artiste Thalia Caravia, il dirigea notamment, dans l'entre-deux-guerres, le quotidien *Ephimeris*. Un article de *La Réforme* (jeudi 26 avril 1956, p. 3) évoque avec affection le souvenir de ce « journaliste barbu, retors jusque dans son classicisme sévère », « prononçant en français des mots qui sortaient à peine de sa bouche, mais mots significatifs et profonds – comme sa prose d'ailleurs assez touffue et à plusieurs étages »…
205. Raoul Canivet (1849-1919[?]), publiciste installé en Égypte depuis la fin du XIXe siècle et directeur de *La Réforme* (le plus important quotidien en langue française d'Alexandrie), est une figure éminente du journalisme. Sa carrière, commencée en France sous le signe de l'engagement radical-socialiste et de l'anti-boulangisme (un incident mémorable l'oppose en 1890 au polémiste Henri Rochefort), se poursuivra pendant plus de vingt ans en Égypte, avec le même élan progressiste. Le nom de Canivet – ou Gros Canivet – apparaît entre autres parmi les fondateurs de l'Université

Populaire d'Alexandrie. On peut supposer qu'il prit une position tranchée en faveur des alliés au déclenchement de la Première Guerre mondiale.
206. Dans le quartier Attarine, ce sont les *Regie scuole italiane* et l'institut salésien Don Bosco qui assurent la formation et l'enseignement en langue italienne : l'évocation par Romolo Garbati du lycée italien d'Alexandrie renvoie à l'une des deux institutions. C'est en 1933, sous l'impulsion du fascisme, qu'aura lieu l'inauguration en grande pompe du complexe moderne des écoles du Littorio, dans le quartier de Chatby.
207. Journaliste, écrivain et globe-trotter, Mario Appelius (1892-1946) sillonna l'Afrique, l'Asie et l'Amérique du Sud dans sa jeunesse, en exerçant les métiers les plus divers. Son séjour en Égypte est difficile à dater avec précision (manifestement autour de la Première Guerre mondiale, d'après le récit de Romolo Garbati). Appelius devint à partir des années vingt un écrivain à succès, célèbre pour ses récits de voyage souvent riches de descriptions grandioses et de personnages truculents, et un reporter intrépide pour le journal milanais fondé par Benito Mussolini, *Il Popolo d'Italia*. Lors d'un voyage en Amérique du Sud, Appelius fonda lui-même en 1930 un quotidien, *Il Mattino d'Italia* (Buenos Aires) qu'il dirigea jusqu'en 1933. Sur l'écriture de Mario Appelius, moquée par Garbati, voir notamment Gianluca FRENGUELLI, Chiara GRAZIOLI, « La scrittura coloniale di Mario Appelius (1892-1946) », *in* Gianluca FRENGUELLI, Laura MELOSI, *Lingua e cultura dell'Italia coloniale*, Rome, Aracne, 2009, p. 57-88.
208. Il s'agit du canal Mahmoudieh, qui relie la branche bolbitique ou de Rosette du Nil au port Ouest d'Alexandrie. Ses berges sont, au début du siècle, un lieu de promenade prisé pour son « pittoresque ».
209. Probable allusion à une comptine qu'il ne nous a pas été possible d'identifier.

210. Allusion ironique à André Hofer (1767-1810), héros autrichien du Tyrol, vénéré en Autriche comme Guillaume Tell en Suisse : cet aubergiste organisa en 1809 l'insurrection de la province du Tyrol contre la domination de la Bavière (par ailleurs alliée à la France !).

211. On aura reconnu une citation de Tacite : « Nous aurions perdu la mémoire en même temps que la parole, s'il était possible d'oublier comme de se taire » (*De vita Agricolae*, II, 3).

212. « Ce cochon de Morin » est une nouvelle publiée par Guy de Maupassant dans la revue *Gil Blas* en novembre 1882, dont l'intrigue évoque justement les ravages de la rumeur publique.

213. Cette notation fugitive semble se référer à d'autres projets menés par Romolo Garbati dans l'entre-deux-guerres. Notons qu'il passe sous silence, par exemple, la rédaction et la publication de son essai *Nous et les Égyptiens : pour la défense des étrangers en Égypte* (Alexandrie, Imprimerie A. Procaccia, 1925), qui prit parti de façon très tranchée pour les communautés étrangères et exprima une certaine méfiance pour le mouvement nationaliste égyptien.

214. Nous n'avons guère d'indications, à ce jour, sur ces collaborations (locales ou internationales) mentionnées fugitivement par Romolo Garbati : l'auteur éprouve manifestement une certaine réticence à entrer dans les détails, à tel point qu'il est difficile de déterminer si les participations qu'il évoque pendant cette période (les années vingt, c'est-à-dire les débuts du fascisme) concernent des titres de presse « modérés » ou des publications ouvertement anarchistes (comme l'ambitieux journal *Umanità nova*, imprimé à Milan de 1920 à 1922 sous la direction d'Errico Malatesta, qui a certainement suscité son intérêt).

215. C'est Giuseppe Galassi (1890-1957) qui prend la tête du *Giornale d'Oriente*, imprimé à partir du mois de mars 1930, à la fois à Alexandrie et au Caire. La publication du *Messaggero* et de *L'Imparziale* cesse au même moment, même si deux rédactions autonomes semblent subsister (pour preuve, chaque numéro existe en deux versions ; *Giornale d'Oriente – Messaggero Egiziano*, à Alexandrie, et *Giornale d'Oriente – L'Imparziale*, au Caire). Critique musical et amateur d'art, auteur de plusieurs ouvrages d'histoire ou de critique (dont un sur les origines méditerranéennes de l'Égypte ancienne, *Tehenu e le origini mediterranee della civiltà egizia*, 1942), Galassi est une figure parfaitement intégrée dans le monde intellectuel cairote de l'entre-deux-guerres, qui n'hésite pas à manifester ouvertement, dans son journal, ses sympathies pour le régime fasciste. Il épouse dans les années vingt Farida Foucart, fille du directeur de l'IFAO (Institut français d'archéologie orientale). L'aventure du *Giornale d'Oriente* (dont la rédaction est finalement centralisée au Caire) s'achève en 1940, pendant la Deuxième Guerre mondiale, et coïncide avec le retour en Italie de Galassi. Dans les pages qui suivent, Romolo Garbati brosse un portrait au vitriol de son directeur, Giuseppe Galassi : s'il n'est pas nommé explicitement, sa passion immodérée pour la musique, la peinture et les mondanités permet de l'identifier sans difficulté.

216. Citation ironique du *Purgatoire* de Dante (chant XXX, lorsqu'au sommet du Purgatoire Dante revoit Béatrice, dans une sorte d'apothéose) : « Tutti dicean : *Benedictus qui venis*, / e fior gittando di sopra e dintorno, / *Manibus o date lilia plenis* ».

217. Situé dans le quartier de Ramleh – à l'est de la ville, face à la mer –, l'Hôtel Casino San Stefano était un des hauts lieux de la vie mondaine à Alexandrie dans l'entre-deux-guerres. Son statut d'icône de l'industrie hôtelière égyptienne est comparable à celui de l'Hôtel Cecil.

218. Romolo Garbati ne semble par avoir été « remercié » tout de suite par Giuseppe Galassi : sa présence parmi les rédacteurs du *Giornale d'Oriente* semble attestée encore quelque temps, au moins pendant la première année d'existence du journal, c'est-à-dire jusqu'au printemps 1931. Pour preuve, une note du Consul italien à Alexandrie, adressée au Ministère de l'Intérieur le 11 mars 1931, le présente encore comme rédacteur au *Giornale d'Oriente* : « J'ai l'honneur de confirmer que M. Romolo Garbati est à ce jour rédacteur d'un journal italien parfaitement adhérent au Régime. Il ne s'occupe plus de politique, contrairement à ce qu'il a fait dans sa jeunesse ! Il conserve ses vieilles idéologies, pour le moins émoussées par l'expérience accumulée avec l'âge : c'est justement parce qu'il est inoffensif politiquement qu'il peut encore recouvrir la charge de rédacteur du *Giornale d'Oriente* qui est un organe fasciste ».

219. Nous n'avons pas d'informations précises sur le « congé » signifié par Giuseppe Galassi à Romolo Garbati (probablement à la fin de l'année 1931). Dans un rapport du 8 novembre 1937, le Consul général d'Italie à Alexandrie revient sur cet épisode et nous livre sa version du licenciement de Garbati, dans des termes assez colorés (« Quand le comm. Galassi comprit qu'il était enfin l'heure que l'indulgence fasciste ne réchauffât pas ce serpent en son sein, Garbati fut congédié avec une gratification de 10 livres égyptiennes par mois pendant cinq ans, c'est-à-dire 600 livres Sterling »). En tous les cas, Romolo Garbati ne semble pas avoir repris d'activité après avoir été écarté, à presque soixante ans, de la rédaction du *Giornale d'Oriente*.

Notice biographique

Portrait d'un journaliste en libre-penseur : Romolo Garbati dans les archives du *Casellario Politico Centrale*

Typographe, journaliste et militant politique né à Cagliari en 1873, Romolo Garbati est une figure curieusement oubliée par les historiens de l'anarchisme italien : à peine nommé dans les pages de la *Bibliografia dell'anarchismo* (1972-1976) consacrées à l'Égypte, absent du gigantesque *Dizionario biografico degli anarchici italiani* (2003-2004), ignoré par la récente *Storia degli anarchici in età giolittiana* (2012), cet Italo-égyptien a littéralement disparu des mémoires. Contrairement à d'autres « insoumis » de sa génération, sur lesquels la documentation abonde – comme Niccolò Converti, Ugo Parrini ou Pietro Vasai, qui passèrent eux aussi par la Tunisie ou par l'Égypte dans les mêmes années –, Romolo Garbati n'est guère plus qu'un nom, perdu parmi tous ceux qui composèrent la diaspora anarchiste du début du XXe siècle.

Ce que l'on sait de son itinéraire tient en quelques mots : une jeunesse passée en Sardaigne jusqu'en 1902, sous le signe de l'anarcho-syndicalisme et du journalisme engagé, puis un exil forcé hors d'Italie et un parcours chaotique à travers la Méditerranée à la recherche d'un point de chute, avant une installation durable en Égypte et une « carrière » en dents de scie dans l'univers de la presse – de novembre 1902 à sa mort, quarante ans plus tard, en juillet 1942.

De l'activité journalistique de Romolo Garbati, et de son infatigable labeur de publiciste (la liste des journaux auxquels il a collaboré en tant que pigiste, correcteur, prote, rédacteur, ou directeur, est impressionnante, aussi bien en Sardaigne qu'en Égypte), il ne nous reste que des traces incomplètes et frustrantes. À cela, au moins deux explications. D'abord l'extrême volatilité de la presse du début du XXe siècle, imprimée en Italie ou dans le sud de la Méditerranée : des pans entiers de cette mémoire du journalisme se sont perdus, en même temps que tombaient en poussière les quotidiens imprimés à l'époque – notamment la presse anarchiste d'Égypte avec ses tirages confidentiels, son culte du secret et ses réseaux parallèles, qui fut sans doute la première à glisser dans l'oubli. Ensuite le profil de Garbati lui-même, que l'on devine constamment sur ses gardes, comme tous les « subversifs » poursuivis par une condamnation et objets d'une surveillance policière.

Ce flou documentaire rend difficile la lecture de *Mon aventure dans l'Afrique civilisée*, ce curieux récit autobiographique qui relate son expérience d'exilé politique et de persécuté. Comment éclairer ce texte, souvent très allusif quant aux personnages évoqués, et pour le moins réservé sur certains épisodes décisifs de la vie de Garbati ? Bien des noms cités sont devenus pour nous de parfaits inconnus, et certaines anecdotes personnelles sont racontées avec une telle économie de détails qu'elles en deviennent difficiles à saisir.

Il y aurait de quoi être réduit au désespoir, si ceux-là mêmes qui devaient s'assurer de la surveillance de Garbati – les services de renseignement italiens – n'avaient pas accumulé année après année, et conservé avec diligence, tous les éléments à charge concernant ce dangereux conspirateur. Pour accompagner la lecture de *Mon aventure dans l'Afrique civilisée*, et pour s'orienter dans le tourbillon de noms, de titres, de lieux, cités par son auteur, les archives du Ministère de l'Intérieur italien – le *Casellario Politico Centrale*, ou CPC, fichier central des individus menaçant la sécurité publique, conservé à Rome* – nous offre quelques renseignements précieux. Ouvrons donc le dossier n° 52648 du CPC, et la liasse d'une cinquantaine de notes, manuscrites ou dactylographiées, qu'il contient.

* C'est en 1894 que le Ministère de l'Intérieur italien créé le *Casellario Politico Centrale*, par une circulaire qui demande aux préfets de communiquer à la direction générale de la sécurité publique des renseignements sur tous les « subversifs » de leur province (syndicalistes, socialistes, anarchistes, républicains, libertaires, etc.) : les préfets doivent rédiger une biographie synthétique, qui sera ensuite mise à jour par l'indication de toutes les activités des personnes surveillées. Les consuls à l'étrangers sont chargés de compléter les informations recueillies, lorsqu'il s'agit d'individus ayant quitté le territoire. À partir de 1926, le fascisme systématise l'usage de ces fiches de renseignements transmises au Ministère par les préfectures ou les consulats à l'étranger. Lors de la clôture officielle du Casellario, au lendemain de la Deuxième Guerre mondiale, 152 589 dossiers se sont ainsi accumulés.

Signalement d'un séditieux

Composé de documents provenant de trois sources – la préfecture de Cagliari (son premier lieu de résidence), les consulats généraux d'Alexandrie et du Caire (concernés au premier chef par son installation en Égypte en 1902), et bien sûr le Ministère de l'Intérieur italien – ce dossier permet de reconstruire au fil des annotations, du 21 avril 1899 au 20 juillet 1942, le parcours de Garbati.

Point de photographie dans ces pages : les deux cases réservées à une éventuelle photo d'identité restent désespérément vides, et aucune documentation iconographique ne nous permet de donner un visage et un corps à ce « factieux » objet de suivi rapproché et de filatures (la question semble d'ailleurs préoccuper les autorités : en juin 1930, les services du Ministère de l'intérieur demanderont encore – sans succès – au Consul d'Alexandrie et à la préfecture de Cagliari s'ils ont une quelconque image à leur disposition). À défaut de photographie, le dossier mentionne une date de naissance (18 juin 1873), une ascendance (« fils de Domenico [Garbati] et de Camba Maria Teresa »), et contient, dans sa première note, un signalement très précis, qui laisse imaginer un jeune homme à la barbe en brosse, aux cheveux roux et à l'expression « mauvaise » – modèle quasi caricatural de « l'individu dangereux » à l'époque de la criminologie de Lombroso et des « dégénérés » de Nordau… Voici le portrait réalisé le 21 avril 1899 par le préfet de Cagliari, alors que Garbati, encore résident en Sardaigne, a 25 ans :

Taille en m. : 1,70 ½

Corpulence : robuste

Cheveux : roux lisses
Front : haut
Nez : droit
Yeux : marron
Bouche : moyenne
Menton : rond
Visage : ovale
Teint : rougeaud
Barbe : blonde en brosse
Allure : naturelle
Expression physionomique : mauvaise
Habillement habituel : correct
Signes particuliers : // *

Dans le même document, l'auteur tente de brosser son portait moral, tout aussi édifiant :

Publiquement il a mauvaise réputation.
Il est d'un caractère parfois violent, parfois insinuateur.
Il a une mauvaise éducation.
Il a une intelligence vive et une modeste culture.

* « Statura m. : 1,70 ½ | Corporatura : robusta | Capelli : rossi lisci | Fronte : alta | Naso : dritto | Occhi : castani | Bocca : giusta | Mento : tondo | Viso : ovale | Colorito : rosso | Barba (colore e foggia) : bionda a spazzola | Portamento : naturale | Espressione fisionomica : cattiva | Abbigliamento abituale : decente | Segni speciali : // » (note manuscrite de la Préfecture de Cagliari sur un formulaire de signalement pré-rempli, p. 1, colonne de gauche).

Il n'a pas suivi un cursus régulier; il n'a pas de titres académiques.

C'est un travailleur velléitaire.

Il tire ses moyens de subsistance de son père qui est un commerçant aisé.

Actuellement il fréquente la compagnie de socialistes dont auparavant il restait éloigné, pour cause de diversité de principes.

Il se comporte mal dans ses devoirs envers sa famille. Il n'a jamais occupé de charges administratives ou politiques.

Il est inscrit au parti anarchiste, auquel il a appartenu précédemment, bien qu'il se soit uni aux socialistes*.

À la date de cette note, Garbati a donc déjà été identifié comme un possible élément perturbateur, bien intégré dans les réseaux militants de Cagliari. La synthèse qui le concerne nous apprend, pêle-mêle : qu'il « a été et est entré en correspondance avec les principaux anarchistes et socialistes révolutionnaires du Royaume »; qu'il collabore au journal *La Volontà* (organe du socialisme sarde, dirigé par Jago Siotto, fondé en février 1899) et au *Gazzettino sardo* (journal modéré, à la fois politique, littéraire et artistique, publié également

* « Nel pubblico riscuote cattiva fama. | È di carattere alcune volte violento, altre insinuante. | Ha cattiva educazione. | Ha intelligenza svegliata, e discreta coltura. | Non ha fatto un corso regolare di studi; non ha titoli accademici. | È lavoratore fiacco. | Trae i mezzi di sostentamento dal padre che è un agiato negoziante. | Attualmente frequenta la compagnia dei socialisti dai quali prima si manteneva lontano per diversità di principî. | Si comporta male nei suoi doveri verso la famiglia. Non ha mai occupato cariche amministrative o politiche. | È iscritto al partito anarchico al quale ha precedentemente appartenuto, sebbene siasi unito ai socialisti. » (note manuscrite de la Préfecture de Cagliari sur un formulaire de signalement pré-rempli, p. 1, colonne de droite).

à Cagliari); qu'il a lancé en avril 1898, toujours à Cagliari, un journal militant intitulé *La Battaglia*, « qui n'eut aucun succès de sorte que ne fut publié que le premier numéro »; qu'il a « reçu et envoyé des revues subversives », « fait de la propagande auprès des ouvriers », eu une attitude « peu déférente à l'égard des autorités »; et enfin qu'il a été arrêté une première fois le 9 avril 1899, pour « délit contre les Pouvoirs de l'État », puis relaxé pour insuffisance de preuves*.

Premières armes : *L'Agitazione* et *La Lega*

C'est dans ces années que Romolo Garbati se rapproche du journal d'Ancône *L'Agitazione*, l'un des plus actifs d'Italie en matière de militantisme anarchiste : fondé en 1897 par le célèbre Errico Malatesta, surveillé de très près par les autorités, ce journal ouvertement révolutionnaire devient un point de ralliement pour nombre d'intellectuels italiens appartenant à l'extrême gauche. L'hebdomadaire subit de multiples perquisitions et la plupart des membres de sa rédaction finissent incarcérés, si bien qu'il cesse sa publication dès 1898. Une nouvelle série – avec une présentation typographique et une mise en page identiques – reprend en mars 1900, sous la direction d'Arturo Belletti, puis d'Alberico Angelozzi et Augusto Crinelletti. Plusieurs annotations sur la fiche de

* Le nom de Romolo Garbati apparaît également en 1900 en première page d'un autre journal sarde, *Cagliari si diverte*, qui n'eut qu'un seul numéro, daté du 28 mai : cette publication sans lendemain – dont il fut « éditeur responsable » – brasse des sujets très divers, sur la réforme universitaire en cours, les luttes politiques du moment, mais également sur les saint locaux et les différentes fêtes patronales du mois de mai. Cette tentative de joindre engagement politique et veine satirique ne fut manifestement pas un succès.

Romolo Garbati nous apprennent qu'il est un correspondant régulier de cette deuxième série de *L'Agitazione*, chargé entre autres de « vendre à ses coreligionnaires les copies du périodique sus-cité qui lui sont envoyées » (27 septembre 1900). « Dans la correspondance saisie dans les bureaux clandestins du journal anarchiste *L'Agitazione* d'Ancône, le nom de Garbati est apparu parmi les soutiens du périodique », renchérit une note rédigée quelques semaines après (10 décembre 1900) : on peut supposer que Garbati ne fournissait pas seulement une aide logistique, mais contribuait à la réflexion de la revue et proposait des articles à la rédaction. Enfin, le 25 mars 1901, une note nous informe, à la suite d'une nouvelle perquisition dans les locaux de *L'Agitazione*, « qu'il reçoit des paquets du susdit journal » et « qu'il a aussi envoyé de l'argent pour les condamnés politiques ».

Après cette première expérience, un pas est franchi lorsque Romolo Garbati fonde, à Cagliari même, le journal sarde *La Lega. Periodico settimanale dei lavoratori*, dont le premier numéro sort en septembre 1901. Cette publication hebdomadaire, marquée par l'idéal socialiste, aura une durée de vie de deux ans et demi, jusqu'en janvier 1904, et un impact bien supérieur à l'éphémère *La Battaglia* de 1898. *La Lega* encourage, par tous les moyens, le rassemblement des travailleurs dans des ligues ouvrières capables de tenir tête au patronat. L'hebdomadaire se présente également comme un organe de lutte et de dénonciation des injustices. L'éditorial du premier numéro, le 22 septembre 1901, donne le ton :

> Cagliari se réveille. Un souffle nouveau semble être venu pour appeler à une nouvelle vie notre terre, plongée dans le sommeil, et la faire entrer dans ce grand mouvement civil qui est celui du prolétariat moderne. [...] Comme poussée par un nouveau pressentiment, la classe ouvrière de Cagliari s'est réveillée de son sommeil ; elle est venue nombreuse aux réunions, elle s'est rassemblée en ligues de travailleurs, elle s'est avancée, calme et confiante, dans la voie de son émancipation*.

En rupture de ban : de la Sardaigne à la Tunisie

Déjà repéré par les services préfectoraux comme collaborateur un peu trop zélé du journal anarchiste *L'Agitazione*, Romolo Garbati manifeste ouvertement ses opinions politiques dans *La Lega*, en soutenant les associations syndicales et les grèves ouvrières. La réaction des autorités ne tarde pas : à la suite d'une série d'articles dénonciateurs – consacrés à l'insalubrité des logements habités par les classes populaires ainsi qu'aux conditions de soins désastreuses au sein de l'Hôpital Civil de Cagliari –, Garbati est attaqué en justice par l'administration de l'Hôpital Civil, et condamné en avril 1902 pour « diffamation et injure par voie de presse ». Après avoir fait appel, il est à nouveau condamné par la

* « Cagliari si desta. Sembra che un soffio nuovo sia venuto a chiamare la nostra terra, sprofondata nel sonno, a nuova vita e a farla entrare in quel grande e civile movimento ch'è quello del proletariato moderno. [...] Come spinta da un nuovo presentimento la classe lavoratrice cagliaritana si è destata dal sonno ; accorse numerosa alle riunioni, si associò in leghe di miglioramento, e procedette calma e fidente per la via della sua emancipazione. » (« Il nostro movimento », *La Lega*, nº 1, 22 septembre 1901, p. 1).

Cour d'Appel du tribunal de Cagliari, le 29 juillet 1902, à 18 mois de réclusion et 2 000 lires d'amende.

Pour éviter la peine de prison ferme qui l'attend, Garbati quitte clandestinement l'Italie pendant l'été 1902. Commence pour lui un long périple méditerranéen, dans le but de faire perdre ses traces : après une brève étape sur l'île San Pietro, dans l'archipel des Sulcis, au sud ouest de la Sardaigne, il trouve refuge quelques jours à La Galite, non loin de la côte tunisienne, et pose enfin le pied à Bizerte, d'où il rejoint Tunis. Le choix de la Tunisie n'est pas surprenant : ce pays est pendant plusieurs décennies un lieu de refuge pour beaucoup d'exilés politiques, et sa capitale rassemble une colonie italienne florissante, composée essentiellement de Siciliens et de Livournais : c'est le lieu idéal pour se faire oublier et reprendre une activité de publiciste, la presse italienne y étant très bien implantée – notamment avec *L'Unione* de Tunis, fondée en 1886 par Cesare Fabbri. Malgré ce contexte favorable, le répit sera de courte durée : tous les contacts que sollicite Garbati se révèlent décevants – le portrait qu'il nous livre de Cesare Fabbri en journaliste aux abois, contraint par les autorités à exercer une forme d'autocensure sur son journal, est exemplaire de ce point de vue. Surveillé par les services de la Régence, Garbati ne fait pas mystère, quant à lui, de ses sympathies socialistes (une note du 22 octobre 1902 conservée dans le CPC indique qu'il reçoit à Tunis le journal « socialo-anarchiste » *Sciopero Generale*, édité à Londres) et fréquente des figures de la gauche italienne en exil sur place, comme Niccolò Converti ou Bernardino Verro.

Soupçonné d'activité subversive, impliqué malgré lui dans un malencontreux projet d'expédition en Libye, le voilà expulsé de Tunisie le 18 octobre 1902, soit quelques semaines seulement après son arrivée, en compagnie d'autres Italiens trop « remuants » de la capitale : il trouve provisoirement refuge à Bône, en Algérie, et projette de s'installer en Angleterre. Mais 15 jours plus tard, faute d'avoir déposé une demande de permis de séjour dans les délais requis, il est à nouveau arrêté, interrogé par la police et convoqué au tribunal pour présence illégale sur le territoire algérien (Romolo Garbati apprend à cette occasion qu'il est considéré comme un élément perturbateur venu semer la discorde en Algérie). D'où son retour précipité en Tunisie, pour fuir une probable incarcération en Algérie, son séjour clandestin à Tunis, et son embarquement rocambolesque dans un navire anglais à destination de l'Égypte, via Malte.

Refuge en Égypte

Arrivé le 29 novembre 1902 à Alexandrie, et aussitôt entré en contact avec le Florentin Pietro Vasai, plaque tournante de l'anarchisme en Égypte, Romolo Garbati choisit de s'installer au Caire, où le rejoignent sa femme et son fils âgé de deux ans. Garbati passera six années au Caire, de 1903 à 1908, dans des conditions proches de la misère. S'il renoue alors avec son activité de journaliste, et s'il accepte de jouer tous les rôles dans la confection d'un journal (typographe, correcteur, « nègre », rédacteur), ses collaborations ne semblent guère lucratives : qu'il s'agisse de son engagement quasi bénévole dans plusieurs journaux anarchistes d'Égypte et d'ailleurs (notamment *Il Domani* du Caire, *L'Operaio* d'Alexandrie, ou *Il Grido della folla* de Milan), qu'il s'agisse des collaborations « alimentaires » à des tirages de presse destinés au public bourgeois, en français ou en italien (*L'Arte* de Giovanni Ferrante, *Il Giornale* de Francesco Santorelli, *L'Imparziale* d'Emilio Arus), sa rémunération semble toujours très symbolique.

Il faut reconnaître que la plupart des collaborations proposées à Romolo Garbati pendant ces années cairotes ne nous donnent pas toujours une image très flatteuse de l'état de la presse en langue italienne imprimée en Égypte au début du siècle : certaines des pages les plus savoureuses – et les plus grinçantes – de *Mon Aventure dans l'Afrique civilisée* expliquent au lecteur les stratagèmes employés à l'époque par les directeurs de journaux pour composer leur quotidien à partir de nouvelles déjà publiées ou d'articles piochés dans des publications étrangères… Faut-il s'étonner que, dans un article rédigé en 1907 pour l'excellente revue *Il Convito*, Garbati s'en prenne ouvertement à l'indigence des « soi-disant journaux littéraires et politiques qui voient le jour à l'étranger »? Les derniers paragraphes du texte sont sans appel contre ces « nullités hâbleuses, vendant leur orviétan à prix d'or » :

> Car cet état de semi-idiotie que Jean Hess a relevé ici et là chez les masses de colons, je veux l'attribuer à ce qu'on les abreuve de cette presse inepte et imbécile. Pour qu'une langue vive il faut des idées et des sentiments vivants; il faut au moins des idées et des sentiments, et une culture qui dépasse celle que l'on demande de nos jours aux simples

copistes. Autrement la langue reste une articulation conventionnelle de sons aptes à faire comprendre seulement des besoins bas ou triviaux.*

Pendant ces années passées au Caire, où il change de domicile au gré des possibilités et vit dans un état proche de la mendicité, Romolo Garbati semble relativement proche du vétéran de l'anarchisme Icilio Ugo Parrini, arrivé à Alexandrie en 1871. Si, par une curieuse réserve de l'auteur, le nom de Parrini – surnommé par ses proches l'« ours » ou le « vieux » – n'apparaît jamais dans *Mon aventure dans l'Afrique civilisée*, les preuves de leur proximité ne manquent pas. Garbati est notamment co-rédacteur, avec Parrini, du journal *Il Domani*, hebdomadaire radical imprimé entre avril et juillet 1903, ouvertement polémique à l'égard des tendances moins « pures » de l'anarchisme italien en Égypte, incarnées à Alexandrie par Pietro Vasai ou Roberto D'Angiò. Sans doute sa prose est-elle dissimulée derrière certains des pseudonymes qui signent les différents articles du journal : Damoclès, Ruber, Hélios, Victor†... En 1904, une note du CPC signale également un projet

* « Poi che quello stato di semi-idiotismo che Giovanni Hess ha riscontrato tra varie masse coloniche, io voglio attribuirlo al beveraggio di cotesta stampa insulsa e imbecille. Perché una lingua viva, ci vogliono idee e sentimenti vivi ; ci vogliono almeno idee e sentimenti ed una coltura che oltrepassi quella che si richiede oggi perfino ai copisti. Altrimenti la lingua rimane un'articolazione convenzionale di suoni atti a far comprendere solo comuni o bassi bisogni. » (« Gli italiani all'estero e il congresso di Roma », *Il Convito*, deuxième série, n°s 5-6, septembre-octobre 1907, p. 165). Nous remercions Alessandra Marchi de nous avoir signalé cet article.

† Le sous-titre d'une des premières publications de Romolo Garbati, *Cagliari si diverte* (28 mai 1900), était justement *Divagazioni di Victor*.

d'ouvrage en hommage au révolutionnaire Giuseppe Ciancabilla, qu'il aurait planifié avec Icilio Ugo Parrini, mais cet essai à quatre mains semble avoir été vite abandonné.

Parallèlement à ses contacts avec Parrini, Romolo Garbati fréquente, au Caire, des intellectuels islamophiles comme Enrico Insabato ou Ivan Aguéli, aussi bien que des exilés politiques comme Maurizio Buscalioni ou Abdullah Cevdet. Il participe avec Insabato et Aguéli – que certaines photographies de l'époque montrent vêtus « à l'orientale », en habits traditionnels musulmans – à l'aventure du journal bilingue *Il Convito/al-Nâdi*, qui reste l'une des initiatives les plus originales de l'époque : cette publication en italien et en arabe, qui intégra également des pages en langue turque, entendait œuvrer au rapprochement de l'Orient et de l'Occident, en abordant d'un œil neuf tous les aspects de l'Islam. De fait, Garbati restera toujours surveillé attentivement par les services du Consulat italien, car considéré comme un activiste dangereux, soupçonné de surcroît d'appartenir à la franc-maçonnerie.

C'est en 1908, deux ans après la mort de Parrini, que Garbati décide de quitter Le Caire avec ses proches, et de tenter sa chance à Alexandrie : au moment précis où Enrico Di Pompeo, que Garbati a connu dans la capitale égyptienne à la rédaction de *L'Imparziale*, prend les commandes du quotidien *Il Messaggero Egiziano*, basé à Alexandrie, Garbati se voit offrir un poste de rédacteur au journal. En quelques mois, le *Messaggero* se renouvelle intégralement et se plie aux exigences du journalisme moderne : il devient le quotidien de référence la communauté italienne, loin devant les autres titres. Cette charge à la rédaction du *Messaggero* – dont il prendra la tête dans l'entre-deux-guerres, en devenant de facto rédacteur en chef – permet à Garbati de s'intégrer dans le microcosme alexandrin. S'il reste une figure discrète, volontairement en marge du fait de ses convictions politiques, il gagne une certaine reconnaissance dans les milieux culturels et entre en contact avec toutes les communautés : notables italiens, qu'ils soient avocats, médecins ou hommes d'affaires, jeunes plumes prometteuses, comme Giuseppe Ungaretti ou Mario Appelius (considérés sans aménité par Garbati !), « déracinés » de toutes les origines (comme Enrico Pea ou Pietro Vasai), collègues francophones (Louis Fléri, Raoul Canivet) ou grecs (Garbati écrit aussi, ponctuellement, pour *Grammata*). La sociologie particulière d'Alexandrie – ville où la bourgeoisie cosmopolite des beaux quartiers coexiste avec tout un « monde souterrain » des faubourgs, composé d'anarchistes et de marginaux issus des quatre coins de la Méditerranée – rend possible les amitiés transversales que cultive Garbati. Nul doute qu'il considéra avec attention, par exemple, les réunions anarchistes à la « baraque rouge » organisées par le Toscan Enrico Pea, l'initiative de l'Université Populaire Libre qui se développait depuis 1901 à Alexandrie grâce à Pietro Vasai, ou encore le congrès national des anarchistes qui se réunit en 1909 au « Circolo Ateo » de la ville, et donna lieu à des débats enflammés. On peut même supposer que Garbati ne fut pas étranger à la publication du numéro unique « Pro Ferrer », daté du 30 septembre 1909, qui fut distribué gratuitement à Alexandrie, et dédié « aux hommes honnêtes de tous les partis », afin de protester contre l'exécution arbitraire du penseur laïc Francisco Ferrer…

Un événement vient assombrir le séjour de Garbati à Alexandrie : rattrapé par la condamnation prononcée en 1902 contre lui, il est arrêté et incarcéré en novembre 1909. Depuis la prison de Gabbari, il multiplie les démarches pour obtenir l'annulation de sa peine. C'est chose faite en janvier 1910. Une note plus tardive du CPC (datée du 14 mai 1914) confirme que, « par décret royal du 17 octobre 1909 la peine de 18 mois de réclusion et de 2000 Lires d'amendes infligée pour diffamation et injure fut réduite à une année et 1000 Lires, et par la suite, par décret royal du 19 janvier 1910, la peine fut annulée. ».

Après sa libération, Romolo Garbati reprend son activité auprès du *Messaggero Egiziano*. Parallèlement à ses tâches de rédacteur, il continue à écrire des articles pour d'autres titres de presse, égyptiens ou italiens. Les textes signés de la main de Romolo Garbati que l'on peut retrouver en feuilletant les collections de quotidiens du début du siècle dispersées ici et là dans des bibliothèques ou des fonds privés – notamment les volumes reliés qui sommeillent au dernier étage de la Bibliothèque municipale d'Alexandrie – témoignent d'une inspiration éclectique : billets, fictions, commentaires de l'actualité littéraire, articles politiques*...

* Encore faut-il rappeler que, selon les usages de l'époque, fort peu d'articles sont véritablement signés : la plupart des textes publiés dans *L'Imparziale* ou le *Messaggero Egiziano* n'ont tout simplement pas de nom d'auteur. Au mieux, ils sont attribués à un pseudonyme (« Spes », « Emme », « Stemus »...). Il est difficile d'évaluer avec précision quelle fut la contribution de Romolo Garbati hors des textes explicitement marqués de sa signature – même s'il est sûr que bien des éditoriaux non signés du *Messaggero*, tout comme les articles écrits sous le pseudonyme de « Ariano », sont de sa main.

Après un bref voyage dans le nord de l'Italie, pendant l'année 1913 – Garbati est accueilli en Vénétie, pour ce qui sera vraisemblablement son seul retour en Europe, dans l'entourage de Loredana Bianco Chilesotti* – le rédacteur du *Messaggero Egiziano* revient à Alexandrie peu avant le déclenchement de la Première Guerre mondiale. Le CPC nous informe qu'il réside dans ces années chez le docteur Curti-Garzoni, médecin anarchiste et conférencier bénévole de l'Université Populaire Libre, « via stazione del Cairo, 4 ». La Grande Guerre fait sentir ses effets jusqu'en Égypte, en provoquant une surenchère d'articles cocardiers : certaines pages de *Mon Aventure dans l'Afrique civilisée* racontent avec humour cette expérience du « bourrage de crânes » à l'œuvre dans la presse égyptienne, et le rôle ubuesque que joue la censure aux prises avec les journaux des différentes communautés.

Nouveaux engagements

La surveillance des services consulaires semble se relâcher quelque peu au sortir de la Première Guerre mondiale. L'ancien militant anarchiste se serait-il assagi ? C'est du moins ce que considèrent les autorités : une note adressée le 15 janvier 1919 par le Préfet de Cagliari au Ministère de l'Intérieur, qui reprend le contenu d'un courrier du consul d'Italie à Alexandrie du 12 décembre 1918, rapporte que Romolo Garbati, « d'après des informations obtenues

* C'est probablement à cette occasion qu'il publie un long article dans le quotidien milanais *L'Italia*, repris ensuite dans l'*Illustrazione popolare*, sous le titre « Come vivono gli Italiani fra gli Arabi ? » (voir *Illustrazione popolare. Giornale delle famiglie*, 6 novembre 1913, p. 772-773).

à son sujet par la police locale, semble avoir abandonné depuis longtemps ses idées subversives ». Près de 10 ans plus tard, une deuxième note, rédigée le 25 mai 1928 par le préfet de Cagliari, qui répercute des informations données par le consul d'Italie à Alexandrie le 19 mai 1928, annonce au Ministre de l'Intérieur que Romolo Garbati « est employé actuellement au sein du *Messaggero Egiziano* en tant que rédacteur en chef et, tout en étant, en privé, antifasciste, il ne développe pour autant aucune activité subversive, mène une vie très réservée, et ne paraît pas avoir de relations préjudiciables avec des personnes équivoques de cette ville ». Une troisième note, en date du 30 mai 1930, répète qu'il « réside toujours à Alexandrie, comme rédacteur en chef du journal *Messaggero Egiziano* », et qu'il « conserve à ce jour des idées subversives, mais ne fait pas de propagande et n'est pas dangereux ». Le 15 avril 1931, le Ministère de l'Intérieur s'interroge même sur l'éventualité d'une radiation officielle du CPC, c'est-à-dire d'une interruption pure et simple de la surveillance policière.

Malgré les apparences, Romolo Garbati semble avoir conservé – pendant ces années qui voient, en Italie, la montée en puissance du fascisme et, en Égypte comme dans tout le bassin Méditerranéen, l'émergence des nationalismes – sa liberté de pensée. Comme le rappelle un passage de *Mon Aventure dans l'Afrique civilisée* (p. 198), son ton irrévérencieux lui vaut des réprimandes régulières de son directeur – spécialement lorsqu'il exprime ouvertement son anglophilie, aussi bien que son peu de sympathie pour le mouvement indépendantiste égyptien, avec lequel doivent pourtant composer les communautés étrangères… Ainsi, lorsque

Romolo Garbati prend vigoureusement la défense d'Howard Carter contre des autorités égyptiennes jugées trop tatillonnes, dans un article oublié en première page du *Messaggero*, le 16 février 1924 (la découverte du tombeau de Toutânkhamon fait couler des fleuves d'encre, et alimente des débats politiques enflammés), son directeur, Enrico di Pompeo, se voit contraint de publier en toute hâte un rectificatif pour détourner les foudres du gouvernement égyptien : « Nous nous empressons de déclarer, sans la moindre hésitation, que cet article dicté par le rédacteur en chef alors que le directeur était absent de la ville, était loin – oh, très loin ! – d'exprimer des aspirations antinationales ». Et Di Pompeo de préciser : « tant que celui qui écrit cette petite note restera à sa place de directeur, ce journal ne manquera pas à son devoir essentiel de conserver et de consolider les rapports entre la colonie italienne et les représentants légitimes du peuple égyptien*. » Le recadrage opéré par le directeur du *Messaggero*, après la polémique lancée par son rédacteur, montre combien il est important de ménager, au jour le jour, les susceptibilités locales.

C'est avec le même esprit frondeur que Romolo Garbati publie, en 1925, le libelle *Nous et les Égyptiens : pour la défense des étrangers en Égypte* (Alexandrie, Imprimerie A. Procaccia). Cet ouvrage de 68 pages, au titre sans équivoque, exprime une position critique à l'égard du mouvement nationaliste égyptien, en

* Voir *Messaggero Egiziano*, samedi 16 février 1924, p. 1 (article « Sull'incidente du Luxor. Contro il buonsenso e il galateo »), et *Messaggero Egiziano*, mardi 19 février 1924, p. 1 (« Alcuni nostri connazionali… »). Aucun des deux articles n'est signé mais on identifie aisément les rédacteurs, d'après les indications du deuxième texte.

pleine effervescence dans l'après-guerre. Rappelons qu'en 1922 le Royaume-Uni a accordé, sous la pression populaire, une indépendance toute relative au Royaume d'Égypte, et qu'en 1924, le parti Wafd mené par Saad Zaghloul a remporté une large majorité aux élections législatives; la fin de l'année est marquée par des émeutes pro-égyptiennes dans les grandes villes du pays, à la suite de l'assassinat du gouverneur général du Soudan. Dans ce climat bouillonnant, qui conduira à la démission de Saad Zaghloul en novembre 1924, Garbati s'efforce de justifier – au nom d'une forme de pragmatisme – le maintien de la tutelle anglaise sur l'Égypte : en l'absence d'une élite égyptienne capable de gérer efficacement le pays, l'autorité anglaise est vue comme la première garantie de la liberté des communautés étrangères. Cette prise de position peut sembler étonnante : quand nombre d'intellectuels occidentaux se montrent attentifs à l'émergence d'un discours autonomiste en Égypte, l'anarchiste Garbati prévient qu'en brûlant les étapes, les nationalistes risquent de faire sombrer leur pays dans… l'anarchie.

Douze ans plus tard, Garbati prendra à nouveau le risque d'afficher publiquement ses opinions, quitte à aller à rebours du sentiment majoritaire : le 16 octobre 1937, il publie avec Michele Levi le premier numéro d'un nouveau journal, intitulé *Démocratie*, qui s'attire aussitôt les foudres des services diplomatiques italiens par son contenu ouvertement antifasciste. Cinq cents exemplaires sont saisis. Cette publication en langue française, réalisée sans demande d'autorisation préalable, semble avoir pris les services consulaires par surprise : lorsqu'en 1930, le *Messaggero Egiziano* avait fusionné avec le quotidien rival du Caire, *L'Imparziale*, pour devenir *Il Giornale d'Oriente*, Garbati avait conservé pendant au moins un an, semble-t-il, des fonctions de rédacteur, alors même que ce tirage manifestait déjà explicitement ses sympathies mussoliniennes. Le fougueux journaliste d'autrefois semblait rentré dans le rang. Une note du Consul Général d'Italie à Alexandrie datée du 11 mars 1931 allait jusqu'à le présenter comme un journaliste « inoffensif politiquement » :

> … M. Romolo Garbati est à ce jour rédacteur d'un journal italien parfaitement adhérent au Régime. Il ne s'occupe plus de politique, contrairement à ce qu'il a fait dans sa jeunesse ! Il conserve ses vieilles idéologies, pour le moins émoussées par l'expérience accumulée avec l'âge : c'est justement parce qu'il est inoffensif politiquement qu'il peut encore recouvrir la charge de rédacteur du *Giornale d'Oriente* qui est un organe fasciste.*

Comment ce « vieux journaliste de bonne culture », « libéral à l'ancienne » (comme le définit encore un rapport du Consulat du Caire du 12 novembre 1937), a-t-il brutalement révélé son antifascisme au grand jour ? Apparemment, après avoir été poliment poussé vers la sortie par le nouveau directeur du *Giornale*

* « … il sig. Romolo Garbati è tuttora redattore di un giornale italiano perfettamente aderente al regime. Egli non si occupa più di politica a differenza di quanto ha fatto nella sua gioventù ! Egli conserva le sue vecchie ideologie, alquanto sminuite dall'esperienza acquisita con l'età ; appunto perché innocuo politicamente egli può ancora ricoprire la carica di redattore del *Giornale d'Oriente* che è un organo fascista. » (lettre dactylographiée du Consul Général d'Italie à Alexandrie au Ministre de l'Intérieur, 11 mars 1931).

d'Oriente, Giuseppe Galassi – entre 1931 et 1933, date d'écriture de *Mon Aventure dans l'Afrique civilisée*, qui s'achève justement sur ce « congé » forcé –, Garbati a profité de sa nouvelle liberté pour publier ses mémoires et… se lancer dans l'édition de *Démocratie*. La date de publication n'est pas innocente : c'est en mai 1937 que la conférence de Montreux a décidé de l'abolition des capitulations et de la suppression des tribunaux mixtes, qui autorisaient une sorte de « droit de regard judiciaire » des puissances européennes sur leurs propres expatriés. Comme le note le consul général d'Alexandrie, dans un rapport du 8 novembre 1937 :

> Garbati a attendu dans sa tanière la fin du régime des Capitulations pour révéler au grand jour son âme antifasciste restée intacte même après avoir mangé le pain de la D.I.E. [direction des Italiens à l'étranger], et il a offert ses services aux Protano, aux Colloridi, et aux autres représentants de la franc-maçonnerie et du subversivisme [sic], survivants de la colonie.
>
> C'est son fils Lucio, né à Cagliari le 29 octobre 1900 et lui aussi employé autrefois comme correcteur d'épreuves au *Giornale d'Oriente* d'où il est sorti avec son père, sans trouver d'occupation plus stable, qui lui prête main forte.
>
> Le premier numéro de *Démocratie* fut imprimé en français chez Molco, mais pour la nouvelle édition en italien qui devrait sortir dans quelques jours Garbati s'est adressé à un typographe grec, un certain Ferro, qui se

vantait d'être italophile et qui maintenant est déchiré entre l'appât du gain et la crainte de représailles italiennes.*

Il n'existe, à notre connaissance, qu'un numéro de *Démocratie* (daté du 16 octobre 1937 et rédigé en langue française), et il semble que l'exemplaire italien projeté n'ait pas eu de suite.

Le fait n'est pas mentionné dans le dossier du *Casellario Politico Centrale*, mais le nom de Romolo Garbati apparaît encore une fois, après le déclenchement de la Deuxième Guerre mondiale, dans ce qui sera sans doute son ultime collaboration journalistique : alors que l'Afrique du nord est le théâtre de violents combats, et que l'Égypte est sous l'occupation militaire du Royaume-Uni, Romolo Garbati participe avec Leone Acco à la naissance du *Corriere d'Italia*, quotidien antifasciste fondé par le groupe « Giustizia e Libertà » d'Égypte (Umberto Calosso, Enzo Sereni et Stefano Terra notamment), dont le premier numéro sort au Caire le 18 mars 1941. Cette tentative de diffuser la pensée antifasciste en Égypte et en Afrique du nord, avec le soutien financier du Royaume-Uni, n'aura guère de

* « Il Garbati ha atteso nella sua tana l'abolizione del regime Capitolare per rivelare la sua anima antifascista rimasta intatta anche dopo aver mangiato a tradimento il pane della D.I.E. e ha offerto i suoi servizi ai Protano, ai Colloridi, e agli altri esponenti della Massoneria e del sovversivismo, superstiti della Colonia. | Gli presta mano il figlio Lucio, nato a Cagliari il 29 ottobre 1900 e anch'esso già impiegato come correttore di bozze al *Giornale d'Oriente* donde uscì col padre, senza trovare più stabile occupazione. | Il primo numero di "Democrazia" fu stampato in francese presso il Molco, ma per la nuova edizione italiana che dovrebbe uscire a giorni il Garbati si è rivolto a un tipografo greco, tale Ferro, che si vantava di essere italofilo e che ora è combattuto tra il desiderio del guadagno e il timore di rappresaglie italiane. » (copie dactylographiée d'une lettre du Consul Général d'Italie à Alexandrie au Ministre de l'Intérieur, 8 novembre 1937).

succès : dès septembre 1941, les publications s'interrompent. Ce projet sera le dernier de Garbati.

« Mort? »

Les informations consignées dans les fiches du *Casellario Politico Centrale* s'arrêtent en 1942 : un simple mot figure sur la première page du dossier, au crayon à papier : « mort? » Cette interrogation lapidaire reste sans réponse. La dernière note du CPC, émanant de la Préfecture de Cagliari, rapporte que Romolo Garbati serait peut-être décédé le 10 juillet 1942 en Égypte – d'après ce que son fils aurait raconté à des proches restés en Sardaigne –, mais prend soin de ne pas confirmer l'information*. C'est sur cette incertitude que s'achève le dossier : Garbati semble s'être éclipsé discrètement de la scène, dans le fracas de la Deuxième Guerre mondiale, sans laisser le moindre indice derrière lui.

À Alexandrie, une enquête sur la sépulture de l'ancien rédacteur du *Messaggero Egiziano* apporte quelques éléments supplémentaires, sans offrir de données certaines : les registres du cimetière latin Terra Santa – *Proprietà loculi e ossarii dal 1872 al 1965*, vol. 4 – font bien apparaître le nom de Romolo Garbati, mais semblent indiquer une inhumation en 1945. Le numéro d'ossuaire (n° 227) renvoie à un loculus, au fond du cimetière latin, sur lequel figure simplement la mention « Romolo Garbati », sans autres

* Note de la Préfecture de Cagliari adressée au Ministère de l'Intérieur italien, en date du 20 juillet 1942.

détails*. Nous n'en saurons guère plus sur les circonstances de la mort de l'auteur.

Reste *Mon aventure dans l'Afrique civilisée*, qui retrace le parcours à travers la Méditerranée d'un journaliste épris de liberté, fuyant la prison qui l'attend en Italie et refaisant sa vie en Égypte. Texte de dénonciation visant le « flicage » des révoltés et la persécution policière omniprésente – dont la réception fut sans doute plus que confidentielle –, *Mon Aventure dans l'Afrique civilisée* nous offre aussi une extraordinaire description du journalisme en Égypte au début du XXe siècle. À sa façon, dans cette sorte d'œuvre-testament, Garbati dresse le catalogue de tout ce qui compte dans le milieu chaotique et pittoresque des publicistes européens installés au Caire et à Alexandrie : visionnaires enthousiastes (Enrico Insabato), typographes besogneux (Enrico Debono), savants exaltés (Ivan Aguéli), mécènes désintéressés (Giovanni Ferrante), artistes en exil (Émile Bernard), rédacteurs peu scrupuleux (Francesco Santorelli), escrocs professionnels (Jorge Nelken y Waldberg) se côtoient dans ce témoignage d'une richesse étourdissante. Grâce au talent de Garbati, c'est tout un monde des marges qui ressort de l'ombre, avec ses rêveurs et ses aventuriers, ses journaux éphémères et ses naufrages éditoriaux : sans doute la meilleure « photographie de groupe » que nous ayons de la presse europhone d'Égypte dans la première moitié du XXe siècle.

* Nous remercions Marie-Delphine Martellière et Cécile Shaalan pour les indications précieuses rassemblées sur place à ce sujet.

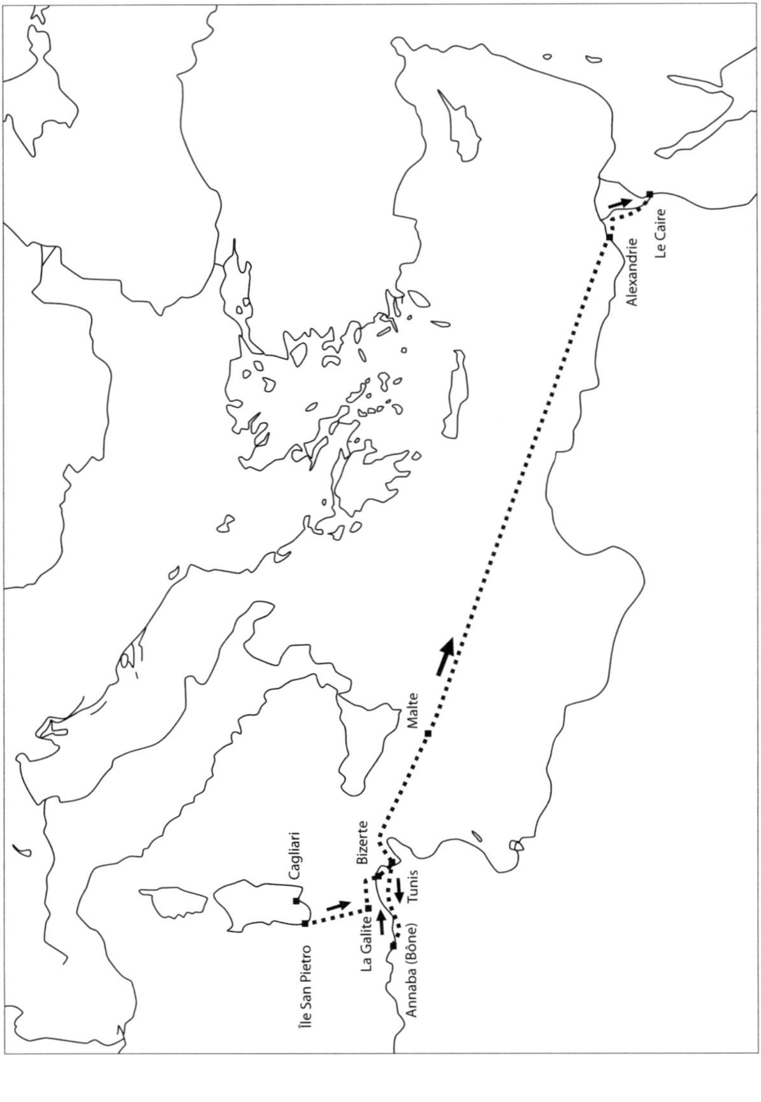

Le parcours de Romolo Garbati de la Sardaigne à l'Égypte (été-automne 1902)

Bibliographie

Sources premières et archives : Italie, Tunisie, Égypte

Romolo Garbati a écrit sur de multiples supports dont le repérage n'est pas toujours aisé. Concernant les titres de presse publiés en Sardaigne (*La Battaglia*, *Il Gazzettino sardo*, *La Lega*, *La Volontà*...), le catalogue réalisé par Giuseppina Fois et Elisabetta Pilia (*I Giornali sardi, 1900-1940*, voir *infra*) identifie, au cas par cas, les archives conservées par les principales bibliothèques italiennes. Pour les journaux auxquels Romolo Garbati a collaboré, la Bibliothèque Universitaire de Cagliari et la Bibliothèque Universitaire de Sassari conservent les sources les plus importantes (notamment la quasi-totalité de *La Lega*, 1901-1904). La deuxième série du journal *L'Agitazione* (Ancône, 1900-1901) est d'un accès difficile. C'est la bibliothèque de la Fondazione Giangiacomo Feltrinelli (Milan) qui rassemble la collection la plus complète. *Il Grido della folla* (Milan, 1902-1907) est conservé essentiellement à la Biblioteca Civica Angelo Mai de Bergame et à la Biblioteca Nazionale Centrale de Florence.

Pour ce qui est des périodiques italiens publiés à Tunis (même si à ce jour nous n'avons identifié aucune collaboration de Romolo

Garbati dans ce cadre), le deuxième volume de l'inventaire dressé en 1989 par Mohamed Hamdane (*Guide des périodiques parus en Tunisie. De 1838 au 20 mars 1956*, voir *infra*) facilite les repérages. C'est à la Bibliothèque Nationale de Tunis que l'on trouvera la documentation la plus fournie, aussi bien en italien qu'en français. Signalons qu'une collection assez étendue du quotidien *L'Unione* est conservée à la Bibliothèque du Museo del Risorgimento (Milan).

Pour les périodiques égyptiens en langue italienne, la mise au point la plus documentée est celle qu'a proposée Alessandra Marchi dans l'ouvrage de synthèse dirigé par Jean-Yves Empereur et Marie-Delphine Martellière (*Presses allophones de Méditerranée*, voir *infra*). Ses recherches permettent de s'orienter efficacement dans une production journalistique très abondante, et de repérer les principaux lieux d'archivage. Certaines bibliothèques italiennes possèdent des collections réduites de périodiques italiens imprimés en Égypte – notamment le fonds Fabbri de la bibliothèque de l'Archiginnasio de Bologne, dont le catalogue mentionne quelques numéros de *Il Domani*, imprimé au Caire en 1903, ou le fonds de l'Istituto Italiano per l'Africa e l'Oriente, désormais absorbé par la Bibliothèque Nationale de Rome, qui conserve un bel échantillon de la revue *Il Convito/al-Nâdi* fondée par Enrico Insabato en 1904. En Égypte même, la documentation la plus facile d'accès se trouve à la Bibliothèque du Centro Archeologico, dépendant de l'Istituto Italiano di Cultura, au Caire : parmi ses collections on trouve *L'Imparziale* (1892-1930) et *Il Giornale d'Oriente* (1930-1940), dans ses éditions d'Alexandrie et du Caire. Le quotidien *Il Messaggero Egiziano* n'est représenté, en revanche, que dans ses dernières années

(1926-1930). Toujours au Caire, la Bibliothèque Nationale de *Dâr al-Kutub* conserve d'après ses catalogues une collection remarquable dont une partie au moins provient de donations, mais l'accès direct aux documents est loin d'être aisé. Enfin, les collections les plus riches du *Messaggero Egiziano* sont conservées à la Bibliothèque municipale d'Alexandrie, aux côtés de nombreux autres journaux en langue française, grecque ou anglaise, mais le classement et l'identification complète de ces périodiques n'ont pas encore été effectués. Le projet de sauvegarde et de valorisation de la presse européenne en Méditerranée, lancé par le CEAlex sous la direction de Jean-Yves Empereur puis de Marie-Dominique Nenna, vise précisément à identifier, archiver et numériser l'ensemble de cette presse europhone encore conservée, en Égypte comme dans le reste du bassin Méditerranéen, dans des conditions précaires. Nul doute que cette entreprise (qui a déjà atteint des résultats remarquables dans le domaine francophone, grâce au travail de Marie-Delphine Martellière) permettra, dans les prochaines années, une meilleure connaissance de l'histoire de la presse en Égypte.

Œuvres de Romolo Garbati

Nous et les Égyptiens. Pour la défense des étrangers en Égypte, Alexandrie, Imprimerie A. Procaccia, 1925, 68 p.

Mon aventure dans l'Afrique civilisée, Alexandrie, Éditions d'Orient, 1933, 241 p.

Journaux auxquels a collaboré Romolo Garbati

La Battaglia (Cagliari) – fondateur et directeur (un seul numéro), 1898 [source : CPC].

Il Gazzettino sardo (Cagliari) – collaborateur [source : CPC].

La Volontà (Cagliari) – collaborateur, 1899 [source : CPC, FOIS, PILIA].

Cagliari si diverte (Cagliari) – « éditeur responsable » (un seul numéro), 1900 [source : FOIS, PILIA].

L'Agitazione (Ancône) – collaborateur, 1900-1901 [source : CPC].

La Lega (Cagliari) – fondateur et directeur, 1901-1902 [source : CPC, FOIS, PILIA].

Il Grido della folla (Milan) – collaborateur [source : CPC].

Il Domani (Le Caire) – rédacteur, 1903 [source : BETTINI].

Il Giornale (Le Caire) – collaborateur/corédacteur [source : CPC, *Mon aventure…*].

L'imparziale (Le Caire) – collaborateur/corédacteur [source : CPC, *Mon aventure…*].

La Foglia (Le Caire) – collaborateur/corédacteur [source : *Mon aventure…*].

Il Convito/al-Nâdi (Le Caire) – collaborateur, typographe, correcteur [source : *Mon aventure…*].

L'Arte (Le Caire-Alexandrie) – collaborateur/relecteur [source : *Mon aventure…*].

Il Messaggero Egiziano (Alexandrie) – rédacteur, éditorialiste, 1908-1930 [source : CPC, *Mon aventure…*].

Il Corriere d'Alessandria (Alexandrie) – collaborateur [source : GOTTI PORCINARI].

L'Italia (Milan) – collaborateur [source : *L'Illustrazione popolare*, 1913].

L'Illustrazione popolare (Milan) – collaborateur [source : Biblioteca Civica Centrale, Torino].

Grammata (Alexandrie) – collaborateur [source : archives électroniques de l'Université de Patras].

Il Giornale d'Oriente (Alexandrie-Le Caire) – rédacteur, 1930-1931(?) [source : CPC, *Mon aventure…*].

Démocratie (Alexandrie) – fondateur et directeur (un seul numéro), 1937 [source : CPC].

Il Corriere d'Italia – rédacteur, 1941 [source : BAGNOLI].

Études d'époque sur la presse et la communauté italiennes en Égypte

Roberto ALMAGIÀ, *L'opera degli Italiani per la conoscenza dell'Egitto e per il suo risorgimento civile ed economico*, Rome, Provveditorato generale dello Stato, 1926.

Luigi Antonio BALBONI, *Gli italiani nella civiltà egiziana del secolo XIX : storia, biografie, monografie* [1906], Le Caire, Ambasciata italiana – Istituto italiano di cultura, 2009, 3 vol. (voir vol. 3, chapitre « Giornali e giornalisti italiani in Egitto », p. 376-386).

Edoardo BIGIAVI, *Noi e l'Egitto*, Livourne, Arti Grafiche S. Belforte, 1911 (voir dans l'ouvrage « L'elenco dei giornali italiani che si pubblicano attualmente in Egitto dal 1840 al 1911 »).

Giovanni Battista DANOVARO, *L'Egitto all'alba del XX° secolo/L'Égypte à l'aurore du XXe siècle*, préface de Luigi Antonio Balboni, traduction française de Maurice de Lagarenne, Alexandrie, Lagoudakis, 1901, 348 p. (voir « Il giornalismo in Egitto », p. 130-152).

Alberto FRANGINI, *Italiani in Alessandria d'Egitto : cenni biografici*, Alexandrie, Tipografia Sonnino, 1898.

Angelo SAMMARCO, *Gli italiani in Egitto. Il contributo italiano nella formazione dell'Egitto moderno*, Alexandrie, Edizioni del Fascio, 1937.

Francesco SANTORELLI, *L'Italia in Egitto*, Le Caire, Tipografia italiana, 1894.

Témoignages, mémoires de résidents européens en Égypte au début du XXe siècle

Roberto D'ANGIÒ, « 4 anni in Egitto », *Il Libertario*, La Spezia, a. III, no 99, 22 giugno 1905.

Filippo Tommaso MARINETTI, *Il Fascino dell'Egitto* [1933], *in Teoria e invenzione futurista*, édité par Luciano De Maria, introduction d'Aldo Palazzeschi, *I Meridiani*, Milan, Mondadori, 2010, p. 1051-1091.

Icilio Ugo PARRINI [sous le pseudonyme *Un Vecchio*], « L'Anarchismo in Egitto », in *La Protesta Umana*, San Francisco, a. II-III, 21 novembre 1930 – 9 gennaio 1904.

Enrico PEA, *Vita in Egitto* [1949], édité par Enrico Lorenzetti, préface de Giorgio Luti, Florence, Ponte alle Grazie, 1995.

Ahmed RASSIM, *Le Journal d'un pauvre fonctionnaire et autres textes*, édition de Daniel Lançon, préface d'Andrée Chedid, Paris, Denoël, 2007.

Henri THUILE, *Littérature et Orient* [1921], préface de François Livi, notes et dossier par Paul-André Claudel, Grenoble, ELLUG, 2013.

Giuseppe UNGARETTI, *Il Deserto e dopo*, Milano, Mondadori, 1961.

Études sur l'émigration italienne en Méditerranée et en Égypte au début du XXe siècle

Bruno BEZZA (dir.), *Gli Italiani fuori d'Italia. Gli emigrati italiani nei movimenti operai dei paesi d'adozione, 1880-1940*, Milan, Angeli, 1983.

Piero BEVILACQUA, Andreina DE CLEMENTI, Emilio FRANZINA (dir.), *Storia dell'emigrazione italiana*, Rome, Donzelli, 2001.

Federico CRESTI, « Comunità proletarie italiane nell'Africa mediterranea tra XIX secolo e periodo fascista », *Mediterranea. Ricerche storiche* 12, aprile 2008, p. 189-214.

Angelo DEL BOCA, *L'Africa nella coscienza degli italiani*, Rome-Bari, Laterza, 1992.

Carlo GOTTI PORCINARI, *Rapporti italo-arabi (1902-1930) : dai documenti di Enrico Insabato*, Rome, E.S.P., 1965.

Daniel Jacques GRANGE, *L'Italie et la Méditerranée (1896-1911) : les fondements d'une politique étrangère*, Rome, École Française de Rome, 1994 (2 vol.).

Angelo IACOVELLA, « La presenza italiana in Egitto : problemi storici e demografici », *Altreitalie* 12, 1994, p. 60-69.

Patrizia PALUMBO, *A Place in the sun. Africa in italian colonial culture from post-unification to the present*, Berkeley, University of California Press, 2003.

Marta PETRICCIOLI, *Oltre il mito. L'Egitto degli italiani (1917-1947)*, Milan, Bruno Mondadori, 2007.

Romain H. RAINERO, Luigi SERRA (dir.), *L'Italia e l'Egitto dalla rivolta di Arabi Pascià all'avvento del Fascismo, 1882-1922*, Milan, Marzorati Editore, 1991.

Mercedes VOLAIT, « La communauté italienne et ses édiles », *Revue de l'Occident musulman et de la Méditerranée* 46.1, 1987, p. 137-156.

Études sur l'anarchisme italien et méditerranéen

Enrico ACCIAI, « Esilio e anarchismo : i cavalieri erranti del Mediterraneo », *in* Giampietro BERTI, Carlo DE MARIA (dir.), *L'Anarchismo italiano. Storia e storiografia*, Milan, Biblion, 2016, p. 301-319.

Maurizio ANTONIOLI, Giampietro BERTI, Santi FEDELE, Pasquale Iuso (dir.), *Dizionario biografico degli anarchici italiani*, Pise, BFS edizioni, 2 vol., 2003-2004.

Sophie BASCH, « Le rendez-vous des étrangers : de Panaït Istrati à François Sureau, portrait d'Alexandrie en anarchiste », *La Pensée de midi* 14, hiver 2004-2005, p. 89-98.

Giampietro BERTI, *Errico Malatesta e il movimento anarchico italiano e internazionale, 1872-1932*, Milan, Franco Angeli, 2003.

Leonardo BETTINI, *Bibliografia dell'anarchismo*, vol. 1, t. 1., *Periodici e numeri unici anarchici in lingua italiana pubblicati in Italia (1872-1971)*, Florence, Crescita politica, 1972.

Leonardo BETTINI, *Bibliografia dell'anarchismo*, vol. 1, t. 2., *Periodici e numeri unici anarchici in lingua italiana pubblicati all'estero (1872-1971)*, Florence, Crescita politica, 1976 (voir les pages « Egitto », p. 79-88, et « Appunti per una storia dell'anarchismo italiano in Egitto », p. 281-288).

Fabrizio GIULIETTI, *Storia degli anarchici italiani in età giolittiana*, préface de Giampietro Berti, Milan, Franco Angeli, 2012.

Anthony GORMAN, « Anarchists in Education: the Free Popular University in Egypt (1901) », *Middle Eastern Studies* 41.3, May 2005, p. 303-320.

Anthony GORMAN, « Diverse in race, religion and nationality… but united in aspirations of civil progress : the anarchist movement in Egypt, 1860-1940 », *in* Lucien VAN DER WALT, Steven J. HIRSCH (dir.), *Anarchism and*

Syndicalism in the Colonial and Postcolonial World, 1870-1940, Leyde, Brill, 2010, p. 3-31.

Ilham KHURI-MAKDISI, *The Eastern Mediterranean and the making of global radicalism, 1860-1914*, Berkeley, University of California Press, 2010.

Pier Carlo MASINI, *Storia degli anarchici italiani. Da Bakunin a Malatesta, Collana storica Rizzoli*, Milan, Rizzoli, 1969.

Pier Carlo MASINI, *Storia degli anarchici italiani nell'epoca degli attentati, Collana storica Rizzoli* , Milan, Rizzoli, 1981.

Giuliano PROCACCI, *La Lotta di classe in Italia all'inizio del secolo XX*, Rome, Editori riuniti, 1970.

Ettore ZOCCOLI, *L'anarchia, gli agitatori, le idee, I fatti. Saggio di una revisione sistematica e critica e di una valutazione etica*, Turin, Fratelli Bocca, 1907.

Histoire du journalisme : Sardaigne, Tunisie, Égypte

Paolo BAGNOLI (éd.), *Al di là del Fascismo : il* « Corriere d'Italia », *un quotidiano giellista in Egitto (1941)*, Rome, Associazione Nazionale Perseguitati Politici Italiani Antifascisti, 2001.

Anna BALDINETTI, *Orientalismo e colonialismo. La ricerca di consenso in Egitto per l'impresa di Libia*, Rome, Pubblicazioni dell'Istituto per l'Oriente Carlo Alfonso Nallino, 1997.

Vittorio BRIANI, *La Stampa Italiana all'estero dalle origini ai nostri giorni*, Rome, Istituto Poligrafico dello Stato, 1977.

Michele BRONDINO, *La stampa italiana in Tunisia. Storia e società, 1838-1956*, Milan, Jaca Book, 1998.

Luigi DORI, « Italiani in Africa : Tipografi e giornalisti italiani in Egitto », *Africa. Rivista trimestrale di studi e documentazione dell'Istituto Italiano per l'Africa e l'Oriente* 14.3, mai-juin 1959, p. 146-148.

Giuseppina FOIS, Elisabetta PILIA, *I Giornali sardi, 1900-1940. Catalogo*, Cagliari, Edizioni Della Torre, 1976.

Mohamed HAMDANE, *Guide des périodiques parus en Tunisie. De 1838 au 20 mars 1956*, Tunis, Fondation nationale pour la traduction, l'établissement des textes et les études Beït al-Hikma, 1989 (voir vol. 2, *Guide des périodiques en langues européennes*).

Gilles KRAEMER, *Trois siècles de presse francophone dans le monde. Hors de France, de Belgique, de Suisse et du Québec*, préface de Pierre Albert, Paris, L'Harmattan, 1995.

Jean-Jacques LUTHI, *Lire la presse d'expression française en Égypte, 1798-2008*, Paris, L'Harmattan, 2009.

Alessandra MARCHI, « La presse d'expression italienne en Égypte. De 1845 à 1950 », *RiMe, Rivista dell'Istituto di Storia dell'Europa Mediterranea* 5, 2010, p. 91-125.

Alessandra MARCHI, « La presse italophone en Égypte. Un long siècle d'histoire » et « La presse et l'anarchisme. Les journaux italophones d'Égypte », *in* Jean-Yves EMPEREUR, Marie-Delphine MARTELLIÈRE (dir.), *Presses allophones de Méditerranée*, Études alexandrines 41, Alexandrie, Centre d'Études Alexandrines, 2017, p. 155-178 et p. 179-188.

Romain H. RAINERO, « Nicolò Converti et son œuvre en Tunisie », *Les langues n*éo-latines 253, 1985, p. 59-66.

Umberto RIZZITANO, « Un secolo di giornalismo italiano in Egitto (1845-1945) », *Cahiers d'histoire égyptienne* 8.2-3, avril 1956, p. 139-140.

Matteo SANFILIPPO, « Araldi d'Italia? Un quadro degli studi sulla stampa italiana d'emigrazione », *Studi Emigrazione/Migration Studies* XLVI.175, 2009, p. 678-695.

Angelo SCARABEL, « Una rivista italo-araba di inizio secolo : *al-Nâdî* (*Il Convito*) », *Oriente Moderno* LVIII, 1978, p. 51-67.

Pantaleone SERGI, *Stampa migrante. Giornali della diaspora italiana e dell'immigrazione in Italia*, Soveria Mannelli, Rubbettino, 2010.

Gérard VIAUD, *Petite histoire de la presse francophone en Égypte (1798-1993)*, Le Caire, Le Progrès Égyptien, 1993.

Sur le milieu cosmopolite égyptien (Le Caire et Alexandrie)

Sophie BASCH, Jean-Yves EMPEREUR (dir.), *Alexandria ad Europam*, Études alexandrines 12, Le Caire, IFAO, 2007.

Sophie BASCH, « Alexandrie, 1900-1940 : le sable et les cendres », *in ead.*, *Les Sublimes portes. D'Alexandrie à Venise, parcours dans l'Orient romanesque*, Paris, Honoré Champion, 2004, p. 67-91.

Michael HAAG, *Alexandria. City of Memory*, New Haven, Yale University Press, 2004.

Will HANLEY, *Indentifying with Nationality. Europeans, Ottomans and Egyptians in Alexandria*, New york, Columbia University Press, 2017.

Anthony HIRST, Michael SILK (dir.), *Alexandria. Real and Imagined*, Londres, Ashgate Publishing, Centre for Hellenic Studies, 2004.

Robert ILBERT, *Alexandrie 1830-1930. Histoire d'une communauté citadine*, Le Caire, IFAO, 1996 (2 vol.).

Robert ILBERT, Ilios YANNAKAKIS (dir.), *Alexandrie 1860-1960, un modèle éphémère de convivialité. Communautés et identité cosmopolite*, Paris, Autrement, série Mémoires 20, 1992.

Edmund KEELEY, *Cavafy's Alexandria*, Londres, The Hogarth Press, 1977.

Marc KOBER, Irène FENOGLIO, Daniel LANÇON (dir.), *Entre Nil et Sable. Écrivains d'Égypte d'expression française (1920-1960)*, Paris, Centre National De Documentation Pédagogique, 1999.

Daniel LANÇON, « Les derniers voyageurs français en Égypte dé(livrée), 1900-1956 », *in* Olivier HAMBURSIN (dir.), *Récits du dernier siècle des voyages*, Paris, PUPS, 2005, p. 125-146.

Daniel LANÇON, *Les Français en Égypte. De l'Orient romantique aux modernités arabes*, Paris, Presses Universitaires de Vincennes, 2015.

Marguerite LICHTENBERGER, *Écrivains français en Égypte contemporaine de 1870 à nos jours*, Paris, PUF, 1934.

François LIVI, *Ungaretti, Pea e altri. Lettere agli amici « egiziani ». Carteggi inediti con Jean-Léon e Henri Thuile*, Naples-Rome, Edizioni Scientifiche Italiane, 1988.

Jean-Jacques LUTHI, *Introduction à la littérature d'expression française en Égypte*, Paris, Éditions de l'École, 1974.

Jean-Jacques LUTHI, *Anthologie de la poésie francophone d'Égypte. Vingt-huit poètes d'Égypte*, Paris, L'Harmattan, 2003.

Jean MOSCATELLI, *Poètes en Égypte*, Le Caire, Éditions de l'Atelier, 1955.

Sergio PAUTASSO (dir.), *Enrico Pea. Dalla Versilia ad Alessandria d'Egitto e ritorno*, Turin, Marietti, 1999.

Stefano TRINCHESE (dir.), *Mare nostrum. Percezione ottomana e mito mediterraneo in Italia all'alba del 900*, Milan, Guerini studio, 2005.

Alexandra ZINGONE, *Deserto emblema. Studi per Ungaretti*, Caltanissetta, Salvatore Sciascia, 1996.

Index des lieux

Index des journaux

Index des personnes

Table des matières

Collection *Littérature Alexandrine*

1. Pénélope S. Delta. *Alexandrie, capitale de la douleur. Mémoires 1899*, 2013.
2. Christian Ayoub Sinano, *L'esprit d'Alexandrie*, 2018.
3. Romolo Garbati, *Mon Aventure dans l'Afrique civilisée*, 2018.